CB079515

ENSINO DE HISTÓRIA E CULTURAS

AFRO-BRASILEIRAS E INDÍGENAS

lepeh UFRJ PALLAS

1ª edição • 2ª reimpressão
Rio de Janeiro, 2023

ENSINO DE HISTÓRIA E CULTURAS AFRO-BRASILEIRAS E INDÍGENAS

AUTORES
Alain Pascal Kaly
Carmen Teresa Gabriel
Cinthia Monteiro de Araujo
Circe Fernandes Bittencourt
Giovana Xavier
Giovani José da Silva
Lorene dos Santos
Patrícia Teixeira Santos
Verena Alberti
Warley da Costa

ORGANIZADORES
Amilcar Araujo Pereira
Ana Maria Monteiro

EDITORAS
Cristina Fernandes Warth
Mariana Warth

COORDENAÇÃO EDITORIAL
Raphael Vidal

COORDENAÇÃO GRÁFICA
Aron Balmas

PREPARAÇÃO DE ORIGINAIS
Eneida D. Gaspar

DIAGRAMAÇÃO
Abreu's System

CAPA
Luis Saguar e Rose Araujo

Este livro segue as novas regras do Acordo Ortográfico da Língua Portuguesa.

CIP-BRASIL. CATALOGAÇÃO-NA-FONTE
SINDICATO NACIONAL DOS EDITORES DE LIVROS, RJ

E52

Ensino de história e culturas afro-brasileiras e indígenas / Amilcar Araujo Pereira, Ana Maria Monteiro (org.). - Rio de Janeiro : Pallas, 2013.
356 p.

Apêndice
Inclui bibliografia
ISBN 978-85-347-0492-2

1. Educação - Brasil. 2. Índios do Brasil - Educação. 3. Índios do Brasil - História. 4. Cultura afro-brasileira - História. 5. Cultura afro-brasileira - Estudo e ensino. 6. Negros - Brasil - História. 7. Professores - Formação. 8. Currículos - Mudanças - Brasil. I. Pereira, Amilcar Araujo. II. Monterio, Ana Maria.

12-7616.

CDD: 305.896081
CDU: 316.34-054(81)

Pallas Editora e Distribuidora Ltda.
Rua Frederico de Albuquerque, 56 – Higienópolis
CEP 21050-840 – Rio de Janeiro – RJ
Tel./fax: 55 21 2270-0186
www.pallaseditora.com.br
pallas@pallaseditora.com.br

PALLAS

Sumário

Apresentação

O ensino da disciplina escolar História tem se mantido nos currículos escolares no Brasil há mais de um século. Apesar dos períodos em que o seu ensino foi questionado, negado ou objeto de censura, sua importância tem sido reconhecida, de modo geral, pela sociedade e pelo estado como conjunto de saberes necessários à formação de cidadãos e à viabilização de participação política, seja em formas conservadoras, seja em transformadoras, o que parece confirmar o papel estratégico e crucial desempenhado pelo currículo e pelos saberes escolares na leitura de mundo e na construção de um projeto político de sociedade.

A constituição da História como disciplina escolar ao longo do século XIX, no Ocidente, implicou processos de seleção cultural e didatização que, articulados, são necessários para tornar ensináveis os saberes a serem aprendidos pelas novas gerações. As narrativas produzidas tiveram diferentes objetivos: revelar o "espírito dos povos", a "alma das nações", o "fundamento" da identidade, expressos como história "universal", da "civilização", "geral" ou da "nação", e que contribuiriam para afirmar poderes instituídos. Ou, mais recentemente, desenvolver a cidadania e o pensamento crítico em perspectivas voltadas para a mudança e transformação social.

Podemos perceber, então, que o ensino desta disciplina envolve operação cultural e política de forte conteúdo simbólico, constituindo espaço/tempo no currículo escolar (ainda) privilegiado nas sociedades contemporâneas para a partilha e construção de significados necessários à leitura e compreensão do mundo, nacional ou globalmente organizado.

Tornar possível, aos alunos, produzir conhecimentos sobre as sociedades e ações humanas do presente e do passado, em diálogo com o conhecimento histórico produzido pelos historiadores a partir de documentos constituídos como fontes, e com outros diferentes conhecimentos que circulam na sociedade; possibilitar a leitura crítica de textos e imagens, e, também, a escrita de suas apropriações-aprendizagens, a (re)construção de representações; selecionar quais saberes, quais narrativas, quais poderes legitimar ou questionar, são alguns de seus desafios no tempo presente.

Assim, entendemos que ensinar História implica enfrentar grandes desafios: superar a tradição que buscou, em diferentes tempos históricos, instituir e legitimar poderes e identidades sociais "únicas" que apagavam diferenças através das histórias nacionais; tornar acessível aos alunos o conhecimento constituído sobre as diferentes sociedades e ações humanas do passado, e não mais a questionável "verdade" histórica; contribuir para a compreensão da historicidade da vida social, para a atribuição de sentido às ações humanas e aos diferentes atores sociais, e para aprofundar o pensamento crítico; desenvolver com os estudantes argumentação capaz de desconstruir discursos discriminatórios orientados por fundamentalismos; compreender que a diversidade das experiências históricas nos constitui como sujeitos na relação com o "outro"; constituir e reinventar tradições e a memória social.

Nesse sentido, no ensino de História, o mito de Clio, a musa da história, que tem numa das mãos o estilete da escrita e na outra a trombeta da fama, parece se expressar em uma de suas formas mais desafiadoras. Mas esta construção da cultura clássica, fiel à tradição da Antiguidade greco-latina, que tem orientado nosso olhar investigativo, não é a única forma de representação de nosso ofício. Os *griots* em muitas sociedades africanas, por exemplo, são também referências no que diz respeito à narração de histórias, como guardiões da memória; assim como pajés ou xamãs também são referências nesse aspecto em muitas sociedades indígenas aqui no Brasil.

Que memórias temos constituído e afirmado através do ensino de História no Brasil? Com que referências e perspectivas?

Nos últimos anos, no Brasil e em outros países, pesquisas sobre o ensino/aprendizagem desta disciplina, e também sobre sua epistemologia, têm sido ampliadas em número e qualidade, pesquisas que reconhecem a especificidade dos saberes e práticas a ele relacionados. No âmbito do Laboratório de Estudos e Pesquisas em Ensino de História (LEPEH) da Universidade Federal do Rio de Janeiro (UFRJ),[1] por exemplo, reunimos um grupo de pesquisadores do ensino de História que tem desenvolvido pesquisas sobre diferentes temas nesta área, operando com o conceito de ensino de História como "lugar de fronteira", o que implica em utilizar instrumental teórico que articula contribuições teóricas da História e da Educação para a investigação, fundamental para a compreensão e enfrentamento consequente das questões e desafios presentes na cultura escolar e em diferentes contextos curriculares, no mundo contemporâneo (MONTEIRO, 2007).

---

1 Ver nosso *website*: <www.lepeh.fe.ufrj.br>

Nesse cenário, cada vez mais somos convocados para avançar no enfrentamento de novos desafios. Entre eles, a abordagem e o trabalho qualificado com os conteúdos curriculares relacionados à história e cultura da África, dos africanos, dos afrodescendentes e dos indígenas no Brasil, nos termos das Leis 10.639/2003 e 11.645/2008, tem merecido amplo destaque em escolas e cursos de formação de professores de História. A primeira lei, a 10.639, de maneira emblemática, foi sancionada pelo presidente Luís Inácio Lula da Silva logo após tomar posse na Presidência da República, em 9 de janeiro de 2003. Ao introduzir a obrigatoriedade do ensino de história e cultura africanas e afro-brasileiras nas escolas, esta lei atendeu a demandas históricas do movimento negro brasileiro "pela reavaliação do papel do negro na história do Brasil" e "pela valorização da cultura negra" (PEREIRA, 2012). Da mesma forma, após pressão dos movimentos indígenas, o mesmo presidente, cinco anos depois, sancionou a lei 11.645 em 10 de março de 2008, acrescentando à lei anterior a obrigatoriedade do ensino de história e culturas indígenas. Ambas as leis alteraram o Artigo 26-A da Lei nº 9.394, de 20 de dezembro de 1996, a conhecida Lei de Diretrizes e Bases da Educação Nacional (LDB). A determinação expressa na nossa LDB, alterada pelas leis citadas, vem para saldar dívida dos currículos das escolas brasileiras em relação ao direito de grande contingente da sua população de ter suas histórias incluídas e, consequentemente, conhecidas e estudadas com respeito e reconhecimento por todos os cidadãos de nosso país.

Mais do que isso, entendemos que essas leis nos induzem a efetivamente buscar superar a tantas vezes denunciada "perspectiva eurocêntrica", que permanece como orientação que reproduz concepção colonialista e que, mesmo com muitas lutas e mudanças já realizadas, ainda temos dificuldades em ultrapassar. É importante ressaltar que não se trata apenas de trocar uma perspectiva eurocêntrica por outra, com outro "centro". Mas ao contrário, incluir novos conteúdos relacionados aos temas das histórias e culturas dos africanos, afrodescendentes e indígenas nos obriga a realizar novos estudos e pesquisas e a pensar alternativas que implicam necessariamente numa redefinição e na reorganização da História ensinada em sua seleção de conteúdos e processos de didatização, e que implicam uma verdadeira "reinvenção" da História escolar e, consequentemente, de memórias constituídas a partir de visão crítica e intercultural.

Compreender a formação de nossa sociedade como uma construção plural, na qual todas as matrizes culturais e étnico-raciais foram e são igualmente importantes, ao mesmo tempo em que compreendemos as diversas culturas como advindas de processos históricos, é fundamental para o ensino de História em nosso país. Concordamos com Hebe Mattos (2003, p. 129) quando ela afirma que "a História se apresenta como disciplina-chave" para se desenvolver um trabalho em que, ao invés de "reforçar culturas e identidades de origem, resistentes à mudança, mais ou menos 'puras' ou 'autênticas'", se busque "educar para a compreensão e o respeito à dinâmica histórica das identidades socioculturais efetivamente constituídas." E, para que isso seja possível, é preciso que as histórias da África, dos africanos e das populações negras e indígenas no Brasil, em toda a sua complexidade, sejam pesquisadas e trabalhadas por professores e alunos nas salas de aula de História.

Como realizar o ensino de História considerando estas novas perspectivas?

Para contribuir para a elaboração de respostas a este desafio, consideramos que seria oportuno realizar um Seminário no qual pesquisadores do ensino de História e formadores de professores dessa disciplina pudessem contribuir para nossas reflexões e encaminhamentos na abordagem dessas temáticas. Assim, no período de 24 a 26 de agosto de 2010, realizamos o **Seminário Nacional "Ensino de História e Diversidade: caminhos abertos pela Lei 11.645/2008"**, quando convidamos professores de várias universidades com o objetivo de discutir com os pesquisadores do LEPEH e com nossos alunos da UFRJ "questões complexas e sensíveis para a formação de professores para a educação das relações étnico-raciais e para a diversidade na escola, contribuindo para a construção de uma prática docente que questione preconceitos e que seja pautada pelos princípios da pluralidade cultural e do respeito às diferenças." Após a realização do Seminário, no qual foram apresentados resultados de pesquisas e discutidas diferentes ideias e reflexões sobre as temáticas ao longo do Seminário, surgiu a proposta de organizarmos este livro que o leitor tem em mãos, que reúne textos de dez importantes pesquisadores, especialistas nas temáticas aqui abordadas, que atuam em diferentes instituições e estados brasileiros.

Em **Algumas estratégias para o ensino de história e cultura afro-brasileira**, Verena Alberti trata da importância de se estudar a história das relações raciais, tendo em vista a necessidade de se desnaturalizar a ideia de raça. A autora argumenta ainda que a escravização de africanos e o tráfico transatlântico são assuntos indispensáveis na abordagem da história dessas relações raciais no Brasil e apresenta alguns exemplos de como tratar deles de forma adequada e com respeito às vítimas e aos alunos (sem traumatizá-los), evitando a ênfase no africano escravizado como vítima. "Desomogeneizar", para a autora, é uma palavra-chave para provocar professores a apresentar e discutir com seus alunos diversas experiências de ser "negro" e "índio" no Brasil, reconhecendo as complexidades dos grupos sociais. Em seu texto, ela nos alerta que precisamos sempre considerar que a sala de aula muitas vezes "é composta de alunos e alunas de diferentes raças ou cores, e que o que nela falamos e é discutido pode incidir sobre as relações que os alunos estabelecem dentro e fora da escola."

No texto **Ensino de história e cultura africana e afro-brasileira: dilemas e desafios da recepção à Lei 10.639/03,** Lorene dos Santos discute subsídios de pesquisa realizada na qual buscou se aproximar do que efetivamente tem acontecido nas salas de aula, a partir do que dizem seus professores. O que ensinam, a forma como ensinam, em que momentos ensinam, as atividades que propõem, a necessidade de transformar essas atividades em produtos estética e materialmente apreciáveis, a realização de rituais, festas e celebrações em determinados momentos do calendário, é objeto de análise contextualizada e permite verificar que a introdução da história e cultura africanas e afro-brasileiras como conteúdos curriculares obrigatórios se submete às características e ao funcionamento próprios das instituições escolares, ou seja, está sujeita ao "conjunto das teorias, ideias, princípios, normas, pautas, rituais, inércias, hábitos, práticas" que constituem a cultura escolar (SOUZA, 2005, p. 74).

Em **"Já raiou a liberdade": caminhos para o trabalho com a história da pós-abolição na Educação Básica,** Giovana Xavier problematiza o fato de que, embora a presença negra no periodismo e na ficção do século XIX tenha sido abundante, ao se pensar as articulações entre História, historiografia e ensino de História, uma pergunta permanece sem respostas precisas: o que aconteceu com essa população após a assinatura da Lei Áurea em 13 de maio de 1888? Assim, o objetivo de seu texto é "apresentar alguns documentos e caminhos teóricos para o trabalho com a história dos negros na pós-abolição em currículos da Educação Básica." Para tal fim, a autora utilizou como referencial "os jornais da imprensa negra da Primeira República", que, em grande medida, podem ser acessados pelos professores via *Internet*. Apesar das publicações concentrarem-se no estado de São Paulo, seus personagens, temas e conteúdos representam uma "porta de entrada" para estimular o estudo do assunto em outras partes do país.

Circe Bittencourt, no texto **História das populações indígenas na escola: memórias e esquecimentos**, a partir da constatação sobre a constante defasagem entre a produção acadêmica e a escolar, busca estabelecer as aproximações entre as duas formas de produção, selecionando momentos mais significativos a partir do século XIX ao final do século XX, nos quais reaparece o debate sobre o problema étnico-racial no ensino de História. A seleção dos autores de livros de História se fez dentre os mais difundidos na rede escolar, tendo-se constatado que foram obras com várias edições. Com base nessas fontes, a problemática centra-se nas relações entre a produção didática de História e a historiográfica no que se refere à construção de uma visão etnocêntrica de matriz europeia responsável por compor memórias e, mais ainda, esquecimentos a que foram relegados os indígenas ao longo da constituição de uma história do Brasil.

Já Giovani José da Silva, em **Ensino de história indígena no Brasil: algumas reflexões a partir de Mato Grosso do Sul**, inicia seu texto com a afirmação de que indígena não é "coisa do passado" e, ressaltando a diversidade étnica e cultural existente entre as populações indígenas no Brasil atualmente, apresenta suas reflexões e sugestões a partir da experiência vivida como docente em escolas indígenas localizadas no Pantanal de Mato Grosso do Sul, entre o final dos anos 1990 e o início do século XXI. Seu objetivo principal no texto ora apresentado é o de problematizar o ensino de História por meio dos desafios e das possibilidades para o trabalho com a história indígena na Educação Básica. Um exemplo apresentado pelo autor, que nos conduz a essa problematização, são as diferentes formas de lidar com o tempo histórico, utilizadas por diferentes grupos indígenas.

Abrindo a parte do livro voltada para o ensino de história da África, o senegalês há muitos anos radicado no Brasil, Alain Pascal Kaly, em **O ensino da história da África no Brasil: início de um processo de reconciliação psicológica de uma nação?**, apresenta uma longa série de questões que nos levam a refletir sobre a própria formação das sociedades contemporâneas e sobre a importância de diversos povos e indivíduos africanos neste processo, dando especial ênfase à trajetória política de Nelson Mandela na África do Sul. Em sua narrativa, marcada por visões que escapam ao senso comum, o autor nos leva a pensar sobre a própria formação da sociedade brasileira e, ao discutir o processo de construção da Lei 10.639/03, nos provoca com a seguinte questão: "como explicar que o Brasil cujo maior, mais veiculado e festejado orgulho identitário é a 'mistura racial e falta de conflitos raciais' tenha de, no século XXI, legislar para que haja inclusão do ensino da história da África, dos afro-brasileiros e de suas culturas nos currículos escolares, inclusive das sociedades indígenas?"

Warley da Costa, em **A escrita escolar da história da África e dos afro-brasileiros: entre leis e resoluções**, também analisando o contexto de criação e implementação da lei citada acima, procura analisar, com base em algumas noções da Teoria do Discurso de Laclau e Mouffe, os sentidos emprestados ao termo "negro", quando presente nos documentos curriculares elaborados em diferentes instâncias do poder público. Sem perder de vista o debate em torno dos processos de identificação e produção da diferença, a autora analisa especialmente o texto das *Diretrizes curriculares nacionais para a educação das relações étnico-raciais e para o ensino de história e cultura afro-brasileira e africana*, documento divulgado pelo Ministério da Educação em 2004, com o objetivo de compreender "como fluxos de sentidos de negro, acionados pelos movimentos sociais, e implementados pelas políticas curriculares contribuem para o processo de reelaboração didática desse conhecimento escolar."

Ao trabalhar com uma experiência prática, a da criação de uma escola colonial em um país africano, a Escola Industrial de Carapira, em Moçambique, Patricia Teixeira Santos, em **Educação e diversidade: a história da escola industrial de Carapira, Moçambique (1964-1975)**, nos leva a refletir sobre a diversidade existente no âmbito da educação, inclusive quando o processo educativo se dá em contextos complexos como os de dominação colonial ou de luta e conquista da independência, por exemplo, em países do continente africano.

Em **Uma outra história possível? O saber histórico escolar na perspectiva intercultural**, Cinthia Monteiro de Araujo, identificando as relações de colonialidade existentes numa certa "tradição no campo do ensino de História", propõe uma alternativa, "uma outra história possível", sem deixar de levar em conta que "pensar uma alternativa não traz consigo o imperativo de uma proposta universal, ao contrário disso, exige o tratamento da diversidade por meio da constituição de diálogos interculturais." Ao criticar, por exemplo, o eurocentrismo expresso na utilização de uma cronologia linear como eixo articulador do saber histórico escolar, que reforça a monocultura do tempo e do saber, a autora reivindica como alternativa a "instauração de diálogos interculturais capazes de promover uma ecologia de tempos e saberes", através de um multiculturalismo interativo, que promoveria a interação entre diferentes culturas, para ela em contínuo processo de construção-reconstrução, evitando assim essencialismos identitários.

Encerrando o nosso livro, Carmen Teresa Gabriel, em **O "outro" como elemento incontornável na produção do conheci-**

mento histórico, parte da compreensão de que a articulação entre o ensino de História e a questão da alteridade é para ela um elemento estruturante do conhecimento histórico, e de que a irrupção da "diferença" na escola é nada menos do que "condição da sua existência como espaço político democrático". Nesse sentido, para a autora, "é importante, mas não suficiente, incorporar no currículo de História conteúdos até então ausentes nos bancos da escola. O que está em jogo é operar com esse currículo como espaço-tempo híbrido produtor de identidades narrativas nas quais a questão do 'outro' não continue mal colocada."

Ao organizarmos este livro e o apresentarmos a você, leitor, ressaltamos uma afirmação que percorre, de maneiras distintas, as reflexões aqui reunidas: a implementação da Lei n° 11.645/08, que alterou a Lei n° 10.639/03 e incluiu no currículo oficial da rede de ensino a obrigatoriedade da temática "história e cultura afro-brasileira e indígena", é de fato fundamental para que possamos problematizar e, quem sabe, ultrapassar o aspecto eurocêntrico ainda tão presente no ensino de História e das outras disciplinas nas escolas brasileiras. Entretanto, compreendemos que a implementação desse dispositivo legal, com a seriedade e a qualidade necessárias, depende, sem sombras de dúvida, do que professores e alunos, ao fim e ao cabo, têm feito e ainda farão em suas escolas ou universidades. Nesse sentido, não podemos perder de vista que o estudo das histórias e culturas dos africanos, dos afro-brasileiros e dos povos indígenas, é absolutamente necessário para a construção de um país que conheça e respeite todas as diferentes matrizes históricas e culturais, presentes nas diversas formas de se lidar com o tempo, em seu contínuo processo de formação.

Amilcar Araujo Pereira
Ana Maria Monteiro
Setembro de 2012

Prefácio

Mônica Lima

Sermos cada vez mais capazes de pensar muito os nossos problemas para podermos agir bem e agir muito para podermos pensar cada vez melhor.

Amilcar Cabral, líder político e intelectual africano.

A frase de Amílcar Cabral nos lembra da importância de refletirmos sobre nossas experiências e de colocarmos em prática nossas ideias para as aperfeiçoarmos. Nada mais adequado para relevar esse livro, organizado por Amilcar Araujo Pereira e Ana Maria Monteiro, que nos traz essas duas perspectivas, considerando os desafios e possibilidades de se ensinar sobre a história e as culturas de povos colocados por longo tempo à margem dos conteúdos consagrados para as salas de aula brasileiras.

Os artigos que compõem o livro estão relacionados à implementação da Lei 10.639/ 2003, que tornou obrigatório o ensino de história da África e da história dos africanos no Brasil nas escolas de todo o país, e também aos desdobramentos advindos da lei 11.645/2008, que veio a trazer, de forma também compulsória, a história indígena aos nossos conteúdos curriculares. Além de atender a uma antiga e justa reivindicação, essas medidas trouxeram uma série de consequências para o ensino de História em sua totalidade e para a formação dos profissionais que atuam no magistério. As mudanças ocasionadas ainda estão em processo, e poderão ser aceleradas ou adquirir um ritmo mais lento, conforme a capacidade dos setores interessados em intervir no processo.

Entre esses setores estão inseridos professores da Educação Básica, estejam formados ou em formação, de diferentes áreas, em especial os de História, assim como os professores universitários de História e de áreas afins. Estão também comprometidos aqueles segmentos ligados aos movimentos sociais que abraçaram a luta contra o eurocentrismo e o racismo presentes nos currículos escolares. Sabemos que, em última análise, toda a sociedade brasileira deveria estar comprometida com esta inclusão. Mas reconhecemos que há grupos que, historicamente, estiveram ligados, por posição política, consciência e/ou dever de ofício, à discussão e à luta para a inclusão de agentes históricos subalternizados nas escolhas de conteúdos e temas feitas para as salas de aula.

Portanto, seriam estes grupos interlocutores privilegiados no momento de se refletir sobre os caminhos encontrados para que a determinação dessas obrigatoriedades saísse do papel. E mais: para que ela de fato contribua na formação das cidadãs e cidadãos brasileiros mais conscientes da importância da África na nossa história - vista como parte fundamental da história da humanidade e como lugar de origem de grande parte de nossos antepassados. As relações coletivas e pessoais que as africanas e africanos para cá trazidos criaram — e tiveram de viver — conformaram aspectos definidores do comportamento social brasileiro. A presença de matrizes culturais africanas (certamente recriadas, transformadas, mas vivas de diferentes formas) no nosso pensamento, comportamento e religiosidade constituem evidências desta história que precisam ser observadas. A longa história indígena entranhada na nossa formação como povo e como país, e tão presente nas lutas de hoje, deve ser conhecida para nos reconhecermos. Trata-se de desafios a serem enfrentados, e em algumas partes do país já se vêm realizando as primeiras investidas nesta direção. Afinal, estamos abrindo estudos sobre nós mesmos, num ainda desconhecido (para muitos) terreno da nossa identidade enquanto brasileiros.

No entanto, sabemos que na distância entre a intenção e o gesto pode existir um espaço que não é simples de ser ocupado. Pensar em inserir conteúdos de história da África e da história dos africanos no Brasil, de cultura afro-brasileira e de história e cultura indígena nas escolas, significa necessariamente repensar a nossa própria história e aquela que é ensinada nas escolas. Significa perguntar: onde queremos chegar? E também: como chegar? Responder a essas perguntas nos coloca frente a questões muito profundas. E, se resgatar esta memória é elaborar nova matéria-prima da nossa identidade como povo, estamos em face de um desafio: quem somos? Ou mais ainda: quem desejamos ser?

Não é simples pensar o "como fazer" quando a questão envolve séculos de desconhecimento e distanciamento intelectual. Não há como recuperar a africanidade de nossa história sem recuperar a própria história da África. E neste caso, trata-se de construir referências, de recuperar memória, de trazer à tona tudo aquilo que não encontrou estímulo para sedimentar-se na cultura individual e coletiva sobre o significado das relações com a África na nossa história. E também sobre as estratégias criadas por africanos e africanas, e seus descendentes mais diretos, ao lidar com as condições adversas em que se encontravam, para sobreviver ou mesmo para viver melhor.

No que tange à história dos povos originários das terras brasileiras, trata-se igualmente de pensar perspectivas mais abrangentes, que incluam as Américas indígenas como parte dessa extensa realidade de grupos e formações que não se encontram historicamente limitados pelas fronteiras dos estados nacionais, nascidas no século XIX. E mais ainda, trata-se de refletir criticamente sobre conceitos acerca da identidade indígena, vista muitas vezes, equivocadamente, como uma realidade cultural congelada no tempo. E, sobretudo, encarar a diversidade das culturas ameríndias, no passado e no presente.

Alguns desafios postos à nossa frente merecem ser pensados. Um dos mais sérios: a amplitude de nossa área de interesse. Sim, pois a história da África é mais ampla que a história das relações Brasil-África. É muito maior e mais profunda que a (longa) história do tráfico atlântico de escravos. A história de nossos ancestrais africanos não se inicia nem se encerra na escravidão. Ela se estende numa extensa trajetória que alcança os primeiros passos da humanidade, assiste a criação das primeiras formas gregárias de vida dos humanos e sua interação com a natureza. Migrações, descobertas, conhecimentos técnicos estiveram presentes nas histórias mais remotas dos grupos humanos que viveram no continente africano. Do mesmo modo, a história dos indígenas que habitavam o que veio a ser o território brasileiro na América do Sul se aprofunda no tempo e se estende no espaço, e apresenta interações regionais e continentais até hoje pouco estudadas, e se estudadas, pouco conhecidas e divulgadas - ainda. Os programas de História nas universidades e institutos de formação de professores devem ser pensados numa perspectiva que ultrapasse não apenas a história eurocêntrica como também uma concepção de estudos históricos que vem tradicionalmente sendo orientada pela história da formação das entidades nacionais ou pela história do Capitalismo - o que muitas vezes enfatiza apenas os fatores externos, nascidos por interesses e ações europeias, como determinantes nas transformações e processos.

No que tange à história do nosso país, há que se pensar em rever marcos temporais, que em geral se encontram demasiadamente vinculados a uma história política. Deveríamos incluir novos sujeitos — os quais, junto aos africanos, afrodescendentes e indígenas, compunham por longo tempo a maioria da população. Pesquisar suas crenças, suas práticas, seus saberes, sua capacidade de adaptação e mudança poderá revelar faces ocultas da nossa história e da nossa identidade. Muito já se vem produzindo nestes campos de estudos históricos. Porém esses avanços historiográficos devem chegar às salas de aulas das universidades e institutos de formação de professores, traduzidos em textos e artigos a serem lidos e discutidos por aqueles que multiplicarão estes conhecimentos nas escolas. O peso do desconhecimento e das visões equivocadas sobre a história da África e dos africanos no Brasil, bem como a história indígena, não deve ser esquecido - estamos frente a uma tarefa que exige esforço e determinação. É uma grande tarefa de reformulação curricular que não se limita a inserir uma história da África descolada da história da humanidade. Ao contrário, que amplia os limites espaciais da História como um todo. O que não significa apenas inserir conteúdos e mais conteúdos, mas rever assuntos e temas considerando aspectos essenciais da formação de professores-pesquisadores. Em outras palavras, trata-se de pensar onde queremos chegar com o ensino da História. E são esses os temas trazidos pelo livro que ora chega às nossas mãos.

A chegada da história da África e história indígena aos nossos estabelecimentos de ensino - e consequente necessidade de se preparar pessoas para selecionar e ministrar estes conteúdos - traz problemas nada simples. Rever elementos da formação da nossa identidade requer novas escolhas, e estas pressupõem uma nova visão de mundo a ser definida. Não nos seria suficiente enquadrar os novos agentes históricos aos limites estreitos de uma história que não foi concebida para contemplá-los. Eles ficariam nela eternamente como apêndices. Tampouco se trataria de inventar uma história de base semelhante, apenas substituindo os antigos sujeitos históricos pelos que elegemos. Novamente a camisa conceitual apertada de uma história tradicional vai parecer inadequada. E não chegaríamos ao mais lindo de todos os desafios que esses conhecimentos sobre a história de nossos ancestrais vêm apresentar: colocar em questão o sentido deste trabalho todo, ou seja, pensar a que se destina o ensino-aprendizagem da História.

Certamente não se trata de valorizar estereótipos nem discursos vazios de consistência em nossos estudos. Encarar esta estrada exige trabalho, pesquisa séria, rigor, superação de maniqueísmos e sectarismos. As idealizações enfraquecem nossa construção. Devemos construir uma autoestima que compreenda o caráter multifacetado da alma humana dos africanos e afrodescendentes ao longo de suas histórias, e que absorva suas ambiguidades e sua diversidade como elementos de suas trajetórias e não pseudos-desvios de um processo onde só caberia a pureza e a correção absolutas.

No campo acadêmico, o ensino da História deve se abrir ainda mais para interagir com estudiosos nesse campo nas Américas e na própria África, além (certamente) dos europeus. Do ponto de vista da definição dos sentidos de sua própria existência, poderia se aproximar das questões que os diferentes povos da África e da América indígena elegeram e elegem como fundamentais na sua história passada e presente. Enfim: temos que aprender a ouvir nossos ancestrais.

Para tanto é preciso apurar nossa sensibilidade. Como intelectuais, devemos ser eternos aprendizes e dialogar com setores da sociedade que se encontram, por vivência e postura política, próximos de nossa meta de iluminar as muitas áfricas e brasis destas histórias. Devemos estar cientes da responsabilidade de nossa função de mensageiros, e conscientes de que não apenas reproduzimos o que aprendemos e descobrimos, mas damos sentido ao conhecimento histórico, ao interagir em nossas salas de aula. É uma grande responsabilidade - demasiada para que fique somente em nossas mãos e mentes. Esse livro é uma forma de compartilhar o trabalho e as ideias que dele derivam, permitindo que circulem e se multipliquem.

Algumas estratégias para o ensino de história e cultura afro-brasileira[2]

Verena Alberti

Por que o ensino de história e cultura afro-brasileira e indígena?

A Lei 10.639/03, que tornou obrigatório, em todas as escolas do país, o ensino de história da África e de história e cultura afro-brasileira e, mais tarde, a Lei 11.645/08, que acrescentou a essa obrigatoriedade o ensino de história e cultura indígena, são instrumentos importantes para o combate ao racismo no Brasil. O racismo baseia-se na ideia de superioridade de uma raça ou cor

---

[2] Versões preliminares deste texto foram apresentadas no I Seminário Nacional "Ensino de História e Diversidade: caminhos abertos pela Lei 11.645/08", realizado pela Faculdade de Educação da Universidade Federal do Rio de Janeiro (UFRJ) em 24 e 26 de agosto de 2010, e na mesa redonda "Novas perspectivas para o ensino de História", realizada pelo programa FGV-Ensino Médio, no Rio de Janeiro, em 30 de março de 2011. Este texto é parte dos resultados de minha pesquisa de pós-doutorado na área de ensino de História, realizada na Inglaterra, na University of East Anglia e no Institute of Education (IoE) da University of London, durante o ano de 2009. Agradeço à Coordenação de Aperfeiçoamento de Pessoal de Ensino Superior (Capes) a concessão de uma bolsa de pós-doutoramento, bem como ao Centro de Pesquisa e Documentação de História Contemporânea do Brasil (CPDOC) da Fundação Getulio Vargas, Rio de Janeiro, pela licença concedida.

em relação a outra(s), e só se consubstancia porque uma delas se sente superior, e muitas vezes a outra se sente inferior.[3] É nessa relação superior-inferior que os preconceitos de raça ou cor são constantemente realimentados.

A criança e o adolescente que se identificam e são identificados como brancos têm muito a ganhar com um ensino qualificado das histórias e culturas afro-brasileiras e indígenas. Se um menino que se identifica como branco se acha no direito de xingar um colega de classe identificado como negro por causa de sua raça ou cor, esse menino necessita de tanta ajuda quanto seu colega que sofre o preconceito. O racismo é um problema de todos e envolve toda a sociedade. Por isso mesmo deve preocupar imensamente os educadores.

Hoje em dia ainda se morre de racismo em nosso país. Para citar apenas um exemplo, lembremos de Flávio Ferreira de Sant'Anna, dentista negro de 28 anos que, em fevereiro de 2004, foi morto por policiais em São Paulo. Flávio Sant'Anna voltava do Aeroporto de Guarulhos, onde tinha ido levar a namorada suíça Anita Joos, de 30 anos. Mais ou menos na mesma hora e região, um comerciante de 29 anos havia dado queixa a policiais, que se achavam em uma viatura, de que teria sido assaltado. Flávio guiava seu carro, um Gol, e foi interpelado por cinco policiais militares do 5º Batalhão da Polícia Militar de Jaçanã, e, em seguida, morto com dois tiros. Os policiais colocaram uma arma em sua mão. Ao ver o dentista morto no chão, o comerciante declarou que não se tratava do ladrão que o tinha assaltado. Segundo noticiado na imprensa, o pai de Flávio, o cabo aposentado da Polícia Militar Jonas Sant'Ana, da Polícia Militar do Estado de São Paulo, declarou:

[3] Em Alberti e Pereira (2006) essa ideia já se encontra desenvolvida.

"Sei como é o sistema. Tenho certeza de que se ele fosse branco não morreria."[4]

Esse racismo institucional não é exclusividade brasileira, evidentemente. Em abril de 1993, um caso emblemático ocorreu na Inglaterra: Stephen Lawrence, um jovem negro de 18 anos, aguardava um ônibus com um amigo à noite, quando ambos foram interpelados por um grupo de jovens que os chamaram de "niger", os perseguiram e mataram Stephen a facadas. A polícia não agiu competentemente, não chamou a perícia e nenhum dos jovens atacantes foi processado. O caso só ganhou notoriedade porque os pais e amigos de Stephen Lawrence agiram e denunciaram a inépcia da polícia. Em fevereiro de 2009, num artigo publicado no jornal britânico *The Guardian*, a mãe de Stephen, Doreen Lawrence, relatou que o comissário de polícia dissera que crianças negras eram mais inclinadas a cometer crimes (LAWRENCE, 2009). O caso de Stephen Lawrence gerou um relatório oficial e uma legislação específica que pretendia combater o racismo institucional. O *Race Relation Act* determinou, em 2002, que toda instituição de ensino deveria registrar episódios de racismo, mas a medida foi em grande parte ignorada por escolas e universidades. Como costuma acontecer em casos como esse, os impactos do relatório Stephen Lawrence foram esmorecendo, a ponto de, em 2004, as estratégias nacionais para a educação para os cinco anos seguintes não mencionarem, em nenhum momento, a questão do racismo e da discriminação. Em 2007, finalmente, o *Single Equality Bill* fixou que cada escola era autônoma e podia não registrar os episódios de racismo (GILLBORN, 2008; ROLLOCK, 2009). As determinações do *Race Relation Act* foram

---

[4] *O Globo*, 10 fev. 2004, p. 10. O julgamento dos policiais foi prorrogado várias vezes, mas em outubro de 2005 os réus acabaram condenados a 17 anos de prisão. Ver também <http://www.senadorpaim.com.br/verImprensa.php?id=1622-pousada-sossego> e <http://www.camara.gov.br/sileg/integras/210271.pdf>.

praticamente esquecidas e quase podemos dizer que as condições para que outros Stephen Lawrences e Flávio Sant'Annas sejam mortos por racismo perduram inalteradas.

O contato com experiências de outros países, além de apontar semelhanças, nos ajuda a identificar diferenças importantes. Uma análise da produção britânica no campo da "Black history" – designação que é apropriadamente criticada por muitos historiadores e professores de história, os quais preferem compreender a história das populações negras como integrada à "história nacional", e não como algo à parte – revela que, em geral, a tentativa de combater o racismo contra negros, indianos e descendentes de imigrantes nas escolas britânicas passa por convencer alunos e educadores de que as minorias étnicas são genuinamente britânicas. Um dos argumentos consiste, por exemplo, em afirmar que todos os britânicos, no final das contas, descendem de imigrantes, e que até mesmo a batalha que inaugura a narrativa da história nacional, a conquista da Inglaterra pelos normandos, em 1066, estaria marcada por essa característica – afinal, foram os normandos, que falavam outra língua e traziam outros costumes, que se tornaram soberanos na ilha. Na mesma linha de argumentação, afirma-se que, antes mesmo da chegada dos normandos, há registros de soldados romanos negros participando da construção e do trabalho de defesa da muralha de Adriano, erguida no século II no que hoje seria a fronteira com a Escócia, na época em que a Inglaterra era parte do Império Romano. Alguns séculos mais tarde, na corte da filha de Henrique VIII, Elizabeth I, que governou entre 1558 e 1603, há registros de negros, então chamados pejorativamente de *blackamoors* (negros e mouros). Ou seja, há muito tempo – e não apenas a partir dos anos 1950, quando importantes levas de imigrantes foram para a Inglaterra provenientes de ex-colônias do Caribe – há negros habitando o país.

No Brasil, ao contrário, não há necessidade de convencer alunos e educadores de que negros e indígenas são parte da nação. Nossa narrativa da identidade nacional, consolidada a partir dos anos 1930, principalmente, afirma que somos uma sociedade mista, uma mistura das três raças. Muitos acreditam que, se temos problemas como injustiças e desigualdades, eles se devem a contrastes sociais e à herança da escravidão, e não ao racismo propriamente dito. Alguns ingleses bem-intencionados poderiam dizer: "Ah, esse é o mundo ideal! Uma sociedade mista orgulhosa de sua mistura é tudo de que precisamos!" Mas sabemos, pelo menos desde os trabalhos seminais de Ernest Gellner (1983), Eric Hobsbawm (1985) e outros sobre nações e nacionalismos, que as grandes narrativas nacionais também são boas invenções. Como dizia o sociólogo negro Guerreiro Ramos nos anos 1950, existe uma diferença entre o "negro legal" e o "negro real" (MAIO, 1997). O legal é aquele que é igual aos brancos; o real foi, entre outros, o dentista Flavio Sant'Anna.

Bem sabemos que aqueles que defendem a narrativa nacional da miscigenação não concordam que exista algo chamado "negro" – em geral, acusam os movimentos negros de importar categorias estrangeiras, que funcionam nos Estados Unidos ou em outros locais, mas não no Brasil. Em consequência, acabamos assistindo a uma espécie de polarização entre duas ideias principais a respeito de nossa história nacional, como já observou Hebe Mattos (2003, p. 129), no artigo *O ensino de história e a luta contra a discriminação racial no Brasil*. De um lado, a narrativa predominante da integração racial e da não existência de diferenças: somos uma sociedade miscigenada, originalmente composta por indígenas, brancos e negros que se misturaram para dar origem ao "brasileiro"; nossos problemas sociais não devem ser confundidos com racismo. De outro, a ideia de que somos uma sociedade multicultural, com suas sub-identidades essencializadas e atemporais, pois, como a ênfase na miscigenação neutraliza diferenças culturais e algumas vezes subordina uma cultura a outra, a saída seria pensar em termos de um modelo multicultural com diversas subculturas e sub-identidades: afro-brasileiros, ítalo-brasileiros etc.

Esse caráter essencializado das identidades sobressai do texto da Lei 11.645, de 10 de março de 2008, que inclui, no currículo oficial da rede de ensino, "a obrigatoriedade da temática 'história e cultura afro-brasileira e indígena'" (BRASIL, 2008; grifos meus):

> Nos estabelecimentos de ensino fundamental e de ensino médio, públicos e privados, torna-se obrigatório o estudo *da história e cultura afro-brasileira e indígena.*
> § 1º O conteúdo programático a que se refere este artigo incluirá diversos aspectos *da história e da cultura* que caracterizam a formação da população brasileira, a partir desses *dois grupos étnicos*, tais como o estudo *da história da África e dos africanos*, a luta dos negros e dos povos indígenas no Brasil, *a cultura negra e indígena brasileira* e o negro e o índio na formação da sociedade nacional, resgatando as suas contribuições nas áreas social, econômica e política, pertinentes à história do Brasil.
> § 2º Os conteúdos referentes à história e cultura afro-brasileira e dos povos indígenas brasileiros serão ministrados no âmbito de todo o currículo escolar, em especial nas áreas de educação artística e de literatura e história brasileiras.

Os significados de algumas dessas palavras e expressões podem ensejar discussões interessantes, entre professores e alunos: existe "a cultura negra e indígena brasileira", no singular?

Trata-se efetivamente de "dois grupos étnicos"? Quais são a "história" e a "cultura" em jogo aqui? De qual África e de quais "africanos" se trata?[5]

Chegamos num ponto em que essa polarização precisa ser antes discutida e trabalhada do que repetida. É hora de trazermos essa discussão para dentro da sala de aula, lançando um olhar sobre a história da constituição daquelas identidades cristalizadas de que fala Hebe Mattos - a "mestiça" e a "multicultural". Com isso, aproximamo-nos do título atribuído ao presente item: por que é importante estudar a história das relações raciais? Hebe Mattos, no artigo citado, reflete sobre as possibilidades de se tratar culturas e identidades de forma menos essencializada:

> Em vez de reforçar culturas e identidades de origem, resistentes à mudança, mais ou menos "puras" ou "autênticas", proponho educar para a compreensão e o respeito à dinâmica histórica das identidades socioculturais efetivamente constituídas. Neste sentido, a história se apresenta como disciplina-chave para construir esta possibilidade de trabalho." (MATTOS, 2003, p. 129)

E acrescenta: "A construção de uma identidade negra positiva nas Américas não se fez como contrapartida direta da existência ou da 'sobrevivência' de práticas culturais africanas no continente, mas como resposta ao racismo e à sua difusão nas sociedades americanas." (Id., ibid.)

Josna Pankhania, autora britânica nascida no Quênia e de origem indiana, formulou opinião semelhante em livro publicado em 1994, no qual propôs uma revisão do currículo de história na Inglaterra:

---

[5] Ver, a esse respeito, Alberti e Pereira (2007a).

> Para compreender a posição atual de estudantes negros nas escolas britânicas, é necessário examinar as relações que o Estado britânico teve com pessoas negras através da história. Algumas questões são centrais para uma investigação como essa. Quando, por que e como começou o contato entre a Grã Bretanha e os negros? Como esse contato se desenvolveu? Sem entender essa relação histórica, não é possível entender a presente posição de pessoas negras na sociedade britânica, na educação britânica e em outras instituições. (PANKHANIA, 1994, p. 2-3)

Outras opiniões reforçam essa necessidade de relacionar o combate ao racismo com o ensino da história das relações raciais. Robert Phillips, professor da Universidade de Wales Swansea, Reino Unido, em livro intitulado *Reflective Teaching of History*, dedica um capítulo a questões sensíveis, no qual enfatiza essa relação: "O caráter sensível de questões ligadas a 'raça' só pode ser apropriadamente entendido com referência à história" (PHILLIPS, 2002, p. 148). Citando outros autores igualmente voltados para o ensino de história, afirma: "É vital reconhecer que 'identidades racializadas são produto da história' (GROSVENOR, 1997, p. 185) e também que o 'passado pode ser um instrumento que as pessoas usam umas contra as outras' (WALLERSTEIN, 1991, p. 78)" (Id., Ibid.). Heidi Mirza e Veena Meetoo, ambas professoras do Institute of Education da Universidade de Londres, e Reena Bhavnani, em livro sobre as raízes do racismo, observam algo que todos nós também sabemos, mas que não custa repetir: "Precisamos de um entendimento complexo de que concepções de racismo e suas manifestações estão em constante mudança em relação a condições históricas e políticas específicas." As autoras finalizam o livro com a seguinte constatação: "Não há uma única definição de racismo, uma única história do racismo, nem uma única causa do racismo. Sua natureza mutante, múltipla e situacional em diferentes tempos e lugares significa que é impossível encontrar uma intervenção ideal e bem-sucedida que se dirija às raízes e à reprodução do racismo." (BHAVNANI; MIRZA; MEETOO, 2005, p.152; 161)

Para sair das armadilhas muitas vezes paralisantes da essencialização, talvez a única via seja mesmo a de compreender a dinâmica complexa e variável da história das relações raciais e das ideias sobre raça e cor. A maioria dos autores concorda que "raça" é uma construção social que só pode ser apreendida tendo em vista as relações concretas que ocorrem nas sociedades, em diferentes contextos históricos e também espaços e situações no presente. Dependendo da circunstância e dos atores envolvidos, algumas pessoas podem ser "negras" em determinado lugar, e "brancas" em outro, o que nos leva, mais uma vez, para o caráter realmente contingente das questões relacionadas a raça e cor.

Ensino de questões sensíveis

Sem dúvida estamos diante de temas identificados por alguns autores como "sensíveis" ou "controversos", os quais, muitas vezes por isso mesmo, são evitados em sala de aula. O estudo da história de questões sensíveis se configura quando envolve uma injustiça, real ou percebida, ocorrida em relação a determinados grupos. Pode ser uma história contestada, ou cujo conhecimento seja difícil ou constrangedor. São temas sensíveis, por exemplo, a religião na Irlanda do Norte, a imigração em países da Europa Ocidental, o racismo, o holocausto, a escravidão e o tráfico transatlântico.[6]

---

[6] Ver a respeito, entre outros, Historical Association (2007) e Alberti (2010a).

A literatura a respeito pode nos ajudar a identificar estratégias para lidar com o ensino da história das relações raciais. Tomemos o exemplo do ensino do holocausto. Os profissionais que têm se ocupado desse assunto têm insistido que é necessário contrapor à homogeneização do "judeu como vítima", predominante em livros didáticos e na história pública (filmes e mídias em geral), a ideia da diversidade de experiências, especialmente antes da Segunda Guerra Mundial. Existem vários recursos - documentos escritos, fotografias, entrevistas etc. - que permitem aos alunos conhecer diferentes trajetórias, organizações familiares, formas de sociabilidade e de relação (ou não) com a religião etc., que ajudam a mostrar a complexidade para além das imagens cristalizadas dos judeus esquálidos nos campos de concentração.[7] Em articulação com essa ênfase na diversidade de experiências, os autores também sublinham que é necessário fazer frente à ideia do "judeu" como vítima passiva das atrocidades nazistas. É sempre bom lembrar as diferentes formas de resistência dos judeus ao nazismo, como, por exemplo, o levante do gueto de Varsóvia, de 1943.

A mesma precaução que coloca em xeque a homogeneização em torno d'"o judeu" pode ser tomada em relação a "o negro" ou "o escravo", enfatizando-se a diversidade de experiências de "ser negro". Podemos contrapor, às imagens recorrentes do "escravo como vítima" trazidas por algumas pinturas de Jean-Baptiste Debret que povoam livros didáticos, filmes, revistas, sites etc. (o escravo apanhando no pelourinho, recebendo palmatória, ou sendo castigado no chão com pés e mãos amarrados), imagens e experiências que mostrem africanos e seus descendentes como sujeitos históricos, mesmo que escravizados. Por exemplo, a gravura de Moritz Rugendas que mostra uma roda de capoeira, ou a aquarela de Debret retratando uma vendedora de caju.

---

[7] Iniciativas de diversificação do ensino do holocausto podem ser encontradas em <http://resources.ushmm.org> e <www.hedp.org.uk>, entre outros.

Moritz Rugendas, Jogar capoeira *(1835)*

Jean-Baptiste Debret, Negra tatuada vendendo caju *(1827)*

Além da preocupação com a desomogeneização e com a apresentação de sujeitos ativos, alguns princípios do ensino do holocausto podem ser úteis para a discussão aqui empreendida. O horror do holocausto, dizem os autores, não está nas imagens horríveis; não precisamos mostrá-las para tentar dar conta do que aconteceu, em sua gravidade. Convém, pois, respeitar as vítimas e os alunos, buscando atingir esses últimos sem traumatizá-los. Muitas vezes pode ser interessante partir de casos particulares para a visão geral: uma biografia pode oferecer mais concretude do que números que diluem o ocorrido (seis milhões de mortos, por exemplo, é um número que, se não for corretamente trabalhado, pode não significar muita coisa). É fundamental também oferecer aos alunos fontes originais, que abram a possibilidade de apreensões autênticas: cartas, processos, fotografias, artefatos ou narrativas de experiência individual. Os casos particulares, trazidos por fontes efetivas e atraentes, podem nos ajudar a considerar o fenômeno em sua totalidade.

Isso vale evidentemente para a história das relações raciais e para as experiências de ser "negro" e "índio" no Brasil. A narrativa, nesse contexto, pode ter uma função pedagógica importante. Como afirma Edward Taylor, professor da Faculdade de Educação da Universidade de Washington, na introdução ao livro *Foundations of critical race theory in Education*: "um dos propósitos da narrativa é o de redirecionar o olhar dominante, fazendo com que se veja de um novo ponto de vista aquilo que estava ali durante todo o tempo"; trata-se, pois, de um recurso para "expor e desafiar construções sociais de raça" (TAYLOR; GILLBORN; LADSON-BILLINGS, 2009, p. 8). Isso se aplica, por exemplo, a narrativas de experiências de racismo, e também a outras que possibilitam o acesso à diversidade, em oposição à homogeneização.[8]

---

[8] Em outubro de 2009, a escritora nigeriana Chimamanda Adichie (2011) proferiu uma conferência bastante interessante a respeito do perigo de uma história única e da necessidade de se contarem e se ouvirem diversas histórias para evi-

Essas duas diretrizes, que emergem da literatura sobre o ensino de questões sensíveis ou controversas, merecem, pois, ser retidas, por serem, a meu ver, úteis ao ensino da história das relações raciais: a ênfase na diversidade como contraponto à homogeneização - nesse caso, a homogeneização da "vítima" ou do sujeito "passivo" - e o recurso a fontes efetivas.

Uma terceira diretriz é digna de destaque. Trata-se de evitar confinar o estudo da história das relações raciais a nichos no currículo - limitá-la, por exemplo, ao período da escravidão, ou a momentos do ano letivo em torno do 13 de Maio ou do 20 de Novembro. Esse esforço tem sido assinalado por diversos professores, inclusive no Reino Unido, em que se procura integrar a chamada "Black history" ao currículo de "história nacional" (LYNDON, 2006).

Alguns exemplos

A escravização de africanos e o tráfico transatlântico são assuntos sem dúvida indispensáveis na abordagem da história das relações raciais. Mas como tratar deles de forma adequada e com respeito às vítimas e aos alunos (sem traumatizá-los), evitando a ênfase no africano escravizado como vítima? Esses talvez sejam assuntos para os quais tenhamos de procurar cuidadosamente um equilíbrio - não podemos deixar de falar sobre as atrocidades cometidas, mas também não podemos falar apenas delas. E precisamos sempre considerar que a sala de aula muitas vezes é composta de alunos e alunas de diferentes raças

---

tar a simplificação dos estereótipos. Narrativas de experiências de racismo no Brasil podem se encontradas em Alberti e Pereira (2007b). Sobre as possibilidades ensejadas pela narrativa, ver também Alberti (2008).

ou cores, e que o que nela falamos e é discutido pode incidir sobre as relações que os alunos estabelecem dentro e fora da escola. Todo cuidado é pouco, portanto.

Como observa Robert Phillips, em outro artigo:

> A história da escravidão coloca inúmeros desafios para o professor de história. De um lado, a escravidão deve ser estudada para que se perceba seu papel vital na criação do racismo, mas, de outro lado, imagens constantes da subjugação dos escravos têm um potencial de simplesmente reforçar o estereótipo superior/inferior mencionado acima [entre brancos e negros]." (PHILLIPS, 2002b, p. 18)

Uma primeira estratégia possível é fornecer elementos para que os alunos considerem a escravidão no seu contexto histórico, e não como contraponto ao que hoje entendemos como trabalho livre. Que tipo de trabalho havia, por exemplo, na Europa, antes do século XIX? O sistema de servidão por contrato, que levou muitos colonos para a América do Norte, obrigando-os a trabalhar durante sete anos, em média, para depois terem acesso a alguma terra, era trabalho livre? A situação dos operários ingleses, das crianças e mulheres nas indústrias e carvoarias no início da tão conhecida Revolução Industrial era livre? E o que dizer da escravidão na Antiguidade? Nesse conjunto de reflexões, a que os alunos devem de preferência chegar autonomamente – com o auxílio do professor, é claro, que lhes fornece fontes efetivas e atraentes a partir das quais possam discutir e chegar a suas conclusões –, o importante é tentar desvincular "trabalho não livre", ou "escravo", de "negro". Ou seja, não apenas os africanos escravizados e os escravos nas Américas tinham condições degradantes de vida. É claro que a situação de serem escravos tornava-os especialmente vulneráveis, porque pertenciam a outrem. Mas lancemos o olhar a outras "vítimas" da mesma época, de preferência "não negras".

Outro recurso que pode ser usado na mesma direção é o de relativizar os castigos corporais como sendo exclusivos dos escravos. Veja-se, por exemplo, o castigo que estava reservado a soldados pagos e ordenanças que desertassem de uma das expedições mandadas a Palmares para combater os mocambos, em 1671: "três tratos de braço solto e degredo para o Ceará por dez anos" (LARA, 2008, p.17). Como explica Silvia Hunold Lara:

> Dar tratos de polé significa içar a pessoa pelos pulsos por meio de cordas e uma roldana fixada em uma armação de madeira, como no caso da forca (a polé), com pesos amarrados nos pés, e depois deixá-la cair subitamente, de modo a destroncar os braços. Imagino que "três tratos de braço" seja suspender por três vezes alguém na polé. (Id., Ibid.)[9]

Por respeito aos alunos e em nome do bom andamento de nossas aulas, não cabe entrar em detalhes sobre os instrumentos de tortura usados na Europa medieval e moderna, mas a informação de que o tronco era instrumento de humilhação e tortura comum na Europa, tendo sido usado na Inglaterra pelo menos até a década de 1870, pode ser importante para indicar que os suplícios não eram direcionados unicamente aos escravos.[10]

Outra estratégia fundamental é trabalhar a escravidão indígena, que, pelo menos até meados do século XVIII, foi legal na colônia portuguesa, quando caracterizada a "guerra justa". Um ar-

---

[9] Silvia Lara indica o verbete "polé" de: BLUTEAU, Raphael. *Vocabulário portuguez e latino*. Coimbra: Collegio das Artes da Companhia de Jesus, 1712. (Ed. fac-simile, CD-ROM, Rio de Janeiro, UERJ, [2000?])

[10] Ver, por exemplo, verbete "stocks" na Wikipédia: <http://en.wikipedia.org/wiki/Stocks>, acesso em 2 jul. 2011.

tigo que pode nos ajudar bastante é o do historiador e indigenista André Raimundo Ferreira Ramos, que esmiúça as variáveis regionais e históricas relativas ao trabalho indígena até o final do século XIX. Diz ele, na introdução do artigo:

> Durante muito tempo foi lugar comum nos livros didáticos, e até mesmo na historiografia brasileira, dizer-se que o índio não foi escravizado, por não se adaptar à organização do trabalho imposta pelos colonizadores. Quando muito admitia-se que a incorporação do indígena ao trabalho escravo ocorreu apenas no início da colonização, sendo posteriormente substituído pelos povos africanos. Na relação entre portugueses e indígenas, pulava-se do escambo para a conversão dos aldeamentos, com rápidas pinceladas de exotismo, tendo como referência para "abençoar este congraçamento entre os povos" a bula papal que reconhecia a humanidade dos bárbaros. (RAMOS, 2004, p. 241-242)[11]

Os alunos geralmente acham curioso que, no início da atividade açucareira, a mão de obra especializada na transformação da cana em açúcar, nos engenhos, era de escravos africanos, vindos das ilhas portuguesas do Atlântico (São Tomé, Cabo Verde, Madeira e Açores), enquanto os escravos indígenas eram geralmente empregados na lavoura da cana.[12] Também costuma causar espanto o fato de o escravo africano ter sido mais caro que o indígena. É fundamental compreender por que, afinal, se optou pela escravidão africana, especialmente nas áreas de maior expressão econômica. Pode-se lançar essa pergunta como tema de pesquisa e fornecer uma série de fontes para que os alunos tra-

---

[11] Indicação imprescindível sobre o assunto é o livro de Manuela Carneiro da Cunha (1998).

[12] Ver, entre muitos outros, Fausto (1997), p. 29-30 e 49-54.

balhem a questão.[13] Por exemplo, fontes secundárias que apontem para o lucro do tráfico negreiro e das demais atividades a ele vinculadas, como a construção naval, a produção de tecidos, de fumo e de cachaça.[14] Além disso, há dados interessantes sobre o número de viagens feitas para a África de portos europeus entre os séculos XVII e XIX – com destaque evidente para Liverpool, na Grã Bretanha[15] –, bem como bases de dados que permitem a geração de gráficos sobre o tráfico transatlântico, com informações sobre preço dos escravos, sexo, idade etc.[16]

Ainda com relação à diáspora africana, cabe trabalhar com os alunos a diversidade de reinos, línguas, religiões, organizações políticas, atividades econômicas etc. dos povos de onde vinham os africanos escravizados, para além da divisão geral entre sudaneses e bantos. É bom que os alunos tenham contato com palavras como "ashanti", "iorubas", "acãs", "kicongos", "kimbundos" etc. Além disso, é importante identificar como as línguas e manifestações culturais desses povos são parte daquilo que vivemos hoje. Mapas, dicionários, documentários, entre outros, permitem a sedimentação desses conhecimentos.[17] Se a esse aprendizado pudermos acrescentar atividades extraclasse qua-

---

[13] Sobre o uso de questões de pesquisa no planejamento de uma aula ou de um grupo de aulas, ver Alberti (2010b).

[14] Tenho usado, por exemplo, trechos adaptados de Novais (1979), especialmente p. 104-105; Rodrigues (2002), p. 19, e Fausto (1997), p. 78 e 83.

[15] Ver <http://www.liverpoolmuseums.org.uk/ism/slavery/europe/>, acesso em 22 ago. 2010.

[16] Ver <http://www.slavevoyages.org/tast/database/search.faces>, acesso em 22 ago. 2010.

[17] Os mapas e textos do livro *África e Brasil africano*, de Marina Mello e Souza (2006) são uma indicação interessante. O mesmo vale para o *Novo dicionário banto do Brasil* de Nei Lopes (2003), os vídeos produzidos pelo projeto A Cor da Cultura <http://www.acordacultura.org.br/> – por exemplo, na série "Mojubá", o programa "Origens" –, e o documentário *Jongo, calangos e folias*, de Hebe Mattos e Martha Abreu (2007).

lificadas, é ótimo. Por exemplo, uma visita a uma comunidade remanescente de quilombo, precedida, evidentemente, de uma boa preparação.

Trabalhar com a diversidade de origens, as práticas e implicações da escravidão africana e indígena e do tráfico transatlântico e com a percepção de que a história e a sociedade brasileiras foram decidida e profundamente marcadas pelos africanos que para cá vieram e por seus descendentes, já permite afastar o risco da homogeneização presente em ideias simplificadas a respeito d'"o escravo". Além disso, como dito no item anterior, essa abordagem faz dos africanos e de seus descendentes sujeitos históricos cuja ação deixou legados muito vivos e perceptíveis até hoje. Não se trata, pois, de vítimas passivas - e isso tem sido mostrado recorrentemente pelas pesquisas históricas.

Um exemplo bem interessante é o das cadernetas de poupança abertas por escravos e escravas. Pesquisa recente localizou, no Acervo da Caixa Cultural em Brasília, uma série de documentos de caderneta de poupança abertas e mantidas por escravos, na segunda metade do século XIX.[18] A historiadora Keila Grinberg analisou esse material e observou como, "do ponto de vista da regulamentação das relações sociais - processo do qual a criação e a regulamentação da Caixa Econômica fazia parte -, a distância entre a condição jurídica e a realidade criou uma situação única". "Afinal," acrescenta, "os escravos eram, ao mesmo tempo, *coisa,* do ponto de vista jurídico, mas, em muitos casos, nas cidades, trabalhavam como pessoas livres" e podiam abrir e manter cadernetas de poupança. A "definição tradicional" que afirmava que "escravo é o ser humano

---

[18] Trata-se da pesquisa "Bancos públicos no Brasil: a trajetória da Caixa Econômica Federal" desenvolvida no CPDOC-FGV sob a coordenação dos professores Angela de Castro Gomes e Américo Freire (2011).

desprovido de liberdade e de propriedade", completa Grinberg, "não dava mais conta da realidade, se é que algum dia chegou a dar." (GRINBERG, 2011, p. 147-8).

N.º 575 Livro n. 2 Fl. 88

CAIXA ECONOMICA DE MATTO GROSSO

Data	Operações	Quantia entregue	Quantia retirada
1877 Janeiro 27	Entregou cincoenta mil reis	50$000	
Abril 28	Entregou cincoenta mil reis	50$000	

Caderneta de poupança de Maria – Africana, escrava da Santa Casa de Misericórdia de Cuiabá, aberta em 1877. Acervo da Caixa Cultural, Caixa Econômica Federal, Brasília.[18]

As diferentes formas de resistência à escravidão são também sinais evidentes de que os africanos e seus descendentes não eram vítimas passivas. Como no caso da resistência ao nazismo no ensino do holocausto, essas experiências devem fazer parte do ensino da história das relações raciais. O ideal, mais uma vez, é trazer documentos efetivos, que as tornem concretas. No caso dos quilombos, é bastante útil trabalhar com mapas que representem a grande quantidade de experiências desse gênero es-

[19] Agradeço a Angela de Castro Gomes e Américo Freire (2011) a autorização para reproduzir aqui uma das cadernetas de poupança encontradas no Acervo da Caixa Cultural em Brasília.

palhadas ao longo dos séculos XVII a XIX.[20] Não se trata, evidentemente, de um mapa localizando as atuais comunidades remanescentes de quilombo, embora possam ser feitas articulações interessantes entre ambos.

Um mapa que mostra as regiões de maior concentração de quilombos durante a escravidão pode suscitar algumas considerações interessantes. Quando o comparamos a mapas clássicos de ocupação territorial de acordo com atividades econômicas – como, por exemplo, os mapas do *Atlas histórico escolar*, de Manoel Maurício de Albuquerque (1960) –, podemos perceber os quilombos como mais uma das modalidades de ocupação e formação do que mais tarde viria a ser o "território nacional". Assim como as demais formas de organização econômica, social e política – o engenho de açúcar, as minas gerais, a pecuária, as drogas do sertão e, mais tarde, a borracha, a estância, a charqueada etc. –, os quilombos deixam de ser simplesmente agrupamentos efêmeros de populações marginalizadas para se tornarem espaços de invenção da sociedade tão legítimos quanto os que são classicamente estudados na formação econômica, social e cultural do Brasil.

Outro conjunto de temas importantes para o ensino da história das relações raciais é a longa transição do trabalho escravo para o trabalho livre. Mais uma vez, o recurso a fontes efetivas pode ser útil. Por exemplo, o texto da Lei Euzébio de Queirós de 1850 lembra e reforça a importância da Lei de 7 de novembro de 1831, a famosa "lei para inglês ver". Esta última "Declara[va] livres todos os escravos vindos de fóra do Imperio, e imp[unha] penas aos importadores dos mesmos escravos"[21]. A de 1850

[20] Veja-se, por exemplo, o mapa "Principais quilombos e revoltas com participação de povos negros no território brasileiro – séculos XVII/XIX", de autoria de Rafael Sanzio Araújo dos Anjos (2006, p. 100).

[21] Disponível em <http://www6.senado.gov.br/sicon/index.jsp?action =LegislacaoTextual#>; acesso em 3 jul. 2011. As páginas do Senado Federal e do Palácio

"Estabelece medidas para a repressão do trafico de africanos neste Imperio" e simplesmente reforça a determinação anterior, quando afirma, em seu primeiro parágrafo:

> As embarcações brasileiras encontradas em qualquer parte, e as estrangeiras encontradas nos portos, enseadas, ancoradouros ou mares territoriais do Brasil, tendo a seu bordo escravos, cuja importação é proibida pela lei de 7 de novembro de 1831, ou havendo-os desembarcado, serão apreendidas pelas autoridades, ou pelos navios de guerra brasileiros, e consideradas importadoras de escravos.[22]

Para completar a discussão a esse respeito e relacioná-la a discussões atuais, pode ser útil recorrer a uma documentação bastante recente, produzida no âmbito do julgamento em curso no Supremo Tribunal Federal (STF) acerca da Arguição de Descumprimento de Preceito Fundamental (ADPF) 186 ajuizada pelo partido Democratas em julho de 2009, visando a declaração de inconstitucionalidade da instituição de cotas raciais na Universidade de Brasília (UnB).[23] O parecer do historiador Luiz Felipe de Alencastro (2010), lido em audiência pública no STF em março de 2010, pode ser debatido com os alunos.[24] Alencastro faz um histórico da legislação que proibia o tráfico de escravos desde o tratado anglo-português de 1818, que vetava o tráfi-

---

do Planalto possibilitam a busca do texto integral de toda legislação de âmbito nacional desde a independência. Ver <http://www.senado.gov.br/legislacao/> e <http://www4.planalto.gov.br/legislacao>.

[22] Disponível em <http://www6.senado.gov.br/sicon/index.jsp?action =LegislacaoTextual#>, acesso em 3/7/2011.

[23] Andamento do processo disponível em <http://www.stf.jus.br/portal/processo/verProcessoAndamento.asp?incidente=2691269>, acesso em 28 nov. 2010.

[24] Se houver possibilidade de acesso à Internet, pode-se assistir, em sala de aula, ao vídeo da leitura do parecer, disponível em <http://www.youtube.com/watch?v=T8Cvi4BeVfI&feature=related>.

co no norte do Equador, passando pelo tratado anglo-brasileiro de 1826 e pelas leis de 1831 e 1850, e mostra que, a despeito dessa legislação e do Código Criminal de 1830, que, em seu Art. 179, considerava crime "Reduzir á escravidão a pessoa livre, que se achar em posse da sua liberdade",[25] o governo imperial "anistiou, na prática, os senhores culpados do crime de sequestro" e "deixou livre curso ao crime correlato, a escravização de pessoas livres". E acrescenta:

> De golpe, os 760.000 africanos desembarcados até 1856 - e a totalidade de seus descendentes - continuaram sendo mantidos ilegalmente na escravidão até 1888. Para que não estourassem rebeliões de escravos e de gente ilegalmente escravizada, para que a ilegalidade da posse de cada senhor, de cada sequestrador, não se transformasse em insegurança coletiva dos proprietários, de seus sócios e credores - abalando todo o país -, era preciso que vigorasse um conluio geral, um pacto implícito em favor da violação da lei. [...] Resta que este crime coletivo guarda um significado dramático: ao arrepio da lei, a maioria dos africanos cativados no Brasil a partir de 1818 - e todos os seus descendentes - foram mantidos na escravidão até 1888. Ou seja, boa parte das duas últimas gerações de indivíduos escravizados no Brasil não era escrava. Moralmente ilegítima, a escravidão do Império era ainda - primeiro e sobretudo - ilegal. [...] Tenho para mim que este pacto dos sequestadores constitui o pecado original da sociedade e da ordem jurídica brasileira. (ALENCASTRO, 2010)

---

[25] O Código Criminal de 1830 determinava, para esse crime, "Penas — de prisão por tres a nove annos, e de multa correspondente á terça parte do tempo; nunca porém o tempo de prisão será menor, que o do captiveiro injusto, e mais uma terça parte". Art. 179 do Código Criminal do Império do Brasil, mandado executar pela Lei de 16 de dezembro de 1830. Disponível em <http://www6.senado.gov.br/sicon/index.jsp?action=LegislacaoTextual#>, acesso em 3 jul. 2011.

Depois de 1888, o incentivo à imigração europeia pode ser trabalhado com ajuda de decreto de 1890, que "Regularisa[va] o serviço da introducção e localisação de immigrantes na Republica dos Estados Unidos do Brazil" e impedia a entrada de imigrantes provenientes da Ásia e da África. Assinado por Deodoro da Fonseca ainda no Governo Provisório da República, o decreto determinava, já no seu Art. 1º:

> É inteiramente livre a entrada, nos portos da Republica, dos individuos válidos e aptos para o trabalho, que não se acharem sujeitos á acção criminal do seu paiz, exceptuados os indigenas da Asia, ou da Africa que sómente mediante autorização do Congresso Nacional poderão ser admittidos de accordo com as condições que forem então estipuladas.[26]

O assunto continua a ocupar os artigos seguintes do decreto, que determinam, por exemplo, que "A policia dos portos da Republica impedirá o desembarque de taes indivíduos" (Art. 3) e que os comandantes das embarcações que os trouxerem ficam sujeitos a multa e perdem seus privilégios, em caso de reincidência (Art.4). Dois anos depois foi autorizada a imigração de pessoas de nacionalidade chinesa e japonesa,[27] mas a entrada de imigrantes africanos continuou proibida.

A política de branqueamento da população brasileira pode ser trabalhada também com o quadro de Modesto Brocos, "A redenção de Cam", de 1895, que integra o acervo do Museu Nacional de Belas Artes, no Rio de Janeiro.

---

[26] Decreto n. 528, de 28 de junho de 1890, disponível em <http://www6.senado.gov.br/sicon/index.jsp#>, acesso em 3 jul. 2011.

[27] Lei n. 97, de 5 de outubro de 1892, disponível em http://www6.senado.gov.br/sicon/index.jsp#>, acesso em 30 mar. 2011.

Brocos, Modesto. A redenção de Cam, *1895, óleo sobre tela, c.i.d. 199 cm x 166 cm. Museu Nacional de Belas Artes (Rio de Janeiro, RJ). Reprodução fotográfica: César Barreto.*[27]

Para os alunos do Ensino Médio talvez seja interessante saber que este quadro já foi objeto de questão de vestibular da Fuvest, de 2006. A questão pedia que se relacionasse o quadro com as questões da imigração europeia do final do século XIX e com as "concepções dominantes sobre raças no período".[29]

---

[28] A imagem está disponível em <http://www.itaucultural.org.br/aplicexternas/enciclopedia_ic/index.cfm?fuseaction=artistas_obras&acao=mais&inicio=1&cont_acao=1&cd_verbete=2830>, acesso em 3 jul. 2011.

[29] Questão disponível em <http://www.fuvest.br/vest2006/provas/2fase/his/his2f.pdf>, acesso em 3 jul. 2011.

Avançando para o século XX, continua havendo exemplos significativos de atuação de pessoas e grupos negros no Brasil, que podem ser tratados sempre em articulação com acontecimentos e conjunturas da história "nacional". Os movimentos operários da Primeira República, muitas vezes relacionados com a participação de imigrantes, que teriam sido em grande parte responsáveis pela introdução das ideias anarquistas no Brasil, ganhariam em pluralismo se fosse enfatizada também a participação de negros. Alguns líderes operários negros podem ser destacados, como Orêncio de Freitas (1891-1940), Almerinda Farias Gama (1899-1992) e Sebastião Luís Oliveira (1896), por exemplo, respectivamente fundador do Partido Proletário do Rio de Janeiro, presidente do Sindicato dos Datilógrafos e Taquígrafos no Rio de Janeiro, e presidente da Sociedade de Resistência dos Trabalhadores em Trapiches de Café, também no Rio (LOPES, 2004).

Como contraponto à política de incentivo à imigração europeia, concentrada especialmente entre 1870 e 1930, pode ser objeto de discussão o decreto do governo provisório de Getúlio Vargas, de 12 de agosto de 1931, que ficou conhecido como Lei dos 2/3, pois obrigou as empresas com três ou mais empregados a manterem brasileiros natos entre pelo menos 2/3 dos seus empregados.[30] Entre 2003 e 2007, Amilcar Araujo Pereira e eu tivemos oportunidade de entrevistar vários militantes do movimento negro contemporâneo, no contexto do projeto "História do movimento negro no Brasil: constituição de acervo de entrevistas de história oral", desenvolvido no Centro de Pesquisa e Documentação de História Contemporânea do Bra-

[30] Ver ABREU; BELOCH; LATTMAN-WELTMAN (2001), verbete "Lei dos 2/3".

sil da Fundação Getulio Vargas (CPDOC-FGV).[31] Amauri Mendes Pereira, um de nossos entrevistados, interpretou dessa forma a Lei dos 2/3, de que tomou conhecimento através do avô, um dos fundadores do sindicato da construção civil do Rio de Janeiro na década de 1930:

> Ele que me ensinou sobre a Lei dos 2/3 do tempo do Getúlio, que obrigava toda empresa a contratar 2/3 de brasileiros, e que eu tenho usado muito, porque essa foi a primeira lei de cotas no Brasil: 2/3 dos postos de trabalho para brasileiros, que, na época, ele dizia, eram pretos. Preto que não tinha direito ao trabalho. Os trabalhos estavam nas mãos dos portugueses, espanhóis, italianos. No Rio de Janeiro, eram os portugueses [...]. Como garantir a implementação da lei? Tinha que [...] criar o hábito, a cultura de se pagar o trabalho não só de portugueses. Porque eles se aliciavam entre si, cada um pegou o seu feudo. Os italianos são os donos até hoje da distribuição de jornais, os portugueses, eram da Light, os empregos públicos eram todos deles. Eram redes de compadrio. E os negros, não. A maioria negra nas cidades sofria uma pressão enorme, mas não tinha efetivamente ninguém que puxasse para as oportunidades de emprego. E o Getúlio viu isso... Bom, aí já é análise, eu interpreto assim: o Getúlio precisava de apoio popular para se sustentar. Foi uma grande aventura a Revolução de 1930, então, ele quebra o poder oligárquico momentaneamente, mas ele tinha que ter outra base social: eram as massas das grandes cidades. E aí ele tem que fazer concessões, tem que negociar. Uma das coisas era o emprego. Com a Lei dos 2/3, ele era o "pai dos pobres", porque ele escureceu o

---

[31] Em seu primeiro ano de vigência, a pesquisa contou com o apoio do South-South Exchange Programme for Research on the History of Development (Sephis), e, em janeiro de 2004, passou a integrar o projeto "Direitos e cidadania", sediado no CPDOC e aprovado pelo Programa de Apoio aos Núcleos de Excelência (Pronex) do Ministério da Ciência e Tecnologia.

> mercado de trabalho. Isso meu avô não dizia assim, mas em alguns momentos ele chegava a dizer "empreteceu". Ele dizia: "A gente teve oportunidade de trabalhar."[32]

Cabe também inserir nas aulas de história relativas ao período republicano conteúdo relativo a movimentos sociais negros, como a Frente Negra Brasileira, fundada em 1931, que se transformou em partido político, mas foi extinta junto com os demais partidos com o golpe do Estado Novo; a União dos Homens de Cor e o Teatro Experimental do Negro, fundados nos anos 1940; o Teatro Popular Brasileiro, criado em 1950, para citar apenas alguns, além das diversas entidades que surgiram a partir do início dos anos 1970, no contexto de resistência ao regime militar e de luta pela igualdade social.[33]

Observações finais

São muitas as possibilidades de abordagem das histórias e culturas afro-brasileiras em sala de aula observando as diretrizes destacadas anteriormente: voltar a atenção para a diversidade de experiências e identidades, trazer experiências em que africanos e seus descendentes são atores sociais e políticos, integrar essas experiências à história "nacional" evitando a criação de um "nicho" de ensino "afro-brasileiro" e fazer uso de fontes efetivas e expressivas.

---

[32] Entrevista gravada em 31/10/2003, no Rio de Janeiro. O trecho está publicado em Alberti e Pereira, 2007b, p.38-9.

[33] Uma cronologia desses movimentos e entidades surgidos ao longo do século XX pode ser encontrada em Alberti e Pereira, 2007b, p. 473-488. Sobre a atuação desses movimentos no contexto de oposição ao regime militar, ver também Alberti e Pereira, 2008.

Os exemplos discutidos nesse artigo procuraram observar essas orientações e dar conta daquela diversidade. Eles também buscaram respeitar o rigor histórico, ingrediente fundamental nas práticas de ensino de história.[34] A História é uma das disciplinas mais vulneráveis a abordagens pouco responsáveis e conjecturais. Para fazer frente a esse risco, é preciso evitar a ideia de que toda e qualquer afirmação pode ser feita a respeito do passado. Além do respeito ao rigor histórico, o ensino de História também se beneficia se for movido pela análise de mudanças e permanências em relação ao passado. Perceber similaridades e diferenças em relação ao presente é fundamental para nos situarmos com relação às especificidades de nossa história e formação social e às especificidades no presente. Isso se aplica também, evidentemente, à lógica das relações raciais. O que mudou e o que não mudou nesse terreno? O que muda e o que não muda conforme nos deslocamos hoje, em diferentes espaços sociais e geográficos? Reconhecer diferenças é também importante para que os alunos percebam que não foi "sempre assim" como é hoje e que, consequentemente, a situação atual não é algo permanente que não possa ser mudado. E para que esse entendimento aconteça, é indispensável ter acesso a fontes, resíduos do passado que nos permitem fazer inferências sobre ele.

A atenção ao rigor histórico e o cuidado com as fontes não significa que o ensino de História tenha de ser neutro e que o professor não possa ter objetivos políticos. Bem sabemos que a neutralidade e a imparcialidade são falácias, ainda mais em espaços tão disputados por governos, famílias e diferentes grupos sociais como a sala de aula – em especial as aulas de História! E assim voltamos ao início deste texto: por que implementar a Lei

---

[34] Ver, a respeito, Alberti (2010b).

11.645? Porque a sociedade como um todo, os alunos de diferentes raças e cores, seus pais, seus irmãos, seus amigos e seus futuros filhos se beneficiarão se tivermos oportunidade de explorar a diversidade e desafiar o racismo.[35]

[35] Empresto essa ideia de Bhavnani, Mirza e Meetoo (2005, p. 152), que afirmam: "A educação para a cidadania com professores seguros em relação à diversidade pode oferecer a oportunidade de explorar a diversidade e desafiar o racismo."

Ensino de história e cultura africana e afro-brasileira: dilemas e desafios da recepção à Lei 10.639/03

Lorene dos Santos

Introdução

As últimas décadas, em nosso país, têm sido marcadas pela emergência de movimentos sociais e pela intensificação de debates, propostas e políticas visando o combate a desigualdades historicamente perpetuadas. Neste processo, tem-se apostado na valorização da diversidade sociocultural que caracteriza a sociedade brasileira, enquanto um dos caminhos para o reconhecimento e maior visibilidade da história e cultura de grupos socialmente marginalizados. Valorização da diversidade e combate às desigualdades passam a ser reconhecidos, assim, como elementos indissociáveis no processo de construção de uma sociedade mais equânime e capaz de promover a justiça social.

A Lei 10.639/03, que tornou obrigatório o ensino de história e cultura africana e afro-brasileira em todas as escolas de Educação Básica brasileiras, e a Lei 11.645/08, que junto a esta temática, incluiu também a questão indígena como conteúdo curricular obrigatório, são exemplos de legislação educacional surgida nos últimos anos e voltada a este propósito. Ambas modificam a

Lei de Diretrizes e Bases da Educação Nacional - LDBEN 9.394/96 — e se inserem em um movimento mais amplo, vivenciado pela sociedade brasileira atual, em prol da ampliação de direitos sociais e conquista de cidadania. Nesse sentido, desde a Constituição de 1988, passando pela referida LDBEN, até a legislação mais recente, assiste-se a um progressivo reconhecimento, no plano formal, da necessidade de se promover maior justiça social a partir da valorização e afirmação de culturas e identidades tradicionalmente negadas ou silenciadas. A emergência de uma legislação voltada a tal perspectiva contempla reivindicações históricas dos movimentos sociais - no caso, em especial, o movimento negro —, ao mesmo tempo em que detona processos de reorientação curricular e demanda a constituição de novos saberes e práticas escolares e docentes.

Partimos do pressuposto de que a compreensão do que se passa, hoje, dentro de algumas escolas públicas brasileiras, ao introduzir esse novo componente curricular, nos exige levar em conta toda a complexidade da questão racial brasileira. Exige considerar os significados de ser um país que viveu, por mais de 300 anos, a experiência da escravidão, em que a participação dos africanos e seus descendentes na constituição da sociedade brasileira se deu a partir dessa condição inicial de escravo. Exige, ainda, o reconhecimento de que o processo de abolição da escravidão, seguida pela instauração do novo regime republicano, pouco ou nada contribuiu para alterar a condição de marginalidade social dos ex-escravos e seus descendentes, situação perpetuada ao longo do século XX.

Considerando que os currículos escolares são artefatos culturais dinâmicos, em permanente processo de transmutação, em que novos componentes são constantemente introduzidos, ao passo que outros caem em desuso, quando voltamos nosso olhar para a introdução da temática africana e afro-brasileira como novos conteúdos obrigatórios devemos lembrar, então, que se tratam de conteúdos carregados de forte significação política e social, no contexto da sociedade brasileira. Dessa forma, não se trata, apenas, de introduzir um novo componente curricular, mas de trazer para dentro da escola uma temática e um debate marcados por uma longa trajetória de disputas e embates, de polêmicas e dissensos, e também de silenciamentos. Trata-se de colocar em pauta, no contexto escolar, uma discussão recorrentemente negada pela sociedade brasileira. Trata-se, em última instância, de apostar que os currículos escolares podem se constituir em veículos de enfrentamento das desigualdades sociais - e raciais - presentes em nossa sociedade, com potencialidade para alterar hierarquias, desestabilizar relações de poder, fomentar a reorganização de forças e contribuir para o questionamento de valores e certezas historicamente construídas.

Da legislação ao currículo em ação: conceitos e práticas

Com intuito de identificar e analisar saberes e práticas sobre a temática africana e afro-brasileira que têm sido mobilizados e construídos no interior de escolas e salas de aula de Educação Básica, procuramos compreender alguns dos percalços e dilemas vivenciados pelos professores ao desenvolverem trabalhos pedagógicos em torno dessa temática. Tendo em vista que tais investimentos vêm associados à perspectiva de promover uma reeducação das relações étnico-raciais, a entrada da temática africana e afro-brasileira nos currículos escolares apresenta-se como processo extremamente complexo, envolvendo múltiplas variáveis e desdobrando-se em uma gama de possibilidades, sendo atravessada por relações de poder e por conflitos entre diferentes concepções de mundo e projetos de sociedade.

Devemos considerar, então, neste processo, toda a gama de saberes e representações que advém da prática social, de múltiplas dimensões dessa prática, e que acabam por impor novos ingredientes à configuração dos saberes escolares. O próprio título das diretrizes curriculares que acompanham a Lei 10.639/03, denominadas *Diretrizes curriculares nacionais para a educação das relações étnico-raciais e para o ensino de história e cultura afro-brasileira e africanas,* nos informa o quanto está em jogo aqui: não apenas a divulgação de estudos produzidos no âmbito acadêmico acerca da história da África e da população afro-descendente, mas uma perspectiva formadora, de "educação das relações étnico-raciais", pautada pela reconstrução de valores, o que implica um intenso processo de axiologização dos saberes mobilizados. Sendo um importante elemento de sua especificidade e, em certa medida, de distanciamento em relação aos saberes de referência, essa dimensão axiológica dos saberes escolares adquire contornos próprios, no caso da temática em questão, demandando uma análise cuidadosa e atenta de suas implicações éticas, políticas e epistemológicas.

Sabemos que entre os documentos legais — ou o nível prescritivo do currículo — e sua efetivação nas salas de aula - aquilo que vem sendo chamado de "nível interativo" do currículo (GOODSON, 1995) ou "currículo em ação" (PARAÍSO, 1996) -, existem infinitas mediações, diferentes motivações, apropriações, recontextualizações, enfim, a interferência de uma multiplicidade de fatores que geram aproximações e distanciamentos em relação ao que foi previsto e prescrito em lei ou no currículo formal.

Ao eleger as categorias "saberes escolares" e "saberes docentes" em torno da temática africana e afro-brasileira, nos deparamos com dimensões da prática escolar e da prática docente de grande complexidade. Sua compreensão nos demanda o desenvolvimento de um olhar atento para estas realidades e a escuta cuidadosa de alguns de seus principais atores, aliado a uma abordagem teórica multidisciplinar. Neste sentido, além das contribuições do campo historiográfico, que nos permitem compreender a trajetória histórica da questão racial e dos estudos sobre a presença africana e afrodescendente, em nosso país, recorremos a constructos teóricos oriundos do campo da educação, especialmente as áreas do currículo e da formação e trabalho docente. Neste processo, os diálogos com os campos da sociologia, antropologia, filosofia e ciências políticas, entre outros, constituíram-se em importante referência.

A transformação da temática africana e afro-brasileira em conteúdo de ensino vem acompanhada da exigência de se construir novas formas de abordagem, assim como de rever posturas e posicionamentos socialmente arraigados. Ao tocar em questões que dizem respeito à construção e reconstrução de identidades sociais, o trato da temática provoca ações e reações diversas entre os sujeitos envolvidos. Os professores, importantes atores neste processo, passam a mobilizar saberes construídos em diferentes espaços e fruto de múltiplas experiências - de vida, de formação e profissional, entre outras. Tudo isso engendra processos de reflexão sobre as experiências de formação anteriormente vivenciadas, assim como possibilita novas e diversificadas experiências formativas. As condições em que se realiza o trabalho docente e a própria natureza desse trabalho - caracterizado como um trabalho de interações humanas (TARDIF; LESSARD, 2005) — são também componentes primordiais na compreensão dos processos investigados.

Devemos considerar, ainda, as especificidades do contexto escolar, com sua cultura própria, seus ritmos, calendários, suas formas de organizar tempos e espaços, suas finalidades e papéis sociais - tanto os que desempenha quanto os que se espera que desempenhe. A compreensão dos conhecimentos escolares requer levar em conta que estes são constituídos no interior de uma *cultura escolar*, assumindo, assim, objetivos próprios e irredutíveis aos das ciências de referência. Reconhecendo a centralidade das disciplinas escolares no processo de reinterpretação e recriação de conteúdos culturais que adentram a escola, Bittencourt (2004, p. 39) nos diz que:

> [...] as disciplinas escolares devem ser analisadas como parte integrante da cultura escolar, para que se possam entender as relações estabelecidas com o exterior, com a cultura geral da sociedade. Conteúdos e métodos, nessa perspectiva, não podem ser entendidos separadamente, e os conteúdos escolares não são vulgarizações ou meras adaptações de um conhecimento produzido em "outro lugar", mesmo que tenham relações com esses outros saberes ou ciências de referência.

A perspectiva de indissociabilidade entre currículo e cultura escolar tem sido enfatizada por diversos pesquisadores que se debruçam sobre os saberes e práticas escolares. De acordo com Souza (2005, p. 76):

> [...] a noção de cultura escolar - ao colocar em evidência os saberes e práticas escolares, o modo escolar de transmissão de conhecimentos, capacidades, códigos e hábitos, os dispositivos de normatização do ensino, o saber-fazer docente, as estratégias de apropriação e a história das disciplinas escolares - aproxima-se, interseciona e abrange, de muitas maneiras, os sentidos implicados no termo currículo [...].

Tem sido, assim, sobretudo no âmbito dos estudos sobre o currículo real ou currículo em ação que a noção de cultura escolar se apresenta como uma profícua categoria de análise. E o trabalho com o currículo real ou em ação implica uma consideração das práticas escolares, sendo "necessário incorporar a própria prática educativa como elemento constituinte da explicação da cultura escolar" (SACRISTAN, 1996, p. 35).

De fato, ao buscarmos nos aproximar do que efetivamente tem acontecido nas salas de aula, a partir do que dizem seus professores, nos deparamos com uma série de constrangimentos e direcionamentos das práticas que só podem ser compreendidos a partir de um olhar para a cultura escolar. O que ensinam, a forma como ensinam, em que momentos ensinam, as atividades que propõem, a necessidade de transformar essas atividades em produtos estética e materialmente apreciáveis, a realização de rituais, festas e celebrações em determinados momentos do calendário, tudo isso nos diz que a introdução da história e cultura africana e afro-brasileira como conteúdos curriculares obrigatórios se submete às características e ao funcionamento próprio das instituições escolares, ou seja, está sujeita ao "conjunto das teorias, ideias, princípios, normas, pautas, rituais, inércias, hábitos, práticas" (SOUZA, 2005, p. 74) que constituem a cultura escolar.

As práticas docentes resultam, assim, de um processo complexo, em que se associam sua formação, trajetória de vida, os dados contextuais, as prescrições oficiais, a cultura, e as relações que estabelecem com o saber nos ambientes escolares.

O contexto da pesquisa

Os dados e análises aqui apresentados são fruto de uma pesquisa de Doutoramento em Educação[36], cujo lócus de investigação foi o

---

[36] Trata-se da tese "Saberes e práticas em Redes de Trocas: a temática africana e afro-brasileira em questão", de Lorene dos Santos, defendida em 2010, junto ao Programa de Pós-Graduação em Educação da FaE-UFMG.

município de Contagem, situado na região metropolitana de Belo Horizonte. Identificamos, neste município, inúmeros professores comprometidos com a perspectiva de promover uma educação antirracista, a partir do investimento em práticas pedagógicas voltadas ao trabalho com a temática africana e afro-brasileira. Identificamos, ainda, a emergência de um conjunto de ações e resoluções, provenientes da Secretaria Municipal de Educação e Cultura de Contagem - SEDUC —, com vistas a fomentar trabalhos dessa natureza junto às escolas e seus professores.

Os depoimentos apresentados a seguir foram coletados em dois tipos de eventos:[37] o primeiro deles, denominado "Redes de Trocas", consistiu em 10 encontros destinados a relatos e trocas de experiências, com participação de grupos de professores distintos. Tais encontros foram promovidos pelas equipes pedagógicas da SEDUC, entre março e abril de 2008, e ao longo deles foram formalmente apresentados 26 relatos de experiências em torno dessa temática, protagonizados por 31 professores, com formações variadas, atuando em diferentes séries e níveis de ensino e oriundos de 22 escolas do município. Outros 88 professores participaram dos encontros, debatendo com os colegas e, muitos deles, também relatando experiências desenvolvidas e apresentando diagnósticos e reflexões acerca de como a questão racial vem sendo - ou não - abordada em seus locais de trabalho. O segundo evento consistiu em um Grupo Focal, proposto pela pesquisadora[38] e composto por professores de História

---

[37] Tais eventos foram gravados em vídeo e procedeu-se à transcrição dos depoimentos.

[38] O Grupo Focal ocorreu no dia 3 de outubro de 2009, na Faculdade de Educação da UFMG. Nesta ocasião, foram apresentados resultados parciais da investigação, a partir dos dados coletados nas sessões de Redes de Trocas, e os professores de História presentes foram convidados a debater questões apontadas pela análise preliminar desses dados.

do município de Contagem que haviam participado das sessões de Redes de Trocas.

Reeducação das relações étnico-raciais e positivação da identidade negra

Compreendendo a escola como um "espaço sociocultural" (DAYRELL, 1996), no qual as ações dos sujeitos não estão predeterminadas, mas condicionadas pelo universo sociocultural no qual se inserem, compactuamos com a ideia de que "[...] o processo educativo escolar recoloca a cada instante a reprodução do velho e a possibilidade da construção do novo [...]" (DAYRELL, 1996, p. 137). Representando um microuniverso social, esse espaço sociocultural reflete muitos dos padrões de comportamento, conflitos e contradições que permeiam a sociedade em que vivemos, sendo também, potencialmente, espaço para sua reinvenção. Dessa maneira, através de seus inúmeros artefatos culturais, rituais e tudo o mais que configura a chamada "cultura escolar", também o preconceito e as diferentes formas de discriminação existentes no contexto social brasileiro integram o cotidiano escolar.

Os veículos de discriminação vão desde o currículo formal, que exclui múltiplas e variadas maneiras de expressão cultural, passando pela linguagem não-verbal, até chegarem, frequentemente, ao nível dos comportamentos e das práticas explícitas (CANDAU, 2003, p. 24).

Os relatos e reflexões apresentados pelos professores durante as Redes de Trocas confirmam essa situação, trazendo evidências de que as relações dentro das escolas de Educação Básica ainda são fortemente atravessadas por ideias e práticas racistas - explícitas ou veladas -, envolvendo não apenas os estudantes, mas também as relações entre estes e seus professores ou mesmo entre os próprios professores. A alta incidência de tais práticas desnuda a falácia representada pelo mito da democracia racial e permite compreender algumas das especificidades do chamado "racismo à brasileira". Sua manifestação, dentro das escolas, assume formatos variados, como por exemplo, através dos apelidos pejorativos e tratamento desqualificador, em que meninos e meninas negras ainda são chamados de "macaco", "carvão" e "negrinho do pastoreio", entre outras denominações. Evidencia-se, também, pela dificuldade de muitas crianças e adolescentes negros em conseguir um par nas danças de quadrilha, ou pela recusa explícita de alguns colegas em realizar atividades conjuntas em sala de aula ou mesmo partilhar brincadeiras, entre outras situações. Os relatos confirmam uma das especificidades do chamado "racismo à brasileira", já apontado em pesquisas realizadas desde os anos 50 do século XX, que é o fato de aparecer como "expressão de foro íntimo", evidenciando "seu caráter privado e pouco formalizado" (SCHWARCZ, 1998, p. 204). Ao mesmo tempo, os relatos parecem contradizer o diagnóstico de um racismo "envergonhado de si mesmo", naquilo que Florestan Fernandes caracterizou como "preconceito de ter preconceitos". Levantamos a hipótese de que tais manifestações explícitas de racismo por parte das crianças e adolescentes seriam uma evidência de que estes sujeitos aprendem desde muito cedo as ideias e práticas racistas, mas demoram um pouco mais para perceber que tais manifestações devem ser evitadas, escondidas ou camufladas, no âmbito das relações sociais. Como sujeitos em formação, ainda não conseguem dimensionar o significado de um apelido pejorativo ou de uma prática explícita de discriminação. O frequente silenciamento e omissão dos adultos diante de tais situações contribui, muitas vezes, para que estas crianças e adolescentes passem a naturalizar práticas desse tipo.

O racismo que perpassa a sociedade brasileira também se evidencia, no interior das escolas, pelo diagnóstico de baixa autoestima que acompanha diversas crianças e adolescentes negros, muitos deles apresentando problemas de indisciplina e baixo desempenho escolar, dado já apontado em diferentes pesquisas realizadas nos últimos tempos.[39]

De acordo com Candau (2003), diversos estudos têm demonstrado que crianças negras do sexo feminino são as maiores vítimas de preconceito, "alvo de práticas discriminatórias que afetam seu autoconceito e sua autoestima e induzem-nas a ver a si mesmas como inferiores às demais" (p. 25). A autora também nos convida a refletir sobre as relações entre o chamado "fracasso escolar" e o caráter monocultural das práticas escolares, ressaltando que tal fracasso já não pode ser visto apenas pelo viés psicológico, enquanto "um *problema* exclusivo do/a aluno/a", mas deve-se levar em conta que "[...] ele representa, muitas vezes, a inabilidade cultural de determinados grupos sociais presentes na escola em lidar com certos aspectos culturais valorizados pela sociedade e de cujo código algumas crianças não possuem o domínio" (p.26).

Enfatizando que "a diversidade de características culturais dos personagens acolhidos pela escola não garante por si só a superação do caráter monocultural das práticas escolares", Can-

---

[39] Vale citar a pesquisa recentemente divulgada (2009), **"Preconceito e Discriminação no Ambiente Escolar", realizada pela Fundação Instituto de Pesquisas Econômicas (Fipe), a pedido do Instituto Nacional de Estudos e Pesquisas Educacionais Anísio Teixeira (Inep). O estudo** foi realizado em 501 escolas, com 18.599 estudantes, pais e mães, professores e funcionários da rede pública de todos os Estados do país, e mostrou **que o preconceito e a discriminação estão fortemente presentes entre todos esses segmentos.** Os principais atingidos são as pessoas com deficiência, principalmente mental, seguidas de negros e pardos (Disponível no portal do MEC).

dau (2003, p. 25) aponta a ausência de conteúdos relativos à história e cultura de grupos tradicionalmente marginalizados socialmente como um dos elementos que contribuem para o baixo desempenho escolar de muitas das crianças e adolescentes pertencentes a tais grupos. A autora recorre às análises de Forquin (1993, p. 137), quando este diz:

> Um ensino pode, com efeito, dirigir-se a um público culturalmente diverso sem ser ele mesmo um ensino multicultural: ele não se torna tal senão a partir do momento no qual ele põe em ação certas escolhas pedagógicas, que são ao mesmo tempo escolhas éticas e deontológicas, isto é, se ele leva em conta deliberadamente e num espírito de tolerância, nos seus conteúdos e nos seus métodos, a diversidade de pertencimentos e referências culturais dos públicos de alunos aos quais se dirige.

Diversos professores que relataram suas experiências evidenciaram uma clara percepção dessa situação, muitos deles justificando o trabalho realizado acerca da temática racial em função da necessidade de enfrentar tal realidade, investindo na elevação da autoestima desses alunos e contribuindo para melhorar sua participação e desempenho dentro da escola. Os depoimentos a seguir dão uma ideia de como os professores vêm percebendo alterações de comportamento junto a alunos considerados indisciplinados e de baixo rendimento.

> [...] O trabalho tem contribuído para elevar a autoestima e melhorar a participação de alguns alunos que tinham muitos problemas de disciplina [...]
>
> (Depoimento gravado em vídeo, durante a Sessão de Rede de Trocas do Núcleo Ressaca, realizada no dia 11/04/2008, turno da manhã)

> [...] eu tinha uma aluna que ela era lá da Comunidade dos Arturos e aí a gente foi estudar a Comunidade, o Congado, né, e ela ajudou demais no trabalho [...] e eu percebi uma alegria muito grande dela, ela descobriu que pertencia, né, àquele grupo, isso deixou ela muito feliz e o rendimento dela melhorou, melhorou muito o rendimento escolar dela [...]
> (Depoimento gravado em vídeo, durante a Sessão de Rede de Trocas do Núcleo Sede-Petrolândia, realizada no dia 26/03/2008, turno da manhã)

Diversos professores também enfatizaram que, embora exista um elevado número de alunos negros - sendo inclusive maioria, em alguns contextos —, a maior parte destes não se reconhece como negro, ou quando se reconhece, o faz numa perspectiva de autodepreciação e de não aceitação da negritude. De acordo com esses professores, para muitos dos alunos envolvidos, o trabalho em torno da temática étnico-racial tornou-se uma oportunidade peculiar de autoidentificação, significando, em alguns casos, uma importante e surpreendente descoberta e valorização da própria negritude. Ao avaliar a repercussão dos projetos desenvolvidos no interior das escolas, este aspecto foi apontado como um dos mais importantes frutos do trabalho, e até mesmo como um de seus principais objetivos, como se percebe pelos depoimentos a seguir.

> [...] as alunas começaram a ir para a escola com os cabelos todos arrumados, antes elas não iam não. Os meninos também começaram a fazer penteados afro, foi uma coisa que marcou muito eles, eles gostaram muito [...] o resultado foi muito bom, elevou a autoestima deles [...]
> (Depoimento gravado em vídeo, durante a Sessão de Rede de Trocas do Núcleo Industrial, realizada no dia 27/03/2008, turno da tarde)

> Ano passado eu trabalhei com a temática de manhã, e no final do ano uma aluna me entregou uma carta. Eu li a carta e no final ela escreveu assim, eu saí arrasada, ela escreveu assim: "Professora Arilza,[40] muito obrigada, porque se eu tenho orgulho de ser negra hoje, foi você que me ensinou." Então vale a pena, gente, o resultado vem. Eu senti meu coração tranquilo e minha missão cumprida. Pelo menos uma aluna eu consegui tocar. [...]
> (Depoimento gravado em vídeo, durante a Sessão de Rede de Trocas do Núcleo Vargem das Flores, realizada no dia 16/04/2008, turno da manhã)

Arriscaríamos dizer que a invisibilidade e a própria negação da identidade negra se encontra tão arraigada em uma sociedade ainda profundamente atravessada pela ideologia do branqueamento, que quando os professores empreendem propostas pedagógicas direcionadas à positivação dessa identidade, tal trabalho se apresenta, para muitas crianças e adolescentes, como uma primeira e importante oportunidade de reconhecer-se e afirmar-se como negro. Para alguns deles, representa mesmo a possibilidade de ressignificação do lugar dos afrodescendentes na sociedade brasileira, como se pode inferir pelo depoimento de uma professora, ao reproduzir a fala de uma aluna e dizer de seu sentimento em relação a isso.

> [...] "não, professora, porque eu acho que o negro tem que ter muito orgulho mesmo, porque hoje o negro está bombando" [risadas]. Então assim, ela falava umas pérolas sabe, então assim, quando ela falou

---

[40] Atendendo às exigências estabelecidas pelo Comitê de Ética em Pesquisa, da UFMG, os nomes de professores citados nos depoimentos foram substituídos por nomes fictícios.

esse "bombando", assim, é muito bom, é muito bom ouvir isso, gente [...].
(Depoimento gravado em vídeo, durante a Sessão de Rede de Trocas do Núcleo Vargem das Flores, realizada no dia 16/04/2008, turno da manhã)

Além de explicitar dilemas e perspectivas em torno do propósito de reeducação das relações étnico-raciais no interior das escolas, conforme proposto na Lei 10.639/03 e suas *Diretrizes curriculares*, os relatos e reflexões que emergiram nas Redes de Trocas e no Grupo Focal trouxeram indícios de diferentes formas de abordagem – e suas respectivas concepções e intencionalidades – que estão sendo dadas à temática africana e afro-brasileira nas escolas do município de Contagem. Muitas dessas abordagens implicam em diálogos com conhecimentos de natureza histórica, ou explicitam silêncios e simplificações desses conhecimentos que merecem ser problematizados.

Positivação de identidades e culturas e conhecimento histórico: dilemas e questões

As análises em torno dos relatos apresentados nos levaram a concluir que muitos dos trabalhos pedagógicos desenvolvidos pelos professores têm como principais objetivos promover a valorização da história e cultura africana e afro-brasileira, com vistas à positivação da identidade negra e reeducação das relações étnico-raciais. Neste afã, pode-se perceber que o elemento "cultura africana e afro-brasileira" tem prevalecido sobre o elemento "história africana e afro-brasileira", com um claro privilégio de aspectos culturais no trato da temática e até mesmo uma certa dicotomização entre história e cultura.

Deve-se considerar que cultura e identidade, embora sejam conceitos distintos, estão profundamente relacionados. O conceito de "estratégia de identidade" (CUCHE, 2002) parece adequado para se compreender muitas das experiências relatadas pelos professores, em que o trabalho com o tema da identidade negra se justifica em função de uma plataforma política de combate às práticas racistas dentro da escola. Positivar a identidade negra a partir do estudo - e valorização — de elementos das culturas africanas e afro-brasileiras tem sido, assim, um caminho trilhado por muitos professores. Alguns deles deixaram claro que essa opção se opunha a outras abordagens por eles conhecidas — e vivenciadas em sua formação histórica escolar —, como por exemplo, aquela que enfatiza as injustiças e opressões vivenciadas pelos negros escravizados. O tema da escravidão foi, assim, recorrentemente trazido pelos professores e, em muitos momentos, tornou-se o mote de polêmicas, com alguns professores rejeitando a inclusão desses estudos, enquanto outros defendiam sua importância:

> [...] o mais importante também, gente, é desvencilhar a ideia de negro com escravidão, o negro não tem que estar ligado à escravidão, vamos falar sobre negro, vamos falar sobre África, todo mundo lembra escravidão, não, vamos mostrar esse lado aqui ó, de reis, rainhas, princesas, riquezas, beleza, esses eram símbolo de beleza [...] (Depoimento gravado em vídeo, durante a Sessão de Rede de Trocas do Núcleo Sede-Petrolândia, realizada no dia 26/03/2008, turno da manhã)

> [...] eu acho que a gente deve trabalhar a escravidão sim, olhando de forma geral, voltando aos gregos, é muito importante trabalhar a escravidão, para depois abrir uma discussão maior, para não ficar preso às questões culturais, porque tambor é importante sim, mas tem que fazer um trabalho maior [...]

> (Depoimento gravado em vídeo, durante a Sessão de Rede de Trocas do Núcleo Sede-Petrolândia, realizada no dia 26/03/2008, turno da manhã)

O debate entre as duas professoras evidencia perspectivas e preocupações de diferentes ordens. De um lado, uma professora preocupada em dissociar a memória da população africana e afrodescendente da memória da escravidão, buscando enfatizar outras referências que poderiam constituir uma memória supostamente positiva dessa população, identificada com "reis, rainhas, princesas, riquezas, beleza". De outro lado, uma professora atenta aos riscos de se "ficar preso às questões culturais", enfatizando a importância de trazer para as salas de aula conhecimentos históricos escolares que possibilitariam "abrir uma discussão maior [...], fazer um trabalho maior".

Em inúmeros outros momentos, a relação entre a perspectiva de positivação e o lugar ocupado pelos conhecimentos históricos - notadamente o tema da escravidão - emergiu nos relatos e debates entre professores.

> [...] a sementinha desse trabalho foi o curso que eu estou fazendo, de pós-graduação, e foi lá que eu comecei a me enxergar como negra, e eu aprendi uma coisa muito bacana e eu queria passar para o grupo, que é... que a gente deve começar a tratar a questão da afrodescendência nunca pela questão da escravidão, nunca pelo que é negativo na história africana, mas é o contrário, porque África tem tanta cultura bacana, tanta coisa legal pra ser tratada [...]
>
> (Depoimento gravado em vídeo, durante a Sessão de Rede de Trocas do Núcleo Sede-Petrolândia, realizada no dia 26/03/2008, turno da tarde)

Mais uma vez, se pode perceber o quanto a rejeição ao tema da escravidão - ou sua secundarização - se relaciona com uma representação que a associa "ao que é negativo na história africana". Os depoimentos nos remetem a uma compreensão de que, em geral, os conhecimentos e representações sobre escravidão que fazem parte do repertório de muitos professores se restringem a aspectos que reforçam uma visão vitimizadora e inferiorizante dos escravizados, muitas vezes vistos como sujeitos passivos diante da opressão. Poderíamos pensar, então, que ao rejeitarem o tema da escravidão, tais professores rejeitam uma certa tradição do ensino de história em abordar a população africana e afrodescendente exclusivamente por este viés e, no âmbito destes estudos, em privilegiar aspectos político-institucionais e econômicos (o africano e afrodescendente exclusivamente como **mão-de-obra** escrava) ou em enfatizar os horrores vivenciados no cativeiro, numa abordagem da relação de dominação que ignora o papel e atuação dos escravos como **sujeitos de experiência**. Além disso, também devemos considerar que o tema da escravidão tem sido recorrentemente explorado pelos meios de comunicação de massa - em novelas, minisséries, filmes e documentários, entre outros -, em abordagens que costumam promover a vitimização dos negros escravizados, o que também ajuda a compreender a rejeição deste tema quando está em pauta a perspectiva de positivar a história africana e afro-brasileira.

Ao mesmo tempo, alguns professores que participaram dos referidos eventos expressaram sua preocupação quanto ao fato de que os estudos centrados exclusivamente em aspectos culturais estariam promovendo uma abordagem folclorizante, descontextualizada e espetacularizadora, ao tratar das manifestações culturais africanas e afro-brasileiras. Quando uma das professoras nos diz que é importante "não ficar preso às questões culturais, porque tambor é importante sim, mas tem que fazer um trabalho maior [...]" parece sensível aos riscos de uma abordagem centrada em manifestações culturais descontextualizadas.

Essa dicotomização - a abordagem da cultura pelo viés folclorizante X uma abordagem que despreza a produção cultural dos sujeitos - parece refletir a experiência de aprendizagem histórica daqueles professores, em que possivelmente lhes foi ensinado que história e cultura são coisas distintas e inconciliáveis.

Alguns dos professores de história que participaram do Grupo Focal apresentaram questionamentos diversos acerca da relação história/cultura e reconheceram que uma abordagem neste campo tem, muitas vezes, resvalado para uma espetacularização das manifestações culturais afro-brasileiras, esvaziando-as não apenas de conteúdo histórico, mas de qualquer conhecimento sistematizado sobre o tema. Alguns deles manifestaram sua insatisfação - ou mesmo indignação - com práticas pedagógicas que se limitam a promover apresentações artístico-culturais feitas pelos próprios alunos ou por outros grupos convidados a comparecer à escola.

> [...] Nós não vamos começar dançando aqui dentro da escola. Aqui não vai dançar primeiro. Primeiro nós vamos tomar conhecimento. Podemos até dançar em algum momento, mas a dança é um momento de celebração, ela não é um momento de banalizar as questões. Aqui ninguém vai trazer Congado agora. Congado é uma expressão religiosa. Não vai começar a trazer fulano, não... [...]
> (Prof. João Lucas. Depoimento gravado em vídeo, durante o Grupo Focal, no dia 03/10/2009)

> [...] E a questão que se coloca, que eu percebi na minha escola, e que eu tento tomar mais cuidado, é de não virar simplesmente apresentação do exótico. Quando você faz lá um dia onde você vai apresentar penteados negros, tomar esse cuidado de simplesmente mostrar

> "olha que lindo que é o penteado negro! Que lindo que é a dança negra!", e isso esvaziá-los de um conteúdo histórico e isso esvaziar de uma continuidade no trabalho [...] É só porque eu vi lá na escola, é assim; apresenta o hip hop, mas fora de contexto. Apresenta o penteado afro, faz o desfile da beleza dele ou da beleza multirracial, mas fora de contexto. Não contextualiza. [...]
> (Prof. Fátima. Depoimento gravado em vídeo, durante o Grupo Focal, no dia 03/10/2009)

Os depoimentos mostram uma preocupação desses professores com a necessidade de "primeiro tomar conhecimento", ou ainda de que, junto às apresentações culturais, se promova uma "continuidade do trabalho", evidenciando que muitas das atividades envolvendo apresentação de manifestações culturais não são precedidas nem seguidas de uma sistematização de conhecimentos sobre o tema. Estes professores reconhecem que o "esvaziamento de um conteúdo histórico" dificulta uma abordagem contextualizada das manifestações culturais que comparecem no cotidiano escolar, levando a uma "apresentação do exótico", àquilo que "vira folclore".

Podemos dizer, então, que a relação entre história e cultura emergiu como importante questão, em que a dicotomização entre esses dois elementos parece constituir-se em um dos problemas a ser enfrentado no trabalho com esta temática, sobretudo quando a abordagem de aspectos da produção cultural de diferentes povos se dá pelo viés da valorização das culturas e da positivação de identidades.

Tal questão se mostrou ainda mais complexa em alguns relatos que apresentavam trabalhos pedagógicos envolvendo aspectos da história e cultura africana. Por um lado, percebeu-se entre os professores pesquisados um grande esforço em desconstruir uma imagem do continente que o associa exclusivamente a miséria, guerras, doenças e fome, fazendo emergir uma África de belas paisagens e rica produção cultural:

> [...] eu recebi um e-mail que se chama "A África de A a Z", só mostra imagens bonitas da África, nós começamos o projeto esse ano só com coisas boas, então nós apresentamos o continente africano, os meninos estão reconhecendo cada país, agora eu tô trabalhando com esse e-mail, tirando as fotos, colocando o histórico de cada país, porque são só imagens bonitas [...]
> (Depoimento gravado em vídeo, durante a Sessão de Rede de Trocas do Núcleo Industrial, realizada no dia 27/03/2008, turno da tarde)

Uma África colorida pelas cores do pan-africanismo, repleta de imagens bonitas, de símbolos, desenhos geométricos, capulanas e máscaras, entre outros elementos artísticos e culturais, emergiu em diversos relatos, evidenciando que a perspectiva de positivação tem efetivamente orientado as escolhas pedagógicas e a seleção de materiais didáticos.

Alguns desses trabalhos evidenciam um esforço dos professores em buscar referências históricas e estabelecer relações entre diferentes contextos, mas também expõem fragilidades teóricas e imprecisões históricas:

> [...] Ah, na questão das máscaras, eu fiz um trabalho junto com a professora de Artes, [...] eu fiz com os alunos a pesquisa mesmo, a parte científica, escrita, e ela desenvolveu as máscaras [...] aí o seguinte, a pesquisa das máscaras, isso aqui é um exemplo de uma máscara da tribo de Moçambique e essa daqui é do rei do Congo. Tá falando [...] lá até o artesão quando ele vai fazer a máscara, ele vai entalhar, primeiro, ele faz todo um ritual, e ele também coloca uma máscara... por quê? A máscara é como se pra ele, ele fosse buscar forças divinas, as divindades incorporam nele durante o uso da

> máscara e ali ele consegue transcender a limitação humana, é essa a simbologia das máscaras pra eles... [...] aqui, as máscaras são usadas em todas as cerimônias, cura de doentes, rituais fúnebres, cerimônias de iniciação, casamentos, nascimento, todo tipo de ritual existe as máscaras. Aí pra ficar bem interessante também, pra mostrar pra eles que não tem que ser negro pra se interessar por isso, nós resolvemos mostrar pra eles que o famoso pintor Pablo Picasso, ele se inspirou na cultura africana, das máscaras africanas, pra criar o cubismo, que foi um movimento artístico pra lá de famoso, falado até hoje [...]
> (Depoimento gravado em vídeo, durante a Sessão de Rede de Trocas do Núcleo Sede-Petrolândia, realizada no dia 26/03/2008, turno da manhã)

Ao tentar sistematizar uma pesquisa com os alunos, "a parte científica, escrita", a professora demonstra uma preocupação em abordar o significado das máscaras no âmbito de sistemas culturais africanos, buscando ampliar, assim, os conhecimentos sobre práticas culturais presentes no continente. Mas ao tentar explicar sobre como o uso das máscaras se insere numa determinada relação com o sagrado – tema, por sinal, de grande complexidade —, a mesma professora não consegue fugir de uma abordagem generalizante e descontextualizada, expondo, mais uma vez, as dificuldades em tratar questões tão complexas sem cair em banalizações e estereótipos. Essa professora conta que procurou trazer referências sobre o significado e repercussões dessas práticas em outros contextos, quando ressalta, por exemplo, que Pablo Picasso teria se inspirado nas máscaras africanas "pra criar o cubismo". A referência ao "famoso pintor" e ao "movimento artístico pra lá de famoso" denota uma perspectiva de valorização das culturas africanas, capazes de influenciar artistas e movimentos mundialmente reconhecidos.

Em outros relatos, não se identificou uma preocupação em associar a confecção de máscaras com uma ampliação de conhecimentos sobre essas e sobre outras práticas culturais africanas. Alguns depoimentos dão a impressão de um trabalho pontual e descontextualizado, em que a atividade de confecção de máscara parece ter um fim em si mesmo, ou se limitar a um "fazer para mostrar", desconectando a realização de tarefas do aprendizado de conhecimentos.

Tal perspectiva também pode ser encontrada em atividades relacionadas a símbolos africanos. Em alguns casos, os professores se limitaram a traduzir os símbolos, apresentar seu significado e propor atividades lúdicas de reprodução e tratamento artístico desses símbolos:

> Eu também trabalhei com esses símbolos e os alunos fizeram jogo da memória, então nós trabalhamos os símbolos, eles fizeram tipo um baralhinho, e no final da aula eles jogavam, sabe, coloriram, ficou muito interessante, porque assim, eles começaram a entender o significado, cada um escolheu um provérbio para si, sabe, eles iam achando, sentavam dois a dois [...]
> (Depoimento gravado em vídeo, durante a Sessão de Rede de Trocas do Núcleo Industrial, realizada no dia 27/03/2008, turno da tarde)

Podemos dizer, então, que grande parte dos trabalhos sobre o continente africano centraram-se em aspectos relacionados às artes e culturas do continente. Alguns desses trabalhos buscaram ampliar a compreensão sobre os contextos em que tais produções artísticas e culturais são produzidas, abordando elementos da história, geografia e culturas africanas. Outros pareceram limitar-se a uma apresentação descontextualizada dessas produções, reunindo um mosaico de imagens e símbolos desconectados de saberes e práticas culturais.

A mobilização de conhecimentos produzidos no campo das Ciências Humanas - especialmente a História e a Geografia - emergiu em diversos momentos das apresentações, trazendo pistas de como o processo de constituição de novos saberes escolares sobre o continente africano tem se dado em diálogo com saberes escolares mais tradicionalmente presentes nos currículos, sobretudo no âmbito do ensino de História e de Geografia. No entanto, muitos dos depoimentos e reflexões apresentados pelos professores expõem a fragilidade de sua formação no campo das Ciências Sociais e Humanas, seja em sua formação escolar básica, seja em algum momento de sua formação profissional. Essa fragilidade parece ser uma importante chave para se compreender o pouco espaço ocupado por conhecimentos históricos no trabalho com a temática africana.

Em alguns casos, a perspectiva de promover uma visão positivada do continente africano recorrendo a explicações de caráter histórico se mostrou bastante problemática, como se pode perceber pelo relato a seguir, que explicita uma visão idealizada e justificadora da escravidão praticada na África, chegando mesmo a naturalizar relações sociais hierarquizadas e opressoras:

> [...] Eu comecei com eles também, eu trouxe lá do Egito, porque a gente às vezes separa o Egito de fora da África, porque é de reis e rainhas, negro não pode ser rei nem rainha, nem dominar, e [...] tanto e mandar tanta coisa que até hoje nós estamos usando. Então, eu mostrei isso pra eles, que naquela época, as tribos, os primeiros negros eles eram reis e rainhas, moravam em palácios, eles tinham os escravos deles, mas dentro da tribo deles lá, dos egípcios, os escravos não eram pessoas que eram judiados não, era como a organização das abelhas, os trabalhadores, todos tinham a sua hierarquia,

todos eram respeitados dentro da sua hierarquia, ninguém sofria nem era maltratado, eles eram chamados de escravos, mas na verdade eles eram servidores, né, dos reis e rainhas.
(Depoimento gravado em vídeo, durante a Sessão de Rede de Trocas do Núcleo Sede-Petrolândia, realizada no dia 26/03/2008, turno da manhã)

O relato nos mostra alguns dos riscos envolvidos no processo de positivação, sobretudo quando professores não dominam conhecimentos básicos sobre a história africana e nem sobre alguns dos fundamentos do conhecimento histórico. Quando diz que "as tribos, os primeiros negros eles eram reis e rainhas, moravam em palácios", a professora opera processos de generalização e mitificação bastante complicados. Também mitifica as relações sociais no âmbito da escravidão praticada no continente, quando nos diz que "os escravos não eram pessoas que eram judiados [...] ninguém sofria nem era maltratado". Além de ingênua, sua visão revela grande dificuldade em compreender a historicidade das sociedades humanas: ao comparar a sociedade egípcia com a organização das abelhas, acaba por explicitar uma concepção dessa sociedade como a-histórica.

O depoimento traz pistas da difusão de uma determinada corrente de interpretação histórica sobre o continente africano, que o historiador guineense Carlos Lopes (1995) classificou como "corrente da superioridade africana", e que, segundo ele, em muitos casos, apresenta uma "idílica e harmoniosa sociedade pré-colonial. Longe de lutas de classe ou de poder" (LOPES, 1995, p. 26). Mesmo que alguns professores não tenham tido acesso a uma produção historiográfica afinada com essa perspectiva, algumas de suas premissas e ideias tornaram-se bastante difundidas, e até mesmo banalizadas, contribuindo para a elaboração de concepções como a que esta professora explicita.

O depoimento também nos remete à discussão sobre a importância de se pensar em uma "base de conhecimentos" para a docência (SHULMAN, 2005). O que poderia - ou deveria - ser uma "base de conhecimentos" para o ensino de história da África? Sem a pretensão de responder a essa pergunta, essa pesquisa buscou contribuir para a identificação de alguns dos aspectos e temas que têm se apresentado como pontos de tensão ou como lacunas da formação docente.

Considerações finais

A pesquisa evidenciou, assim, que ao trabalharem este tema, professores de diferentes áreas vêm sendo requisitados a darem explicações e a sistematizarem conhecimentos de natureza histórica. Quando esta área de conhecimento não compareceu à sua formação profissional (inicial e continuada) - ou o fez de forma precária -, muitos professores têm como alternativa revisitar conhecimentos aprendidos em diferentes momentos de sua formação escolar e em outros meios (como cinema, TV, revistas, noticiários, etc.). Neste processo, muitas vezes mobilizam representações estereotipadas sobre os africanos e seus descendentes - assim como sobre outros povos —, reproduzindo, em sala de aula, imagens e ideias há muito presentes no imaginário social. Nós nos deparamos, dessa forma, com alguns dos desafios postos à formação docente, evidenciando, neste caso, a importância dos conhecimentos históricos, assim como a responsabilidade dos professores de história nas interações com colegas de outras áreas, no cotidiano escolar.

Devemos ressaltar a legitimidade de um trabalho pedagógico que busca valorizar a diversidade sociocultural brasileira e desenvolver estratégias variadas de enfrentamento de desigualdades historicamente perpetuadas em nossa sociedade. É preciso reconhecer a urgência de se alterar as condições de vida e de aprendizado de crianças e adolescentes negros, mais diretamente atingidos e muitas vezes indefesos diante de práticas discriminatórias e desqualificadoras. Por tudo isso, o momento atual, caracterizado pelo processo de recepção às leis 10.639/03 e 11.645/08, nos exige a identificação dos aspectos que merecem maiores investimentos, em termos de políticas públicas e programas de formação docente.

Sobretudo quando estão em pauta temáticas tradicionalmente abordadas no âmbito do ensino de História, como é o caso da escravidão, ou a possibilidade de uma abordagem histórica e contextualizada das práticas culturais africanas e afrobrasileiras, nos parece importante reconhecer o papel e contribuição dos conhecimentos históricos e de seus professores. O enfrentamento de alguns dos desafios postos à implementação da atual legislação e, em última instância, o investimento em uma reeducação das relações étnico-raciais, em nosso país, suscita a necessidade de se revisitar e reconstruir memórias históricas sem, no entanto, criar novos estereótipos e mitificações que em nada contribuem para uma postura crítica e problematizadora de nossa história.

"Já raiou a liberdade": caminhos para o trabalho com a história da pós-abolição na Educação Básica

Giovana Xavier

> Ao longe soldados e tambores
> Alunos e professores
> Acompanhados de clarim
> Cantavam assim
> Já raiou a liberdade
> A liberdade já raiou
> [...]
> Ô, ô, ô, ô liberdade senhor.
>
> (FERREIRA; DÉCIO; OLIVEIRA, 1993)

Monstros, alcoólatras e raparigas: as representações do negro no século XIX

Para muitas pessoas da pacata Sorocaba, o dia 13 de agosto era apenas mais uma sexta-feira, véspera do esperado final de semana. Chapéus, luvas e cachecóis denunciavam um rigoroso inverno. Mas "na estrada que vai de Sorocaba ao Banco da Árvore Grande" havia um homem que ousou desafiar os perigos da baixa temperatura. Invocado com tanta audácia, o frio que tinha personalidade forte não deixou por menos. Foi assim que Sebastião passou dessa para melhor. Mas o que o "indivíduo de cor preta" tinha na cabeça para não se proteger? "ÁLCOOL", "morrera enregelado talvez devido a achar-se sob effeito de ÁLCOOL".[41]

Nos arredores de Bananal outro elemento de "cor preta" atrapalhava a paz dos citadinos. Não sabemos seu nome, mas entregue ao "vício da embriaguez", o homem foi atropelado por um trem na ferrovia da referida cidade.[42] Já nas cercanias da capital paulistana todo cuidado ao saracotear pelas ruas era pouco. Perambulava por lá o "preto Hilário", um "monstro" assassino com os "seguintes signaes": "mão direita decepada, cor tocando a preto, enfim um physico perfeitamente harmonisado com a moral".[43] Já em Santos, o curso tranquilo de mais uma manhã foi interrompido por um "mau homem". Inconformado com o fora que recebera, o "preto" José Luiz não deixou por menos: assassinou a "amásia" com "faccadas no braço e no peito". Pobre Engrácia, seu estado era "deplorável".[44]

Protagonistas de conturbadas tramas envolvendo temas como embriaguez, violência, submissão, feitiçaria, homens como Sebastião, Hilário, José Luiz e tantos outros eram apresentados ao público leitor de jornais como *Correio Paulistano, Diário de Pernambuco* e *Jornal do Comércio* (RJ) como indescritíveis ameaças à civilização. Veiculadas ininterruptamente, as tipologias reforçavam o temor despertado por escravos e descendentes na população branca, reservando para tais sujeitos um lugar estático no imaginário das elites oitocentistas. Foi assim, em meio a esse

---

[41] "Morto de frio". *Correio Paulistano*, 13 de agosto de 1890. Apud SCHWARCZ, 1987, p. 119.

[42] "Desastre de trem". *Correio Paulistano*, 18 de setembro de 1894. Apud SCHWARCZ, 1987, p. 119.

[43] *A Província de São Paulo*, 11 de dezembro de 1888. Apud SCHWARCZ, 1987, p. 219.

[44] "Assassinato". *Correio Paulistano*, março de 1894. Apud SCHWARCZ, 1987, p. 228.

clima de "suspeição generalizada" (AZEVEDO, 2004) que, desde o surgimento dos primeiros jornais nos anos 1820, os negros tornaram-se recorrentes nas suas páginas da mesma forma que na literatura carioca, morada de personagens como a escrava Mariana de "cor morena amena", a "mulata velha" Joana e Lucinda, a "rapariga desejosa de se perder ainda mais" (XAVIER, [201-]).

Embora a presença negra no periodismo e na ficção do século XIX tenha sido abundante, ao pensar as articulações entre História, historiografia e ensino de História, uma pergunta permanece sem respostas precisas: o que aconteceu com essa população após a assinatura da Lei Áurea em 13 de maio de 1888? Ao fazer-se tal pergunta, professores e professoras da Educação Básica veem-se imersos num mar de dúvidas relacionadas a como trabalhar com a temática. O que significa falar numa "pós-abolição"? Quando começa? Quando termina? Quem são/eram os sujeitos dessa história? Que documentos utilizar? Onde encontrá-los?

Frente ao silêncio dos livros didáticos e a necessidade de responder questionamentos e curiosidades típicos de uma sala de aula, na maior parte dos casos, os negros livres são apresentados como "mendigos", "vagabundos", "bêbados", "prostitutas", "marginais", "degenerados", "ladrões", etc. (NASCIMENTO, 2005). Para desconstruir esse imaginário, é importante trabalhar com os alunos que, menos do que naturais, tais tipologias foram socialmente construídas. Elas ganharam força na virada do século XIX para o XX, quando os descendentes de escravos vão sendo retratados como sujeitos indisciplinados e sem amor ao trabalho.

À época "promovidos" de escravos a espertalhões, desordeiros e preguiçosos, os indivíduos negros, num curto espaço de tempo, consolidaram-se como a antítese do trabalhador nos discursos das elites e da grande imprensa. Suas imagens de indisciplinados e desprovidos de amor ao trabalho eram mesmo anteriores à Lei Áurea, conforme lê-se no texto publicado no jornal *A Província de São Paulo*, em 8 de abril de 1888 (Apud KOWARICK, 1994, p. 102), às vésperas da abolição:

> Os ex-cativos, como a maior parte dos caipiras, fogem ao trabalho. Se vão para as fazendas como camaradas, poucos dias param. São excessivamente exigentes, morosos no trabalho, param a cada momento para fazer cigarro e fumar, nas horas de refeições demoram-se indefinidamente, bebem, poucos se sujeitam a fazer um feixe de lenha etc. [...] Qualquer observação que lhes faça recebem como ofensa e dizem que são livres, largam a ferramenta e se vão.

Embora a questão fosse apresentada como problema do elemento nacional, é sobre o negro que a pecha da vadiagem recaía com mais força. Arredio por "natureza", sua inaptidão para o trabalho livre comprometia o desenvolvimento do país. A questão do perigo representado pelas "classes perigosas" assumia proporções cada vez mais graves aos olhos das elites. E assim a ideia do despreparo da população pobre (majoritariamente de cor) para o mundo do trabalho livre será um dos principais motes para a criação, pelo ministro Ferreira Viana, do projeto de repressão à ociosidade de 1888 e para infindáveis discussões na Câmara dos Deputados, sustentadas por um conceito de "vadiagem" reelaborado dentro dos pressupostos de dignificação do trabalho exigidos para o mundo livre (CHALHOUB, 2001).

Em linhas gerais, a legislação anti-vadiagem, preocupada com a suposta ausência de "noções de justiça, de propriedade e de liberdade" (Idem, p. 68) por parte do liberto, visava a promoção de uma "reforma moral" via trabalho. Nesta reforma, que pretendia "transformar o liberto em trabalhador", o trabalho abnegado tornava-se sinônimo de virtude e o ócio (das classes perigosas) uma ameaça constante à ordem. Para serem reconhecidos como figuras sérias, requisitos ligados à imagem, à escolaridade e à inserção no mercado de trabalho eram essenciais. Desse modo, no transcorrer de um complexo processo que envolve temas como imigração, eugenia, mercado de trabalho, identidade nacional, direitos e cidadania, o negro, que havia trabalhado na condição de escravo desde os tempos coloniais, tornou-se o vadio por excelência sob os olhos de jornalistas, autoridades, proprietários de terras (KOWARICK, 1994; CHALHOUB, 2001).

Ao mesmo tempo que é vital conhecer o processo histórico de esteriotipização da população negra acima resumido, é capital lembrar que a inclusão da história da pós-abolição sob um ponto de vista de "valorização da cultura afro-brasileira" (BRASIL, 2004, p. 15) nos conteúdos escolares insere-se num movimento mais amplo de transformações vivenciadas pelo currículo de História iniciado no final dos anos 1990, quando a pluralidade da escola e de seus sujeitos passou a ser reconhecida como elemento indispensável à construção dos saberes escolares (MAGALHÃES, 2006). Nesse contexto de emergência de novos personagens e temas, destaca-se a promulgação da Lei 10.639/03 (BRASIL, 2003), que alterou a Lei de Diretrizes e Bases (BRASIL, 1996), tornando obrigatório o ensino de história africana e cultura afro-brasileira nos bancos escolares públicos e privados de todo o país.

Em cursos de formação nos conteúdos relacionados à história negra, promovidos nacionalmente no âmbito do projeto *A Cor da Cultura*,[45] uma reclamação recorrente entre os professores é a da falta de material para se trabalhar com a pós-abolição

---

[45] Projeto educativo de valorização da cultura afro-brasileira por meio de programas audiovisuais. Fruto de uma parceria entre o MEC, Fundação Cultural Palmares, Canal Futura, Petrobras e Centro de Informação e Documentação do Artista Negro (CIDAN), além dos programas, o projeto, iniciado em 2004, ofereceu em 2011 cursos de capacitação para mais de três mil educadores em estados como Bahia, Ceará, Amazonas, Mato Grosso, Pernambuco e Rio de Janeiro. Ver: <www.acordacultura.org.br>

no ensino de História. Em certa medida, a crítica procede, uma vez que, mesmo no meio acadêmico, o estudo da temática adquiriu maior vulto muito recentemente, a partir dos anos 2000, quase duas décadas depois do movimento de renovação historiográfica vivenciado pelas pesquisas em escravidão.[46]

Entretanto, isso não significa dizer que seja inviável tratar do assunto. Há uma série de materiais dos quais o professor, fazendo-se valer da sua condição de pesquisador e produtor de conhecimentos, pode e deve lançar mão (FONSECA, 2003). Nessa conversa, em termos de livros paradidáticos, dois são de grande valia: *Uma história do negro no Brasil*, dos historiadores Wlamyra Albuquerque e Walter Fraga Filho (2006) e *Negros e política (1888-1937)*, do também historiador Flávio Gomes (2005), estando o primeiro disponível para *download*. No que tange à documentação primária, um dos melhores exemplos que posso citar são os chamados "jornais da raça negra", disponíveis para consulta de qualquer visitante em arquivos digitalizados no *website* do Arquivo Público do Estado de São Paulo (http://www.arquivoestado.sp.gov.br/jornais.php) e no *website* da Fundação Biblioteca Nacional (http://memoria.bn.br/hdb/periodico.aspx); ou em microfilme em instituições como a própria Fundação Biblioteca Nacional (RJ),[47] o Instituto de Estudos Brasileiros da USP e o Arquivo Edgard Leuenroth da Unicamp. Além disso, a despeito das muitas incógnitas, já existe uma quantidade razoável de pesquisas acadêmicas empenhadas em desevendar as "encruzilhadas da liberdade" (FRAGA Fº, 2006), sobretudo nos estados da Bahia (ALBUQUERQUE, 2009;

---

[46] Contribuições imprescindíveis à renovação historiográfica dos estudos sobre escravidão estão em: REIS; SILVA, 1988; CHALHOUB, 1990; SLENES, 1999; LARA, 1988; GOMES, 1995. Ver também LARA, 2007.

[47] "Jornais da Raça Negra", Rolo PR— 00798-00834, Seção de Periódicos (Catálogo de Microfilmados), Fundação Biblioteca Nacional.

SOUZA, 2011), de São Paulo e do Rio de Janeiro (DOMINGUES, 2008), além do Rio Grande do Sul (SANTOS, 2003).

Assim, diante das exigências curriculares recentes de atentar para "a diversidade cultural, racial, social e econômica brasileira" (BRASIL, 2004, p. 13) e em diálogo com o propósito maior de "educação das relações étnico-raciais" (Idem, p. 18), presente nas Diretrizes Curriculares Nacionais para o Ensino de História da África e Cultura Afro-Brasileira, o objetivo deste artigo é apresentar alguns documentos e caminhos teóricos para o trabalho com a história dos negros na pós-abolição em currículos da Educação Básica. Para tal, utilizarei como referencial os jornais da imprensa negra da Primeira República. Apesar das publicações concentrarem-se no estado de São Paulo, acredito que seus personagens, temas e conteúdos representam um porta de entrada para estimular o estudo do assunto em outras partes do país.

A imprensa negra e a "classe dos homens de cor": cidadania e mobilização racial no mundo livre

> O ensino de História Afro-Brasileira abrangerá, entre outros conteúdos, iniciativas e organizações negras [...] (exemplos: associações negras recreativas, culturais, educativas, artísticas, de assistência, de pesquisa, irmandades religiosas, grupos do Movimento Negro). Será dado destaque a acontecimentos e realizações próprias de cada região e localidade (BRASIL, 2004, p. 18).

Entre 1889 e 1930, surgiram no estado de São Paulo dezenas de jornais voltados para os "interesses dos homens de cor".[48]

---

[48] Ver, dentre outros jornais, *O Clarim d'Alvorada: orgam litterario, noticioso pelos interesses dos homens de cor*, São Paulo, 13 de maio de 1924. Disponível na

Embora nos livros didáticos de História ainda se fale muito pouco sobre o assunto, o aparecimento de tal imprensa vinculou-se a um processo de mobilização que culminou na criação não só de periódicos, mas de clubes dançantes, associações beneficentes, escolas de alfabetização, salões e barbearias, times de futebol, restaurantes; todos estes dirigidos especificamente a uma parcela de negros paulistas que ficou conhecida como "meio negro". Mas o que significava ser um membro do meio negro?

De forma geral, pode-se dizer que o meio negro era composto por pessoas de cor que possuíam grau de instrução que variava da alfabetização ao curso secundário, à escola normal no caso feminino e, em situações mais excepcionais, ao nível superior. Devido ao fato de serem uma minoria de negros letrados tornou-se muito comum se autoproclamarem como uma "classe". O uso da terminologia tinha a ver com o intento do grupo de preparar a população de cor para a vida no mundo livre através da educação e da conscientização sobre a importância do trabalho e do bom comportamento. Nesse sentido, a noção de classe[49] era acionada como uma categoria que distinguia os indivíduos de cor instruídos, sempre representados como trabalhadores dedicados, elegantes e críticos, do "preto comum", estereotipado como bruto, analfabeto e miserável (GOMES, 2005, p. 41).

Se considerarmos os índices de instrução da população paulista como um todo, a ideia de uma "classe dos homens de cor" com sentido distintivo, que visava distanciar os "pretos modernos" da escravidão,[50] adquire ainda mais sentido. De acordo com

---

Coleção Jornais da Raça Negra, Fundação Biblioteca Nacional, Catálogo de Periódicos Microfilmados.

[49] Discussões essenciais sobre as relações entre classe e história estão em Edward P. Thompson, (1987, p. 10).

[50] A voz da história e os pretos modernos. **Clarim d'Alvorada**, São Paulo, anno IV, n. 33, p. 12, 13 maio 1927. Disponível na Coleção Jornais da Raça Negra, Fun-

os dados do recenseamento de 1920, do total de 579.033 habitantes, 337.702 sabiam ler e escrever, enquanto 241.331 eram analfabetos.[51] Como a categoria cor esteve ausente do referido Censo, nos é possível apenas estimar que a população negra[52] era composta por 52.112 indivíduos (9%) (DOMINGUES, 2002, p. 567). Destes, de acordo com as pesquisas de Petrônio Domingues, somente entre 4% e 8% eram impactados por jornais negros como *O Clarim d'Alvorada*, o que, ainda que indiretamente, indica o baixo índice de alfabetização das pessoas de cor em comparação às brancas (DOMINGUES, 2008, p. 38). Cabe ressaltar que a existência de uma "elite" menos tinha a ver com poder econômico do que com grau de instrução e papel de liderança no "processo de auto-organização do negro" (DOMINGUES, 2005, p. 15).

Para explicar a situação de vulnerabilidade econômica da população negra ontem e hoje, um dos argumentos recorrentes é o do racismo do negro contra o próprio negro, de acordo com as Diretrizes Curriculares Nacionais, um grande "equívoco", visto que "esta constatação tem de ser analisada no quadro da ideologia do branqueamento que divulga a ideia e o sentimento de que as pessoas brancas seriam mais humanas e teriam inteligência superior" (BRASIL, 2004, p. 11). Assim, muito além dos números pelos núme-

dação Biblioteca Nacional, Catálogo de Periódicos Microfilmados.

51 "População das Capitais da União e das suas Unidades Políticas, segundo o grau de instrução e a idade", Estado da População, XIV — Recenseamento de 1920, Instituto Nacional de Estatistica, Annuario Estatistico do Brasil, anno II, Tip. Do Departamento de Estatística e Publicidade, 1936, p. 53.

52 Apesar de utilizar a categoria "negro" no texto, cabe dizer que os recenseamentos que incluíram a variável cor nas suas estatísticas (1872, 1890, 1940 e 1950) utilizavam as seguintes taxonomias: "brancos, pretos, amarelos, pardos e sem declaração de côr". Ver: *O Brasil em números*, III— Resultados dos Recenseamentos Demográficos 1872/1950, Serviço Nacional de Recenseamento, p. 8. Disponível em: <http://www.ibge.gov.br/seculoxx/arquivos_pdf/populacao/1960/populacao1960bn_02.pdf>. Acesso: 1 mar. 2012.

ros, as estatísticas apresentadas acima, assim como as hierarquias entre "preto comum" e "classe de cor", constituem-se em informações que devem ser apropriadas com cuidado pelos professores da Educação Básica. A existência de uma elite que buscava se diferenciar da "massa" negra deve ser abordada dentro do contexto histórico em que tal sistema de distinção ocorria e não como uma manifestação de racismo de negros contra seus "irmãos".

Quando isso acontece, em vez de ser interpretado e combatido como uma prática que estrutura as relações sociais no país e que, portanto afeta todos os brasileiros, independente da cor da sua pele, o racismo é definido como um "problema do negro", visão esta duramente criticada pelo sociólogo Guerreiro Ramos (1954) nos anos 1950:

> O que parece justificar a insistência com que se considera como problemática a situação do negro no Brasil é o fato de que ele é portador de pele escura. A cor da pele do negro parece constituir o obstáculo, a anormalidade a sanar. Dir-se-ia que na cultura brasileira o branco é o ideal, a norma, o valor, por excelência.

Para romper com a visão clássica do "problema do negro" e entender melhor os sentidos de seu "processo de auto-organização" na pós-abolição, textos selecionados de *O Alfinete; O Baluarte*; *O Bandeirante*; *O Clarim d'Alvorada*; *O Kosmos*; *O Menelik*; *O Xauter* e *Progresso* são providenciais. Embora tais publicações versassem sobre temas variados como educação, trabalho, saúde e lazer[53] e de forma alguma possam ser engessadas em mode-

---

[53] Ver: *O Alfinete: orgam litterario, critico e recreativo dedicado aos homens de cor*, São Paulo, 1919-1921; *O Baluarte: orgam official do "Centro Litterario dos Homens de Cor"*, Campinas, 1904; *O Bandeirante: órgão de combate em prol do reerguimento geral da classe dos homens de cor*, São Paulo, 1918-1919; *O Clarim d'Alvorada: orgam literário, scientifico e noticioso*, São Paulo, 1924-1932; *O Kos-*

los de classificações genéricas, é possível afirmar que duas características são compartilhadas pelos periódicos da imprensa negra: a denúncia da discriminação racial e a luta pela união dos negros. Em seu editorial de estreia, *O Alfinete*, de circulação "quinzenal" e com "colaboradores diversos", por exemplo propunha-se a combater:

> O estado lamentável em que jazem os homens de côr no Brazil, opprimidos de um lado pelas ideias escravocratas que de todo não desappareceram do nosso meio social e de outro pela nefasta ignorancia em que vegeta este elemento da raça brazileira, inconsciente de sua humilde situação moral.[54]

Já *O Baluarte*, que circulava por Campinas pelos idos de 1904 e havia sido fundado para servir de "porta-voz" do "Centro Litterario dos Homens de Côr"[55] apresentava-se como um órgão "dedicado à defesa da classe".[56] E afinal, que tipo de estratégias os jornalistas construíam para proteger os seus? No periódico em questão, elas variavam desde o convite para par-

---

mos: orgam do Gremio Dramatico e Recreativo "Kosmos", São Paulo, 1922-1925; *O Menelik: orgão mensal, noticioso, literário e crítico dedicado aos homens de cor*, São Paulo, 1915-1916; *O Xauter: jornal independente*, São Paulo, 1916; *Progresso*, São Paulo, 1928-1931. Disponíveis na Coleção Jornais da Raça Negra, Fundação Biblioteca Nacional, Catálogo de Periódicos Microfilmados.

[54] Para os nossos leitores. **O Alfinete**, São Paulo, anno 1, n. 3, p. 1, 22 set. 1918. Disponível na Coleção Jornais da Raça Negra, Fundação Biblioteca Nacional, Catálogo de Periódicos Microfilmados.

[55] A partir de abril de 1904 o referido Centro passa a se chamar "Federação Paulista dos Homens Pretos" e depois é rebatizado como "Federação Paulista dos Homens de Côr". (PEREIRA, 2001, p. 93).

[56] Editorial. **O Baluarte**, Campinas, anno 1, n. 3, p. 1, 15 jan. 1904. Disponível na Coleção Jornais da Raça Negra, Fundação Biblioteca Nacional, Catálogo de Periódicos Microfilmados.

ticipação em reuniões do Centro Literário dos Homens de Cor[57], passando pela divulgação das notas obtidas pelos estudantes do Colégio São Benedicto[58] até a publicação de textos como *O Asseio*, que buscava incutir na cabeça dos leitores a ideia de que a limpeza não consistia num "simples preceito de hygiene", mas acima de qualquer coisa "uma questão de educação".[59]

O Xauter fazia questão de dizer a que vinha apresentando no editorial de estreia a "significação" de seu próprio nome: "guia dos caminhantes nos areaes da Arabia deserta".[60] Para conduzir seus leitores, o "jornal independente" imbuía-se da tarefa de moralizá-los tecendo críticas ferrenhas a salões dançantes como o Cruzeiro do Norte. Os editores consideravam o espaço como um "antro de prostituição disfarçada", do qual deveriam fugir "todas as mães de família e meninas que prezam a sua reputação".[61]

Apesar da linguagem da imprensa negra ter sido na maior parte dos casos conjugada no masculino, enganam-se aqueles que pensam que não existiam mulheres na "classe de cor" ou

---

[57] Centro Litterario dos Homens de Côr. **O Baluarte**, Campinas, anno 1, n. 3, p. 2, 15 jan. 1904. Disponível na Coleção Jornais da Raça Negra, Fundação Biblioteca Nacional, Catálogo de Periódicos Microfilmados.

[58] Colégio São Benedicto. **O Baluarte,** Campinas, anno 1, n. 3, p. 4, 15 jan. 1904. Disponível na Coleção Jornais da Raça Negra, Fundação Biblioteca Nacional, Catálogo de Periódicos Microfilmados.

[59] O Asseio. **O Baluarte**, Campinas, anno 1, n. 3, p. 3, 15 jan. 1904. Disponível na Coleção Jornais da Raça Negra, Fundação Biblioteca Nacional, Catálogo de Periódicos Microfilmados.

[60] Significação. **O Xauter**, São Paulo, anno 1, n. 2, p. 1, 16 maio 1916. Disponível na Coleção Jornais da Raça Negra, Fundação Biblioteca Nacional, Catálogo de Periódicos Microfilmados.

[61] No Cruzeiro do Norte. **O Xauter**, São Paulo, anno 1, n. 2, p. 2, 16 maio 1916. Disponível na Coleção Jornais da Raça Negra, Fundação Biblioteca Nacional, Catálogo de Periódicos Microfilmados.

que elas só apareciam como vítimas indefesas na narrativa dos articulistas. *O Menelik*, com a promoção de seu "concurso de beleza feminina", não nos deixa mentir:

> Abrimos com o presente número um concurso de beleza feminina, cujo concurso será em duas tiragens distribuídas nas seguintes formas: na primeira tiragem, a partir da próxima vindoura, daremos uma demonstração geral de todas aquelas que mereceram votos e, na segunda, o resultado final do concurso. Aquela que bater o "record" ornamentará com o seu retrato a primeira página de nosso jornal, caso consinta que nós assim procedemos. N.B. — O concurso é bem entendido, entre a "classe" e os votos devem ser dados pelos homens que forem assinantes, enchendo para este fim o cupom seguinte: Caro Leitor, qual é a moça mais bella no seu parecer? É.. Rua... Assignante.[62]

No começo do século XX, ser fisicamente bonita não era o único pré-requisito que tornava uma candidata apta a "ornamentar" com um "retrato" a "primeira página do jornal". Dentro dos códigos sociais da época, era preciso também ser honrada, recatada e bem-educada como o eram moças brancas da alta classe, reverenciadas por competições de simpatia, virtuosismo e elegância promovidas pelo periodismo brasileiro. Mas, dentro das fronteiras de um processo de racialização em curso,[63] os certames de beleza negra guardavam um intento peculiar sintetizado pelo *Bandeirante*: o "reerguimento geral da classe dos homens de cor".[64]

---

[62] Concurso de Belleza. **O Menelik**, São Paulo, anno 1, n. 3, p. 4, 1 jan. 1916. Disponível na Coleção Jornais da Raça Negra, Fundação Biblioteca Nacional, Catálogo de Periódicos Microfilmados.

[63] Importantes discussões que relacionam a desarticulação da escravidão a um crescente processo de racialização encontram-se em Albuquerque (2009).

[64] Editorial. **O Bandeirante**, São Paulo, anno 1, n. 3, p. 1, 1918. Disponível na Coleção Jornais da Raça Negra, Fundação Biblioteca Nacional, Catálogo de Pe-

A revitalização da imagem do feminino negro foi uma bandeira constantemente hasteada pelos intelectuais do periodismo negro. Anos à frente do Grupo Carnavalesco Campos Elyseos, Argentino Celso Wanderley acreditava que podia fazer mais pela gente negra paulistana. E assim fundou *Progresso* em 1928. Tal empresa contou com a participação do experiente militante Lino Guedes, poeta de enorme prestígio no meio negro e editor-chefe do *Getulino: orgam para defesa dos interesses dos homens pretos*, semanário de Campinas conhecido por lutar contra episódios racistas como a proibição da circulação de negros na praça Carlos Gomes. Apesar de também promover certames de beleza negra, a maior motivação de Wanderley para dar vida a um jornal era o desejo de, por meio dele, constituir um movimento que homenageasse Luiz Gama, o "tigre da abolição", com a construção de um busto no Largo do Arouche, sonho que se tornou realidade nos anos 1930.[65]

Mais um exemplo indispensável para estudar a história dos negros na pós-abolição foi o *Clarim d'Alvorada*. Por intermédio do jornal de maior duração na história da imprensa negra paulista (1924-1932; 1940), conhecemos figuras como José Correia Leite. Seu fundador e redator-chefe, o ajudante de farmácia havia se afirmado como um dos mais importantes militantes do meio negro do estado, devido a textos e preleções sobre a necessidade da "mocidade negra" unir-se em busca dos seus direitos. A falta de uma "completa união" no "nosso meio",[66] escrevia ele, era o principal motivo para que os negros vivessem

riódicos Microfilmados.

[65] Vae ser collocada no Largo do Arouche uma herma de Luiz Gama. **Progresso**, São Paulo, anno III, n. 33, p. 1, fev. 1931. Disponível na Coleção Jornais da Raça Negra, Fundação Biblioteca Nacional, Catálogo de Periódicos Microfilmados.

[66] João Theodoro-Desmemoriado. **O Clarim d'Alvorada**, São Paulo, ano 2, n. 13, p. 3-4, 26 jul. 1925. Disponível na Coleção Jornais da Raça Negra, Fundação Biblioteca Nacional, Catálogo de Periódicos Microfilmados.

"sem lar"[67] e isto só seria resolvido com a criação de uma "sociedade beneficente" que zelasse pelos "interesses sociais" e pelas "tradições" da "legião de homens pretos".

As palavras de Leite, como era conhecido, mostram que os negros não estiveram "largados a própria sorte", conforme o sociólogo Florestan Fernandes escrevia nos anos 1960 (FERNANDES, 1978). Dentro das barreiras raciais que lhes eram impostas, tais sujeitos construíram caminhos para superar a sua condição de "quase-cidadão" (CUNHA; GOMES, 2007) no mundo livre, dando sentidos próprios às ideias de "liberdade, cidadania e autonomia" (GOMES, 2005, p. 11). Na busca desses sentidos próprios, a imprensa negra foi uma, porém não a única alternativa para tentar resolver os problemas oriundos do processo de passagem de escravo a trabalhador livre.

Num universo que conectava os tempos da escravidão ao recém-instaurado mundo da liberdade formal, uma parcela seleta de descendentes de escravos conseguiu alcançar algum grau de prosperidade em São Paulo e, colhendo os louros dessa mobilidade, investiram na difusão de uma cultura letrada negra. Todavia, ainda que aglutinados sob o rótulo de "militantes da imprensa negra" por uma tradição acadêmica iniciada nos anos 1950 (BASTIDE, 1983; BASTIDE; FERNANDES, 2008), não podemos esquecer que seus membros possuíam expectativas e soluções diferenciadas para lidar com categorias como "cor", "raça" e "classe", donas de significados distintos em cada jornal.

Uma vez que os negros livres eram seres humanos, considerar que a pele escura compartilhada significava necessariamente solidariedade e pensamento homogêneo é uma forma um tanto quanto perversa de subtrair suas agências. Desse modo,

---

[67] LEITE, José Correia. Vivemos sem lar. **O Clarim d'Alvorada**, São Paulo, 25 jan. 1925, p. 2.

para trabalhar com o período pós-abolição em sala de aula, é importante estimular os alunos a refletirem algo que pode parecer, mas não é óbvio: descendentes de escravos foram sujeitos múltiplos com visões de mundo e interesses pessoais diversos que convergiram na formação de várias formas de mobilização no mundo livre.

História das populações indígenas na escola: memórias e esquecimentos

Circe Fernandes Bittencourt

Povos indígenas têm sido abordados em estudos escolares a partir do século XIX aos dias atuais, compondo um conjunto disperso de conteúdos distribuídos nos diferentes níveis de escolarização. *Tupis* e *Tapuias* têm sido denominações recorrentes de indígenas "brasileiros" ao serem apresentados aos alunos em cursos de Literatura, de Artes e, em especial, nas aulas de história. Para a história escolar, em particular, programas curriculares e livros didáticos introduzem as populações indígenas ao abordarem a história do Brasil ou história da América na Idade Moderna. Os povos indígenas se inserem em tópicos da fase denominada Colonização, sendo que, nos períodos posteriores à constituição do Estado Nacional, desaparecem de cena. No entanto, apesar dos esquecimentos dos indígenas em vários outros momentos da história, pode-se constatar, por intermédio da documentação escolar, tratar-se de um tema integrado a uma certa *tradição* no ensino de História.

Em 2008 a Lei Federal nº 11.645 determinou que nos "*estabelecimentos de ensino fundamental e de ensino médio, públicos e privados, torna-se obrigatório o estudo da história e cultura afro-brasileira e indígena*" e ainda estabeleceu que "*serão ministra-*

dos no âmbito de todo o currículo escolar, em especial nas áreas de educação artística e de literatura e história *brasileiras*" (BRASIL, 2008, grifo meu).

Trata-se de uma lei que altera o artigo 23 da Lei de Diretrizes e Bases da Educação Nacional de 1996, mas que, em dois artigos aparentemente simples e objetivos, coloca expectativas que vislumbram o rompimento dessa *tradição* escolar sobre os estudos dos povos indígenas no Brasil. O debate sobre a obrigatoriedade do ensino da história da África e das populações afro-brasileiras tem sido realizado com intensidade a partir da Lei 10.639 de 2003 e, embora a nova legislação de 2008 inclua os estudos sobre esses grupos sociais, a nova legislação destaca a importância da história das populações indígenas. A leitura atenta do ato legal de 2008 nos conduz imediatamente a uma reflexão sobre a complexidade de seu significado e abrangência. Se os indígenas têm sido parte da tradição do ensino de História, qual o sentido da obrigatoriedade oficial? O ato legal de 2008 pretende introduzir tais conteúdos nas aulas das escolas brasileiras sob novas perspectivas e abordagens ao recomendar que se deve ressaltar as contribuições dos povos indígenas "nas áreas social, econômica e política, pertinentes à história do Brasil"?

Pelo conteúdo estabelecido pela Lei 11.645/08 verifica-se sua integração com as propostas de *educação* étnico-raciais explicitadas pelas Diretrizes Curriculares Nacionais de 17 de julho de 2007. As propostas da Lei 11.645/08 relacionam-se, nesta perspectiva, aos esforços de determinados setores da sociedade para superação de "um imaginário étnico-racial que privilegia a brancura e valoriza principalmente as raízes europeias da sua cultura, ignorando ou pouco valorizando as outras, que são a indígena, a africana, a asiática" (BRASIL, 2004). Dentro desse "horizonte de expectativa" a proposta da história dos povos indígenas como integrante do ensino de História prevê mudanças substantivas, das quais educadores e intelectuais dedicados ao ensino precisam identificar seu alcance e se posicionarem diante das reformulações necessárias tanto para a História escolar quanto para a área acadêmica.

Setores sociais têm se manifestado de diferentes formas no que se refere à necessidade efetiva de uma lei com tal conotação. Tem sido o caso de representantes de setores mais conservadores das nossas elites ao se posicionarem contrariamente a tais imposições legais por parte do governo federal, como o caso dos responsáveis pelo jornal *O Estado de S.Paulo* que, em editorial de 20 de agosto de 2010, criticou tais conteúdos exóticos e alegou "*que não são disciplinas como cultura afro-brasileira e cultura indígena que vão reduzir as disparidades de renda*". O autor do editorial, de forma equivocada ao entender que se trata de introdução de *novas disciplinas* no currículo, provavelmente desconhecendo o texto da Lei, conclui que a história da cultura afro-brasileira e da cultura indígena trarão fortes prejuízos para o sistema educacional brasileiro básico e se constituíram como ensino obrigatório apenas em decorrência de pressões ideológicas e corporativas.[68]

As críticas à Lei 11.645/08 são indícios, portanto, de que a história dos povos indígenas e de sua cultura não corresponde a simples acréscimos a uma história do Brasil ou história da América e se situa em um outro patamar em relação ao que era considerado como conhecimento sobre os "índios do Brasil". Diante dos problemas complexos indicados e considerando que se trata de uma proposta que inova ou pretende inovar de

---

[68] Com o titulo *O inchaço do currículo escolar*, o autor do editorial informa que conteúdos como esses "*tendem a perpetuar a má qualidade da educação básica*"e discorda da atuação de "*políticos, movimentos sociais e entidades engajadas que defendem a introdução das novas disciplinas alegando que elas promovem a inclusão social*." (O Estado de S.Paulo, 20/08/2010)

forma mais radical a história da nossa sociedade, este artigo apresenta os momentos em que as populações indígenas foram introduzidas nos estudos históricos escolares ao longo da educação escolar. Para acompanharmos o percurso das populações indígenas no ensino, elegemos os manuais escolares de História como referencial por serem o *depositário privilegiado dos conteúdos elencados pelas propostas curriculares* (CHOPPIN, 1980; BITTENCOURT, 1997), além de ser material didático que tem permanecido constante na história das práticas educacionais de diferentes níveis, desde o decorrer do século XIX aos dias atuais.

Os povos indígenas em livros didáticos de História têm sido analisados por vários estudiosos, sendo que, inicialmente, destacaram-se antropólogos preocupados com as abordagens do etnocentrismo europeu com que os textos foram elaborados.[69] Historiadores, especialmente a partir da década de 1990, também dedicaram-se a análises críticas semelhantes sobre os indígenas nos livros didáticos de História (BITTENCOURT, 1996; SILVA, 2000; RODRIGUES, 2005; COELHO, 2009).

Em muitas das pesquisas destacavam-se as análises em que se buscava demonstrar as defasagens entre a produção escolar e a acadêmica, concluindo-se por assertivas bastante categóricas de que os indígenas eram representados nas obras didáticas de maneira equivocada pelo desconhecimento dos autores das recentes produções historiográficas. O livro didático era o

---

[69] Destacam-se as análises de Norma de Abreu Telles e a produção do grupo MARI, coordenado por Aracy Lopes da Silva, da Universidade de São Paulo. Trata-se das obras: TELLES, Norma Abreu. *Cartografia Brasílis ou esta história está mal contada*. São Paulo: Loyola, 1984. SILVA, Aracy Lopes da; GRUPIONI, Luiz (Orgs). *A temática indígena na escola*: novos subsídios para os professores de 1º e 2º graus. Brasília: MEC/MARI/UNESCO, 1995.

responsável exclusivo das falsas representações sobre os povos indígenas. Alguns poucos estudos, como o de Adriane Silva (2000), *Versões didáticas da história indígena (1870-1950)*, detiveram-se em identificar o momento em que os indígenas foram introduzidos nos livros escolares articulando-o aos debates e difusão das teorias raciais e de eugenia do final do século XIX e primeiras décadas do XX, demonstrando que havia uma aproximação entre a produção dos intelectuais do período e a produção didática (SILVA, 2000). Mais recentemente Mauro Coelho (2009), ao analisar obras didáticas de História do período de 1992 a 2005, preocupou-se em identificar as relações entre a produção didática e a historiográfica, verificando, nesta perspectiva,

> "uma gritante ambiguidade: enquanto, por um lado, se percebe um processo de redimensionamento do lugar das populações indígenas na composição dos conteúdos, em todo atento às pesquisas mais recentes, por outro, nota-se a permanência de aportes que se aproximam daquela antiga vocação: as populações indígenas são representadas conforme aquela cultura histórica que as via como ingênuas, vítimas dos colonizadores, cujo traço cultural fundamental era, fora a preguiça, a relação com a natureza." (COELHO, 2009, p. 274)

A partir da constatação, em certa medida muito recorrente em análises sobre livros didáticos de História em geral, sobre a constante defasagem entre a produção acadêmica e a escolar, as reflexões neste artigo, buscaram estabelecer as aproximações entre as duas formas de produção, selecionando momentos mais significativos a partir do século XIX ao final do século XX, momento em que reaparece o debate sobre o problema étnico-racial no ensino de História. A seleção dos autores de livros de

História se fez dentre os mais difundidos na rede escolar, tendo-se constatado que foram obras com várias edições. Com base nessas fontes, a problemática centra-se nas relações entre a produção didática de História e a historiográfica no que se refere à construção de uma visão etnocêntrica de matriz europeia responsável por compor memórias e, mais ainda, esquecimentos a que foram relegados os indígenas ao longo da constituição de uma história do Brasil.

Selvagens em tempos da monarquia

Em um difundido livro de história do Brasil produzido na fase monárquica, *Lições de história do Brasil para uso das escolas de instrução primária*, seu autor, Joaquim Manuel de Macedo, referiu-se à população indígena em dois capítulos.[70] Na *Lição V— O Brasil em geral— O gentio do Brasil*, após apresentar a imensidão do território brasileiro e suas riquezas:

> No meio porém d'esta natureza opulenta e de proporções colossaes o que se apresentou aos olhos dos descobridores e conquistadores do Brasil, menos digno de admiração e mais mesquinho, foi o gentio que habitava esta vasta região. (MACEDO, 1884, p. 38)

O historiador e professor Joaquim Manuel de Macedo, depois de apresentar de modo geral a vida do *gentio*, assim o caracterizou:

---

[70] A 1ª edição de *Lições de história do Brasil para uso das escolas de instrução primária* é de 1861, tendo tido inúmeras edições pela Editora Garnier até 1925, com revisões de Olavo Bilac e Rocha Pombo. Sobre as obras de História de Joaquim Manoel de Macedo pode-se consultar Mattos (2000) e Gasparello (2011).

> Hospitaleiro, como os Árabes, até com o próprio inimigo que o procurava, agreste, simples, inculto e barbaro, zeloso mais que tudo da sua independencia, audaz e bravo nos combates, cruelíssimo na vingança, astucioso e sagaz, indolente na paz, impávido e heroe na morte, o gentio tinha todos os defeitos e vícios do selvagem, mas possuía também alguns sentimentos nobres e generosos. (MACEDO, 1884, p. 41)

O *selvagem* foi na *Lição VI— O gentio do Brasil em relação à família* apresentado em sua vida social, sendo descritos seus costumes, alimentos, festas, moradias, língua, insistindo o autor em destacar as guerras de que participavam e o ritual da "*anthropophagia com dias inteiros de festas, danças e de embriaguez*" (MACEDO,1884, p. 51). O autor, nas duas *Lições*, teve como objetivo destacar as diferenças entre *povos cristãos* e *povos nativos*, distinguindo-os no tópico *Explicação* que encerrava o capítulo do livro. Os gentios das terras brasileiras eram *selvagens* por corresponderem aos *povos que ignorão a arte de escrever, que não tem polícia, que não tem religião, ou professão religião absurda, e que vivem em plena liberdade da natureza* (MACEDO, 1884, p. 52). Os selvagens eram, portanto, muito diferentes dos conquistadores europeus que pertenciam à *Civilização* definida pelo autor como "*instrução de um povo nas artes e sciencias que podem fazer a sua prosperidade moral e material, isto é, que esclarecem o seu espírito, e fazem o seu bem estar.*" (MACEDO, 1884, p. 52).

O autor do livro *Lições da história do Brasil*,[71] cabe explicitar, era professor de Corografia e História do Brasil do Colégio

[71] A produção didática de Joaquim Manuel de Macedo (1820— 1822) foi difundida por várias décadas, sendo que seu livro *Lições de história do Brasil para uso das escolas de instrução primária* circulou até a década de 1920 pelas escolas brasileiras. Entretanto, seus biógrafos não mencionam essa produção, dando destaque à sua produção jornalística e como autor de romances e de peças de teatro.

Pedro II e membro do IHGB, tendo ocupado o cargo de secretário dessa prestigiada instituição. Sua concepção exposta em sua obra didática sobre o gentio do Brasil era, assim, próxima de muitos dos historiadores que faziam parte do IHGB, dentre eles Francisco Adolfo de Varnhagen, considerado no campo historiográfico como o autor da mais importante história do Brasil no século XIX. De acordo com o próprio Macedo, os dois volumes da *História geral do Brasil* de Varnhagen, publicados na década de 1850, tornaram-se a referência principal para a *Lições de história do Brasil para uso das escolas de instrução primária* incluindo, evidentemente, suas concepções anti-indigenistas.

As marcas da historiografia de Varnhagen sobre as sociedades indígenas estiveram presentes em vários outros autores da literatura didática, assim como em muitas produções historiográficas. Varnhagen conceituou, de forma enfática, as populações indígenas do território conquistado pelos portugueses como *selvagens* de forma bastante diversa do *bom selvagem* de Rousseau. O gentio era degenerado em sua *pequenez* e *misérias* e argumentou, ao longo de seus escritos, que os civilizados tiveram que enfrentar muitas dificuldades nas terras "descobertas" para consolidar seu domínio pela presença incômoda de tais selvagens em sua situação de atraso civilizatório:

> Para fazermos, porém melhor ideia da mudança ocasionada pelo influxo do cristianismo e da civilização, procuraremos dar uma notícia mais especificada da situação em que foram encontradas as gentes que habitavam o Brasil: isto é uma ideia de seu estado, não podemos dizer de civilização, mas de barbárie e de atraso. (VARNHAGEN, 1854, p. 30).

Os indígenas brasileiros foram, em muitos outros livros escolares difundidos nesse período, apresentados de forma bastante genérica, tal como Varnhagen em suas abordagens conclusivas sobre os primitivos habitantes encontrados pelos portugueses. Da mesma forma que o famoso historiador, os livros dedicados aos alunos das escolas primárias e secundárias, ofereciam um ou dois capítulos após as narrativas dos feitos dos "descobrimentos" portugueses para chegarem às terras americanas. As distinções culturais das sociedades indígenas foram ignoradas por vários autores e, assim como Varnhagen, destacavam os grupos Tupi, especificando as diferenças em relação aos Tapuias mas generalizando costumes e crenças indistintamente, como na obra *Pequena história do Brasil por perguntas e respostas*, do Dr. Joaquim Maria de Lacerda (1942, p. 13-14):

> P. Quais eram os usos e costumes característicos dessas tribus selvagens?
> R. Viviam errantes; andavam em nudez quasi completa, trazendo apenas enfeites de penas de várias cores; alimentavam-se da caça, da pesca, de frutas e raízes; guerreavam-se de contínuo umas às outras; e, antropófagas quasi todas, devoravam os prisioneiros. [...]
> P. Que religião professavam os índios do Brasil e quais eram os seus sacerdotes?
> R. Pode-se dizer que os índios do Brasil não tinham religião ou culto algum. Seus pagés eram pretendidos feiticeiros e adivinhadores, que viviam retirados em palhoças e em grutas, e exerciam imenso império nos ânimos dos selvagens.

Cabe destacar ainda a constituição de uma memória sobre os indígenas do período colonial por intermédio das ilustrações apresentadas na *História geral do Brasil* desde sua primeira edição de 1854. Tais representações alusivas aos indígenas passaram a integrar a iconografia didática a partir do século XIX, estando ainda presentes em livros atuais. Trata-se de reproduções de pintores sobre características das culturas indígenas mas, da forma como estão integradas no livro de Varnhagen e nos textos escolares, servem para reforçar a ideia de haver costumes genéricos entre todos os grupos indígenas: a moradia, as armas, etc.[72]

Taba ou aldeia dos índios

[72] A 1ª edição da *História geral do Brazil*, de 1854, apresenta três gravuras com os títulos: *Armas e adornos dos índios, Taba ou aldeia índia* e *Utensílios e instrumentos dos índios*. Inclui também uma gravura, *Matança do 1º Bispo da Bahia e seus companheiros*, com o subtítulo *Triste fim do primeiro Bispo do Brasil* que foi reproduzida em muitas das obras de História de autores católicos. Para uma análise sobre as imagens de indígenas em livros escolares, ver BITTENCOURT (1998).

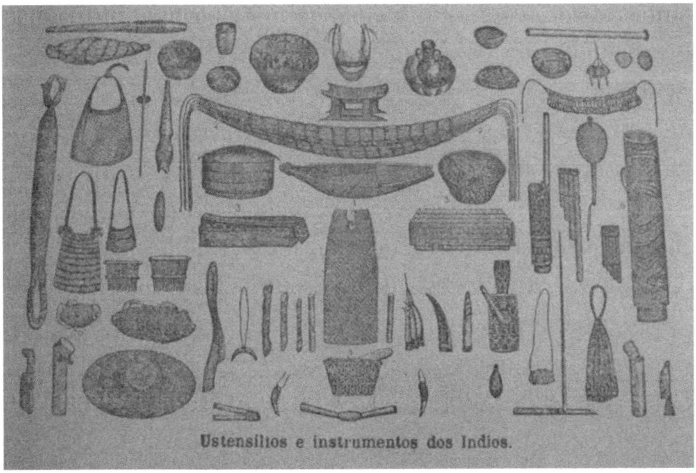

Utensílios e instrumentos dos índios

Armas e adornos dos índios

Uma das afirmativas, no entanto, mais contundentes de Varnhagen sobre as sociedades indígenas, refere-se à afirmativa de que sobre *tais povos na infância não há história: há só etnografia* (VARNHAGEN, 1854, p. 30). E, a partir de então, poucos foram os historiadores que se ocuparam dos povos indígenas, assim como vários autores de livros didáticos se limitaram a reproduzir essa escassa produção sobre esses "povos sem história" que tornaram-se, quase que exclusivamente, objeto de estudo de etnólogos.

Os povos indígenas foram, dentro da história cujo princípio era a constituição da matriz da nacionalidade brasileira, relegados ao esquecimento logo após a chegada dos europeus, entendendo-se a história do Brasil com a chegada dos portugueses, concebidos como *povos* cristãos, portadores da civilização. Criou-se, assim, a partir do século XIX, uma história nacional em que os civilizados da Europa tornaram-se os primeiros povos a ocuparem o vasto território no qual seus primitivos ocupantes "erravam sem destino", promovendo guerras sangrentas entre si. Prevaleceu, segundo referencial de Varnhagen também, que, com a chegada dos europeus, os indígenas não quiseram se submeter ao trabalho da escravidão e, assim, deixaram de contribuir para a história da civilização. Mas, de forma contraditória, não foram totalmente ignorados na fase de contato porque Varnhagen, ao valer-se de fontes variadas deixadas por cronistas, viajantes, administradores sobre o período de dominação portuguesa, teve que considerar a importância dos selvagens nas atividades econômicas e nas relações cotidianas com os colonos:

> Assim forçoso nos é reconhecer que a nova indústria se deixou absorver judiciosamente pela dos índios, em tudo quanto ela tinha de aproveitável. O uso da rede e a frequência dos banhos, tomados pelo menos duas vezes por dia, simbolizam ainda hoje o triunfo dos usos que pareceram de todo razoáveis. (VARNHAGEN, 1854, p. 214)

E esta contribuição tem permanecido como a mais significativa dos povos indígenas para a cultura brasileira, segundo muitos autores, sobretudo os das obras escolares destinadas ao ensino fundamental.

O índio da mestiçagem étnica à *democracia racial*

A partir de 1900, os livros de História de João Ribeiro, destinados ao ensino primário e secundário, procuraram reformular o ensino de História, até então baseado na produção de Joaquim Manoel de Macedo. Também professor de História do Colégio Pedro II no Rio de Janeiro, João Ribeiro foi reconhecido como historiador pela sua produção didática, uma vez que foram estes os únicos textos historiográficos que elaborou ao longo de seu intenso trabalho intelectual, como filólogo, ensaísta e jornalista (GASPARELLO, 2004).[73]

João Ribeiro, ao introduzir suas obras escolares, apresentou críticas aos livros didáticos de História que então circulavam ao oferecerem uma história política repleta de nomes de governantes e administradores com base na historiografia de Varnhagen, passando então a oferecer uma história de caráter mais social, na busca daquilo que ele denominou de "essência nacional". No Prefácio da 2ª edição do livro *História do Brasil para o ensino secundário*, Araripe Junior afirmou que o autor baseou-se no trabalho de von Martius, *Como se deve escrever a história do Brasil*, para apresentar a formação histórica do povo brasileiro, embora João Ribeiro tenha acrescentado novos elementos no efeti-

---

[73] João Ribeiro (1860-1934), de acordo com a maior parte de seus biógrafos, destaca-se pela contribuição aos estudos linguísticos por ele desenvolvidos, com produção de gramáticas e participação na reforma da língua portuguesa. Destacam, igualmente, seus trabalhos como poeta, jornalista e importante membro da Academia Brasileira de Letras, embora seja incluído na lista de historiadores de significativa importância.

vo processo de caldeamento social para concluir que *"o Brasil, o que ele é, deriva do colono, do jesuíta e do mameluco, da ação dos índios e dos escravos negros"* (RIBEIRO, 1908, p. 18).

Os livros de história do Brasil de João Ribeiro destinados à escola primária e à secundária pouco diferem entre si no que se refere aos indígenas, descrevendo-os como selvagens em oposição aos povos civilizados:

> A terra então descoberta era habitada por gente da mais ínfima civilização, viviam da caça e da pesca, não conhecia outras armas de industria de guerra senão o arco e a clava e andava em completa nudez (RIBEIRO, 1908, p. 11).

No entanto, diferentemente de outros historiadores do período monárquico, João Ribeiro não era condescendente para com os conquistadores europeus:

> Portugueses e índios praticavam mutuamente crueldades, porque não se entendiam e nem podiam se entender, atentos a diferentes grãs de civilização. O índio tinha o sentimento da propriedade collectiva (da tribo) mas não o tinha da propriedade privada.
> [....] A escravidão era também o trabalho e o castigo corporal, e o índio, de natureza indolente, não podia e não gostava de trabalhar. D´ahi nasceram muitos tumultos e vinganças atrozes. (RIBEIRO, 1908, p. 12-13)

No livro destinado ao nível secundário, Ribeiro acrescentou um capítulo sobre os indígenas, *A ethonologia brasílica,* em que apresenta as diferenças físicas e culturais descritas por etnólogos do período, tendo Von den Stein e von Martius como referências. Concordando com Capistrano de Abreu, apresentou os problemas decorrentes da *escravização vermelha* e destacou as denúncias do Padre Antonio Vieira contra os colonos que "*multas vezes não occultavam os caçadores de gente a sua crueldade e outra vez a coloriam por um perverso plano* " (RIBEIRO, 1935, p. 235).

Os livros escolares de João Ribeiro situaram os indígenas em perspectivas contraditórias, entre selvagens violentos e vítimas das crueldades dos colonizadores, mas com uma nova abordagem em que se preocupava em demonstrar algumas das qualidades herdadas dessas culturas na constituição do *povo brasileiro* em seu processo de miscigenação. Nessa perspectiva, a produção de João Ribeiro corresponde a versões didáticas de História relacionadas à produção historiográfica e à etnográfica, tendo como problema a formação do povo brasileiro e seu potencial civilizatório, problemática esta compartilhada por muitos intelectuais e que se estendeu do final do século XIX aos anos de 1930, segundo afirma a pesquisadora Adriane Costa da Silva (2000) em seu estudo sobre os indígenas nos livros didáticos.

A historiografia do final do século XIX e início do século XX, ao lado de trabalhos dedicados à História Natural e à Etnologia, dedicaram-se à formação do povo brasileiro em seus aspectos de miscigenação, inserindo os estudos de diferentes correntes europeias sobre o problema das raças na nova fase do imperialismo dos "brancos" sobre povos dos diferentes continentes.

Os artigos da revista do IHGB e demais publicações dos institutos congêneres, em especial o Instituto Archeologico e Geographico Pernambucano e o Instituto Histórico e Geographico de São Paulo, apresentaram mudanças quanto à concepção dos indígenas na formação miscigenada do povo brasileiro, conforme estudos de Lilia Moritz Schwarcz (1993). Os indígenas eram analisados, especialmente nos artigos de antropologia, ora de acordo com uma visão evolucionista e de determinismo racial, ora com outras concepções associadas a uma perspectiva religiosa ligada ao monogenismo, além de se incluir uma tendência "degeneracionista", de alguma forma em continuidade às teses de Varnhagen sobre o processo inexorável de extinção a que estavam submetidas as populações nativas:

> Os americanos não representam uma raça selvagem, representam antes uma raça degenerada que se tornou selvagem... Assim poucos séculos se passarão e o último americano deitar-se-á para morrer. Toda a população primitiva do continente definha frente à outra raça. (RIHGSP, 1904: p. 53-4, Apud SCHWARCZ, 1993)

Os estudos dos etnólogos em relação às populações indígenas, alem de discutirem as hipóteses sobre suas origens, tinham como preocupação identificá-los e classificá-los segundo as diferenças linguísticas. A produção escolar acompanhava tais versões, muitas vezes contraditórias, lembrando que muitos autores pertenciam a instituições como o IHGB (SCHWARCZ, 1993), como o caso de João Ribeiro. Se João Ribeiro atribuía ao mameluco uma dimensão simbólica e representativa da nacionalidade brasileira, conforme a análise de Patrícia Hansen (1998), essa miscigenação racial traria igualmente o desaparecimento das culturas locais e nativas. Assim, os indígenas passaram a integrar o "povo mestiço" e havia pouco interesse em conhecer seu passado e mesmo o presente de suas culturas, assim como silenciavam sobre as condições a que estavam sendo submetidos pelas frentes de colonização dos séculos XIX e XX.

Vários outros autores de livros de História, com base em intelectuais que então se dedicaram ao problema da formação do povo brasileiro, se encarregaram de incluir em diferentes capítulos o problema da fusão étnica dos europeus, africanos e indígenas no processo de nacionalização e abrasileiramento da população.

No livro destinado às escolas elementares *A história do Brasil ensinada pela biographia de seus heróes*, Sylvio Romero, já consagrado intelectual e autor de várias obras sobre a literatura brasileira, foi bastante otimista ao apresentar a mestiçagem étnica do povo brasileiro, " uma mescla de gentes diversas" e "*onde a providencia da história misturou em larguíssima escala as três raças e ainda vai caldeando aqui a imensa corrente de immigrantes europeus de origens diversas, que vêm demandando as nossas plagas*" (ROMERO, 1915, p. 18).

Sobre os índios, Sylvio Romero, citando von Martius, Carlos von den Steinen e Rodrigues Peixoto, defendeu a ideia de os próprios aborígenes serem resultantes de várias fusões e cruzamentos e, nesse processo de formação do povo, fez desaparecer a história das lutas e confrontos entre os conquistadores e população nativa na fase da conquista e que ainda permaneciam no início do século XX. Ao preocupar-se com o futuro do Brasil, defendeu Romero que o brasileiro resultante dessa mescla era um tipo característico que vivia, então, em um país em que "não existem vencidos e vencedores" (ROMERO, 1915, p. 21). Iniciava-se, assim, o mito da "democracia racial".

Nos *livros de leitura*, um gênero específico da literatura didática, destinados aos alunos mais jovens, a tendência, a partir do início do século XX, foi a de apresentar os indígenas sob uma ótica de miscigenação associada à democracia racial, como na obra *Por que me ufano do meu paiz*, de Affonso Celso. O livro escrito para "*celebrar a nossa Pátria o quarto centenario do seu descobrimento*", foi elaborado, segundo seu autor, com base nos livros de *Elisée Reclus, Southey, Porto Seguro, Wappoeus, João Francisco Lisboa, Barão do Rio Branco, João Ribeiro e outros* (CELSO, 1923). O autor fornece, em uma linguagem que buscava ser "singela", sua visão sobre a mistura das três raças no capítulo com o sugestivo titulo: *Sexto motivo da superioridade do*

Brazil: excellencia dos elementos que entraram na formação do tipo nacional. (CELSO, Índice, 1923, p. 202). Sobre o elemento indígena discorreu sobre *costumes curiosos de varias tribus de índios ainda existentes no Brasil*:

> Os *coroados*, nas bandas do Paraguay, vivem em pequenas comunidades, passam em pirogas a metade de sua existência. Approximam-se do typo caucásico; encontram-se entre elles bellos exemplares varonis e formosas mulheres.
> (...)Entre os bororós, somente pode casar-se quem houver morto um jaguar. Celebrisam-se os *guatós*, hábeis canoeiros, pelos seus ciúmes. Só é lícito às mulheres falarem aos estrangeiros, com os olhos voltados para o marido. Mostram-se, entretanto, atrictos cumpridores das leis da hospitalidade e da fé jurada: nunca trahem. (CELSO, 1923, p. 68-69)

Também na literatura infantil em desenvolvimento nas décadas iniciais do século XX, autores ofereciam informações sobre os indígenas aos novos leitores: *Ao pisarem no Brasil, os europeus não conquistaram apenas a terra. Conquistaram principalmente o coração das moças selvagens. Todas elas viviam sonhando com um homem branco para esposo.* (CORREA, 1957, p. 59 Apud ORIÁ, 2011). Em coleções de literatura infantil e juvenil que se multiplicavam, foram incorporadas muitas lendas dos indígenas, reinterpretando mitos sobre origens das plantas, como da mandioca, do algodão, da erva-mate, das relações dos indígenas com animais e aves, além de apresentarem narrativas sobre amores entre brancos e indígenas. Esta tendência, no entanto, não foi incorporada para as aulas de História. Os textos escolares de História insistiram em apresentar uma versão negativa sobre os povos indígenas, permanecendo as denominações de povos *selvagens* que, ao longo da história iniciada pelos portugueses, foram um constante obstáculo à "ordem e ao progresso".

Jonathas Serrano, um autor católico alinhado ao movimento escolanovista, professor da Escola Normal e do Colégio Pedro II, reconhecido por suas obras didáticas mas também pelas de caráter metodológico sobre o ensino de História, ao se referir aos indígenas em seu livro *História do Brasil*, assim advertiu os alunos:

> Seria engano, julgar destes e doutros costumes selvagens pelas descrições poéticas e românticas de alguns dos nossos grandes indianistas, como Alencar e Gonçalves Dias. O tipo de Peri, no Guarani, ou o do guerreiro de I-Juca-Pirama, são fantasias literárias que exageram as qualidades e sentimentos dos selvagens. (SERRANO, 1931, p. 51)

A partir das décadas de 1930 e 1940, historiadores frequentavam novos ambientes, principalmente após a criação dos cursos de nível superior nas Faculdades de Filosofia, Ciências e Letras e outras instituições museológicas. O crescimento da produção historiográfica e das ciências humanas sobre o Brasil ocorreu por intermédio de vertentes diversas, expressas em obras como *Evolução política do Brasil* de Caio Prado, que inaugurou análises sob a ótica marxista, nas de Oliveira Vianna, um dos principais ideólogos da eugenia racial especialmente em *Evolução do povo brasileiro* e em *Populações meridionais do Brasil*. Afonso d'Escragnolle Taunay, à frente do Museu em São Paulo, desenvolveu um acervo importante sobre os bandeirantes, fortalecendo o mito dos sertanejos conquistadores e principais responsáveis pela grandiosidade territorial. A saga dos bandeirantes foi reforçada no período do Estado Novo por Cassiano Ricardo na sua *Marcha para o oeste* (de 1940), considerando-os como os verdadeiros responsáveis pela formação social do Brasil, formação esta calcada na hierarquia de raças, no comando forte dos brancos e na harmonia do convívio entre as etnias.

A produção didática de História, em processo de ampliação ao acompanhar o aumento do público escolar promovido, sobretudo, pelas reformas de 1931 e de 1942, se renovou juntamente com a historiográfica no que se refere às relações entre a política e a sociedade, incluindo estudos econômicos. No que se refere aos indígenas, as mudanças foram pouco significativas quanto às suas atuações na história do pais, dando-se apenas maior relevo às teses culturalistas aplicadas à nacionalização. As versões didáticas de autores católicos sobre os indígenas permaneciam, inserindo-os na história dos missionários, estes as principais figuras civilizatórias, com destaque aos jesuítas. Nessa vertente, explicavam a harmonia entre os diferentes grupos étnicos. Esta foi a tese de Joaquim Silva, um autor muito difundido a partir dos anos de 1930, representante de uma nova geração de autores distintos dos professores do Colégio Pedro II.

As menções de Joaquim Silva sobre a miscigenação, em sua *História do Brasil* para o curso ginasial, abordam os indígenas pela sua diversidade étnica mas destacam as diferenças de acordo com sua maior ou menor relação com os missionários. Com base em historiadores como Capistrano de Abreu e de autores seus contemporâneos, em especial Serafim Leite, Pandiá Calógeras e Pedro Calmon, citados em inúmeras notas de rodapé, Abreu reafirmou a importância do trabalho jesuítico em seu processo de civilização do *gentio*. Destacou em um tópico a *Influência do indígena* na sociedade, mas limitada ao período inicial da colonização, tendo por referência Pedro Calmon:

> O Brasil do século I é euro-indígena; na casa e na roça, na paz e na guerra, na cidade e no sertão. Poucos e esparsos, os portugueses se deixaram dominar pelos hábitos da terra: na mesa, no trabalho, na viagem, na luta, no repouso. [...] Pelo casamento com a catecúmena, o colono aderiu à sua barbárie, que substituía razoavelmente a pe-

> nuria de quem saltara em S.Vicente ou no Recife tendo por única fortuna os braços moços. Passou a nutrir-se de farinha de pau, a abater, para o prato, a caça grossa, a embalar-se na rede de fio, a imitar os selvagens na rude e livre vida. (CALMON, P. *História do Brasil*, p. 331 Apud SILVA, 1941, p. 47)

Para o ensino colegial, as versões sobre o poder dos missionários na obra civilizatória eram mais diluídas. Alfredo D' Escragnolle Taunay e Dicamôr Moraes, professores do Colégio Pedro II, no livro *História do Brasil* escrito de "*conformidade com o programa de ensino de 1951 para o curso Clássico e Científico*", incorporaram a produção historiográfica do período fartamente apresentada no corpo do texto ou em notas de rodapé.

Iniciando a história do Brasil a partir dos descobrimentos portugueses, incluem no *Capítulo II, O povoamento do solo*, uma parte sobre a *Formação étnica e cultural* em que destacam a constituição da raça brasileira, sobretudo, pelo *"branco português, o negro africano e o brasilíndio, por terem sido os que entraram com maior coeficiente em nossa formação cultural....* [conforme] *Gilberto Freire, em sua Casa Grande e Senzala"* (TAUNAY; MORAES, 1958, p. 38). Sob a perspectiva cultural, informaram ainda os autores que temos como herança do elemento índio alguns atributos:

> A ele devemos nossa conhecida inquietação e indisciplina, as quais se manifestam no terreno social e principalmente político.

Nossa proverbial negligência (e não preguiça), a qual se faz sentir em especial no campo econômico, provém da circunstância de não terem nossos antepassados índios nenhuma noção do que fosse trabalho metodizado e portanto capaz de prover, mediante qualquer plano previamente traçado e cumprido, as necessidades mais imperiosas...

> Da belicosidade indígena, herdamos essa combatividade que trazemos quase a flor da pele e dificilmente contida... (TAUNAY; MORAES, 1958, p. 40)

Após discorrer sobre tais heranças culturais, Dicamôr, o autor responsável por este capítulo, apresenta a sociedade colonial se constituindo pela mestiçagem que, por sua vez, se articula com a formação das classes sociais na Colônia, utilizando, então Werneck Sodré e Caio Prado (TAUNAY; MORAES, 1958, p.46).

No que se refere à *escravização indígena*, é interessante destacar a continuidade do tratamento contraditório com que historiadores e autores de livros didáticos abordam o tema. O indígena continua sendo considerado como avesso ao trabalho, mas Taunay e Moraes, no tópico *A escravidão vermelha*, informam que os portugueses se utilizaram do trabalho escravo indígena a partir da exploração do pau-brasil ao ciclo da cana-de-açúcar e, considerando *a insubmissão do selvagem a tudo quanto era norma de organização civilizada — mormente ao trabalho metodizado*, ofereceram resistência à dominação e assim tornaram-se mais um problema para o "colonizador" do que uma efetiva mão de obra qualificada. (TAUNAY; MORAES, 1958, p. 126). Mas concluíram que, apesar dessa atitude dos indígenas frente ao *trabalho metodizado*, assim como da legislação baixada pela Metrópole contra a escravização dos nativos e da campanha dos jesuítas, "*a escravidão vermelha continuou, implacável por duzentos e cinquenta longos anos.*"

As contradições sobre o trabalho escravo dos indígenas na fase da colonização portuguesa na *História do Brasil* de Alfredo d'Escragnolle Taunay e Dicamor Moraes são ainda visíveis ao apresentarem as atividades das bandeiras pela perspectiva de Cassiano Ricardo, citando textualmente o trecho do livro *Marcha para o oeste:*

> 1) bandeira de catequese;
> 2) bandeira de aliciamento do índio à lavoura; [...]
> 4) quanto aos seus elementos raciais: a) bandeira de brancos; b) bandeiras de tupis e negros; c) de brancos e tupis (a de raposo Tavares); d) de mamelucos (a de Fernão Dias Paes); e) bandeiras de todas as raças; [...]
> 7) quanto aos seus fins militares: a) bandeira de guerra ao índio (contra Barbaros do recôncavo e contra os carijós); [...] (TAUNAY; MORAES, 1958, p. 73)

E, em seguida a esta apresentação dos bandeirantes em sua busca constante dos indígenas para escravização e guerras de extermínio de muitos grupos, a conclusão a que os autores chegam é exposta na citação extraída da *Evolução do povo brasileiro* de Oliveira Vianna: *Do Brasil central e meridional a obra gigantesca de povoamento vai ser, porém, realizada integralmente pelos paulistas, sem outro auxílio senão o da sua energia, da sua ambição e da sua bravura*." (VIANNA, [19--], p. 80 Apud TAUNAY, 1958, p. 74)

A característica da constituição de uma *democracia racial* nas obras didáticas se consolidou pela aproximação de vários autores, algumas vezes divergentes, mas que tinham a base da miscigenação como princípio da formação social e cultural do povo brasileiro. Nesta perspectiva, os autores incorporavam as teses de intelectuais que mantinham a visão de que, por intermédio principalmente da catequese e do trabalho missionário, os indígenas foram incorporados à civilização, além de situarem as ações dos bandeirantes como relevantes nesse mesmo processo. Buscava-se naturalizar a relação do povo brasileiro ao território, omitindo a situação da população indígena no século XX em enfrentamentos constantes nas frentes de colonização dos séculos XIX e XX, incluindo a "marcha para o oeste" da fase getulista.

A *democracia racial* permaneceu nas obras didáticas de História e esta união entre as raças, uma das características da história brasileira, se constituiu por intermédio das "guerras contra os estrangeiros", dando-se destaque à guerra contra os holandeses, na qual surgiram heróis representantes das diferentes etnias. Em obra bastante divulgada na década de 1970 de duas autoras pertencentes à Universidade Federal de Minas Gerais, o destaque sobre o significado dessa democracia racial, com base na miscigenação, é fornecida pelo predomínio da raça branca e sua civilização em relação às demais "raças" não apenas no Brasil mas em todo o continente americano. As autoras têm como premissa que todo o caldeamento étnico ocorreu sob o controle da civilização europeia branca e cristã e, para respaldar suas argumentações, utilizam do referencial de Alceu de Amoroso Lima, citando-o em trecho adaptado de uma de suas obras:

> Mais do que qualquer outro continente, é a América uma projeção e uma criação da Europa [...] Traços comuns a todos os americanos [...] Em primeiro lugar, suas origens europeias comuns. A Europa é a origem. A ela, a cultura americana está e não poderá deixar de estar indissoluvelmente ligada.
> Texto condensado e adaptado de Alceu de Amoroso Lima. *Europa e América: duas culturas*. Rio de Janeiro: Agir, 1962. (RESENDE; MORAES, 1971, p. 161)

Indígenas na história da América

O estudo de populações indígenas tem feito parte também da História da América a partir do início do século XX. Rocha Pombo escreveu o primeiro livro exclusivamente dedicado à história americana, de acordo com um programa elaborado por Manoel

Bomfim enquanto diretor geral da Instrução Pública do Rio de Janeiro, publicado pela primeira vez em 1900. O livro *Compêndio de história da América* de Rocha Pombo, destinado à Escola Normal, representava uma inovação curricular, com um conteúdo histórico que pretendia relativizar a importância da civilização europeia na história do continente americano. Inovação curricular que redefinia o lugar da história dos povos americanos não como apêndice da história universal ou da civilização, mas colocando-a como centro dos estudos. Desta forma, os capítulos não se iniciavam com "as descobertas dos europeus" mas pela história das civilizações dos povos "aborígenes" americanos. Rocha Pombo, assumindo as teorias de Bomfim, põe as condições da colonização europeia frente às populações nativas, em uma segunda parte da obra, também de forma pouco laudatória em relação aos brancos civilizados:

> (...) Eis aí a massa de gente que tinha que eliminar as populações indígenas do Novo Mundo. Por toda a parte andava essa gente proclamando o seu direito de raça mais culta e mais nobre e sem ver desde logo nos habitantes das terras conquistadas mais do que raças inferiores e vis, contra as quais tinha o europeu os mesmos privilégios que tem o homem sobre toda a animalidade. E, portanto, em todas as colônias, foi-se cuidando de tirar o maior proveito possível da pobre besta. (POMBO, 1900, p. 86)

Os estudos sobre história indígena, tanto do Brasil como do restante da América, no entanto, não se consolidaram nesta perspectiva e apenas restaram capítulos, tanto em livros escolares de história da América como de história do Brasil, algumas reflexões sobre as origens dos povos nativos do continente. Inicialmente, nos livros de história do Brasil, o problema das origens dos "primitivos" habitantes dava destaque aos debates divergentes entre as concepções do homem no "terreno religioso" e no " terreno scientífico". José de Sá e Benevides, em sua *História do Brasil. Lições*, ao apresentar as noções gerais sobre a origem dos "habitantes do Brasil ao tempo do seu descobrimento" retomou o debate muito rapidamente sobre a doutrina monogenista para concluir que esta não satisfaz de modo completo o problema do povoamento da América, e recorreu a outros estudiosos que apontavam para outras possibilidades:

> Diz o Dr. Mello Moraes (*Corographia do Brasil*, vol II, p. 235): Ha boas razoes para suppôrmos que os antecedentes de todas as nações americanas desde o cabo de Horn até as extremidades meridionaes do Lavrador, vieram antes da Ásia, que da Europa. [...] está saltando aos olhos uma semelhança tão viva, tanto na sua constituição phisica, como nas suas qualidades moraes que, não obstante as differenças produzidas pela influencia do clima ou pela desigualdade de seus progressos na civilização, somos obrigados a olhal-os como ramos do mesmo tronco. (BENEVIDES, [1901?], p. 24)

Os estudos sobre as origens dos povos "primitivos" do continente tem se mantido até os dias atuais, integrando obras destinadas exclusivamente à história do Brasil ou à geral, ou ainda aquelas que se caracterizam por uma "história integrada".[74] Existe um acompanhamento dos estudos arqueológicos e de antropólogos mais recentes que procuram datar a chegada dos primeiros habitantes das terras americanas e indicam as tendências

[74] Esta tendência de uma produção de obras sem as divisões tradicionais - história do Brasil e história geral— ampliou-se após 1996 e justifica-se pelas mudanças curriculares que não mais separam a história do Brasil (em geral oferecida nas séries iniciais do 2º ciclo do fundamental) e a história geral (para as séries finais) mas sugerem a História integrada na qual a história brasileira e a americana se inserem na temporalidade da história geral.

convergentes e divergentes a respeito das origens asiática ou australiana e de ilhas do Pacífico. Destaca-se, no entanto, que a partir das obras iniciais dedicadas exclusivamente à história da América, em particular as dos anos de 1950, momento em que esta se tornou disciplina específica em uma das séries do curso ginasial, os indígenas são introduzidos a partir do estudo de suas origens, mas com uma seleção definida por critérios de níveis de civilização. Foram selecionadas as sociedades indígenas organizadas sob forma de Estado e consolidou-se o estudo dos *maias*, *astecas* e *incas* como os grupos pré-colombianos *civilizados* comparando-os às populações nativas brasileiras em seu grau de inferioridade, tendo como patamar o "grau civilizatório" de diferentes populações à época da chegada dos europeus no continente americano.

No decorrer dos anos de 1970 a 1980, a produção didática, ou parte significativa dela, incorporou a produção historiográfica com base no referencial teórico do materialismo histórico e do estruturalismo, por intermédio do qual as diferenças sociais passaram por outras interpretações baseadas nas divisões de classes, categorias explicativas estas que dificilmente poderiam incorporar as populações indígenas. As populações indígenas, nessa vertente, passaram a ser apresentadas como uma das primeiras grandes vítimas de uma estrutura econômica constitutiva do capitalismo. Os indígenas, juntamente com os africanos trazidos para o trabalho escravo, tornaram-se os grupos dominados ao longo da história da conquista europeia aos dias atuais. Difundiu-se, então, uma memória sobre os indígenas americanos em geral como grupos dominados e submetidos a uma história da dominação capitalista promovida pelos brancos no continente americano.

Na *Síntese de História: história do Brasil* da autoria de Ademar Martins Marques e Ricardo de Moura Faria, autores que iniciaram sua produção no início de 1980 em uma perspectiva do marxismo estruturalista, os indígenas são introduzidos sob o título *O Brasil antes da História*. O título indica a permanência dos pressupostos da historiografia do século XIX de que os povos nativos não possuem história, apesar das mudanças da linguagem de acordo com as concepções estruturalistas também incorporadas pelos antropólogos: são *grupos primitivos* e não mais *selvagens* e nessa condição integram o *regime de comunidades primitivas,* condição em que, segundo os autores do livro, ainda permanecem na atualidade. Na dimensão de *grupos primitivos,* os indígenas brasileiros possuíam *costumes diferentes* em contraposição aos astecas, maias, incas e chibchas que "*eram sedentários, agricultores e alcançaram um elevado nível artístico.*" (MARQUES; FARIA, 1980, p. 29).

Para a história do contato na fase da colonização portuguesa, os autores da *Síntese de História* recorreram a Caio Prado Júnior para explicar a escravização a que foram submetidos e mantiveram o pressuposto de que os indígenas no Brasil são grupos em processo de extinção. Com base nesse suposição, os autores finalizam o tópico com um trecho adaptado de Edilson Martins *Nossos índios, nossos mortos*:

> Agora o que estão fazendo com a natureza, nossas florestas, nossos índios, infelizmente não se recompõem [...] Quanto aos índios, são culturas com 12, 13 mil anos que se formaram lentamente, ao correr dos séculos. [...] A natureza e os índios estão morrendo. Viva o desenvolvimento da empresa colonialista. Viva o 'progresso' das multinacionais. (MARTINS, 1978 Apud MARQUES; FARIA, 1980, p. 44)

A historiografia marxista de caráter estruturalista posicionou-se contra a visão negativa em relação aos indígenas, tanto entre nós quanto no restante da América Latina, e muitos trabalhos passaram a apresentar os massacres aos quais os nativos foram submetidos a partir da conquista europeia. Os indígenas, por essa produção historiográfica, como assinalou Monteiro (2001), passaram a serem vistos de forma favorável, mas apenas como vítimas do sistema capitalista dentro das perspectivas da história dos vencidos.

Estes autores, é importante assinalar, tiveram uma significativa acolhida entre os professores e, na continuidade de sua produção, podemos verificar mudanças dos referenciais teóricos iniciais, assumindo as críticas de historiadores em relação aos pressupostos estruturalistas. Em 1998, os autores declaram no Manual do Professor:[75]

> A tendência que observamos atualmente, e de que esta Coleção pretende dar conta, é a do estudo da História da Sociedade.

É claro que não se trata de uma mera inversão de conteúdos tradicionais, visto que a concepção histórica que os informava encontra-se hoje ultrapassada por novas correntes, particularmente aquelas derivadas da Nova História e que constituem o cerne das novas propostas. (MARQUES; BERUTTI; FARIA, 1998, p. 3)

Nas obras desses autores, a partir de 1998, houve uma visível mudança de abordagem em relação aos povos indígenas.

Os povos indígenas são apresentados em torno de três problemas. No primeiro deles, sob o título *Terra Brasilis*, os autores retomam o debate de obras anteriores sobre o problema das ações predatórias que se iniciam com a chegada dos europeus como *fruto de um olhar utilitarista sobre a natureza* e colocam

---

[75] O sucesso das obras desses autores foi assinalada em artigo de Villalta (1996) e, a partir das obras de 1980 aos dias atuais, foram sendo integrados outros autores assim como renovando títulos.

falas de indígenas em críticas sobre a ignorância dos civilizados sobre as consequências da destruição da natureza para o futuro da vida no planeta. O tópico O *índio brasileiro à época do 'descobrimento'* introduz uma diferença quanto às obras anteriores dos mesmos autores, ao problematizarem as diferenças culturais dos grupos indígenas, afirmando que "*possuíam uma cultura rica e variada e estavam divididos em centenas de nações*" (MARQUES; BERUTTI; FARIA, 1998, p. 132). E, além de uma valorização diferenciada sobre as culturas dos indígenas, os autores assumiram que tais grupos possuem história, incluindo uma análise a ser realizada pelos alunos de um excerto intitulado *Os índios repensam a história,* em que é apresentada uma versão escrita dos índios Pataxós sobre sua história. A história recente dos indígenas é apresentada no tópico seguinte, *As comunidades indígenas no Brasil de hoje,* em que apresentam legislação recente sobre os direitos indígenas e as formas de resistência atuais.

Algumas reflexões finais

Sem que se tenha a intenção de aprofundar a análise de obras recentes de História sobre as populações indígenas, as indicações de mudanças assinaladas são significativas para demonstrar que a produção didática está constantemente ligada à historiográfica, com interpretações particulares, mas que tendem a acompanhar as tendências que se aproximam dos estudos antropológicos. Manuela Carneiro da Cunha, coordenadora de obra pioneira sobre a história indígena, e John Monteiro têm sido citados nas bibliografias dos livros didáticos de História mais recentes, assim como se pode constatar uma iconografia renovada. As mudanças em andamento indicam possibilidades de criação de repertório diferenciado que, entre outras inovações, tem condições de conduzir a um entendimento de que os povos indígenas possuem história.

Ao percorrermos os diferentes momentos da produção didática referente aos povos indígenas, pode-se perceber que os autores de livros didáticos de História buscam legitimar seus escritos com respaldo da produção acadêmica, além de obedecerem às indicações das políticas públicas que, afinal, garantem a circulação das obras. O desconhecimento sobre as culturas indígenas e a difusão de uma memória construída em torno da ideia do desaparecimento dessas populações "sem história" não se limitou à produção didática. Esta produção acompanha as visões dos historiadores em seus diferentes momentos, incluindo as versões do estruturalismo marxista, a história dos vencidos e demais tendências que se misturavam em obras escolares. A negação pela maioria dos historiadores em reconhecer os indígenas como povos históricos tem sido uma marca da produção historiográfica no Brasil, fortemente calcada no eurocentrismo, e esta tendência se apresenta nos livros dos diferentes níveis escolares.

Os povos indígenas, depois da expulsão dos jesuítas e da saga bandeirante, são relegados ao total esquecimento. O século XIX, analisado sob perspectivas políticas ou sociais, incluindo nesse período a série de estudos em torno da abolição da escravidão, nada informa sobre os indígenas. Na fase republicana mais recente, o silêncio persiste e são alguns livros escolares que passaram, mais recentemente, a anunciar a atuação de novos "protetores dos indígenas": Rondon e os Irmãos Villas Boas.

As dificuldades dos professores que pretendem cumprir a Lei 11.645/08 resultam, como eles mesmos têm afirmado, da ausência de uma formação que possa garantir um ensino calcado nas reflexões acadêmicas porque, afinal, tanto professores quanto historiadores e autores de livros escolares são responsáveis pela aplicação da Lei. Nesta dimensão se insere uma outra problemática mais complexa. Ao longo desses 500 anos se constituiu uma história na qual o racismo e os preconceitos sociais se evidenciaram em trágicas experiências na história da nossa sociedade. A introdução da história dos povos indígenas nas salas de aula, nas perspectivas da Lei 11.645/08, tem uma perspectiva de renovação que abrange mudanças epistemológicas, mas também de debates sobre o tema dos preconceitos étnico-raciais.

Ensino de história indígena no Brasil: algumas reflexões a partir de Mato Grosso do Sul[76]

Giovani José da Silva

Introdução

Índio é "coisa do passado"? Claro que a resposta a essa pergunta é um sonoro "NÃO!", especialmente se levarmos em conta que índios não são "coisas" e muito menos somente "do passado". Desde que os europeus aportaram, no final do século XV, em terras que viriam a se chamar posteriormente Brasil, um enorme contingente de pessoas, equivocadamente chamadas até hoje de "índios" e pertencentes a diferentes grupos étnicos, lutou para sobreviver física e culturalmente através dos tempos. Hoje, em

[76] Parte das ideias contidas no capítulo foi desenvolvida em outros textos, a partir de reflexões elaboradas no I Seminário Nacional "Ensino de História e Diversidade: caminhos abertos pela Lei 11.645/2008" (Rio de Janeiro, UFRJ, agosto de 2010) e no IX Encontro Nacional de Pesquisadores do Ensino de História (Florianópolis, UFSC, abril de 2011). Sinceros agradecimentos a todos os colegas que colaboraram com críticas e sugestões, ressaltando-se que a responsabilidade pelo texto é exclusiva do autor (Cf., também, JOSÉ DA SILVA; LACERDA; NINCAO, 2011).

pleno início de século XXI, ainda existem quase 240 sociedades distintas, falantes de pelo menos umas 180 línguas diferentes da língua portuguesa, de norte a sul e de leste a oeste do país. Algumas destas sociedades são numericamente diminutas, como os Ofayé, que vivem em Mato Grosso do Sul, enquanto outras constituem milhares de indivíduos, tais como os Tikuna, que vivem no Estado do Amazonas e também no Peru e na Colômbia.

Daí porque é impensável dizer que os índios não fazem mais parte do presente, que não existem "índios puros", como se aqueles dos tempos de Cabral fossem mais "legítimos" do que os contemporâneos. Em geral, nas escolas brasileiras de Educação Básica, os índios recebem (pouca) atenção somente no mês de abril, quando é comemorado o Dia do Índio, no dia 19. Nos livros didáticos, os verbos que se referem a eles invariavelmente se encontram no pretérito ("caçavam", "pescavam", "dormiam em redes", etc.) e normalmente lhes é reservado um espaço no "cenário do descobrimento" para depois desaparecerem e não retornarem (nunca) mais à história. Isso quando não é apresentada às crianças, adolescentes e jovens a imagem de um índio "genérico": adorador de Tupã, antropófago, selvagem, etc.

Numa tentativa de se reverter tal situação de desconhecimento, foi promulgada em 2008 a Lei nº. 11.645, que instituiu a obrigatoriedade do ensino de história e culturas indígenas na Educação Básica, transversalizando conteúdos de todas as disciplinas escolares, especialmente os de História, Geografia, Artes e Literatura. A Lei substituiu a de nº. 10.639, de 2003, que se referia somente à história e culturas afro-brasileiras e africanas, acrescentando ao ensino destas também a temática indígena. Contudo, apesar da existência da lei, professores e alunos têm se perguntado o que pode ser feito para se conhecer melhor as questões indígenas, alegando tanto falta de materiais sobre a temática como deficiências na formação de muitos profissionais.

Infelizmente, a realidade atual ainda não está muito distante daquela descrita pelo antropólogo Carlos Alberto Ricardo (1995, p. 29), há pouco mais de uma década, em texto incluído na coletânea *A temática indígena na escola*:

> O Brasil, que vai completar 500 anos no ano 2000, desconhece e ignora a imensa sociodiversidade nativa contemporânea dos povos indígenas. Não se sabe ao certo sequer quantos povos nem quantas línguas nativas existem. O (re)conhecimento, ainda que parcial dessa diversidade, não ultrapassa os restritos círculos acadêmicos especializados. Hoje, um estudante ou um professor que quiser saber algo mais sobre os índios brasileiros contemporâneos, aqueles que sobraram depois dos tapuias, tupiniquins e tupinambás, terá muitas dificuldades.

As dificuldades de professores e demais profissionais da Educação Básica consistem, particularmente, em responder à questão de como caracterizar com clareza e correção as sociedades indígenas em seus aspectos comuns (comuns a todas, por serem os que as distinguem de outras sociedades), ressaltando, entretanto, a singularidade de cada uma delas, sem reforçar estereótipos e preconceitos. Nesse caso, afirmam especialistas, é fundamental indicar a diversidade bastante significativa que há entre as sociedades indígenas localizadas no Brasil (e em outros lugares do mundo), em termos de adaptação ecológica a diferentes ambientes e, também, em termos sociais, políticos, econômicos, culturais e linguísticos.

Nas palavras da antropóloga Aracy Lopes da Silva (1987, p. 132), uma das pioneiras na divulgação das questões indígenas no Brasil contemporâneo:

> A intenção principal é informar corretamente; abrir caminhos para a compreensão da sabedoria, das peculiaridades e da riqueza pre-

sentes nas sociedades indígenas; sensibilizar para a situação dramática que esses povos têm enfrentado ao longo da história; indicar a possibilidade de formas de relacionamento simétrico entre índios e "brancos"; informar sobre os direitos, as reivindicações e os movimentos sociais indígenas no Brasil hoje, indicando como fazem parte de um movimento mais amplo, próximo da sociedade brasileira desse nosso tempo.

Assim, o objetivo principal do presente texto é refletir sobre o ensino de História e a diversidade étnica e cultural existente no Brasil, por meio dos desafios e as possibilidades da história indígena na Educação Básica. Tal reflexão é feita a partir da experiência do autor como docente em escolas indígenas localizadas no Pantanal de Mato Grosso do Sul, entre o final dos anos 1990 e o início do século XXI.

Uma experiência docente em fronteiras

Imagine-se, como professor, diante de alunos que, apesar de vestirem roupas, falarem português e possuírem alguns hábitos alimentares semelhantes aos seus (além de utilizarem computadores e telefones celulares, por exemplo, com desenvoltura!), falam também outra(s) língua(s), possuem comportamentos distintos e pensam (e vivem!) a história de outras maneiras, diferentes da que está acostumado. Tal situação poderia gerar certo desconforto para alguns e foi exatamente assim que o autor se sentiu, inicialmente, diante do desafio de ensinar História a um grupo de jovens e adultos indígenas Kadiwéu, Kinikinau e Terena, moradores do Pantanal de Mato Grosso do Sul, há alguns anos atrás, particularmente entre 2001 e 2004. E é assim também que se sente até hoje, quando é convidado a ministrar aulas em cursos de formação de professores indígenas, ansiosos por desvendarem um pouco mais do mundo e da história do Outro, às vezes tão parecido com eles próprios, mas, ao mesmo tempo, radicalmente diferente! A convivência com indígenas das etnias Atikum, Bororo, Guató, Kadiwéu, Kamba, Kinikinau, Ofayé e Terena, nos Estados de Mato Grosso e de Mato Grosso do Sul, fez perceber que é possível narrar histórias (e ouvi-las também!) de diversos jeitos.

A experiência docente aqui parcialmente relatada ocorreu na Escola Municipal Indígena "Ejiwajegi" – Polo, localizada na aldeia Bodoquena, Reserva Indígena Kadiwéu, município sul-matogrossense de Porto Murtinho, sul do Pantanal, e espera-se evidenciar alguns dos desafios e vicissitudes enfrentados na prática cotidiana de ensinar História a um grupo de indígenas. Tal experiência docente foi marcada por uma perspectiva fundamental, apreendida em um dos textos de Circe M. F. Bittencourt (1994): a de ser possível uma aproximação entre membros de distintas culturas, em um movimento de enriquecimento mútuo, frutífero tanto para o *ecalailegi* (lê-se "ecalaileguí", que significa "não índio", em língua Kadiwéu) como para os *ejiwajegi* (lê-se "edjiúadjêguí", que significa aproximadamente "os verdadeiros índios", na mesma língua) que se encontravam em sala de aula. Na época, não havia energia elétrica e água potável na aldeia dos Kadiwéu, mas não faltavam o desejo e a curiosidade de se conhecer e compreender o Outro.

Como ressalta Bittencourt (1994, p. 115):

> [...] o conhecimento do "outro" é a possibilidade de aumentar o conhecimento sobre si mesmo, à medida que conhece outras formas de viver, as diferentes histórias vividas pelas diversas sociedades. Conhecer o outro significa comparar situações, e nesse processo comparativo o conhecimento sobre si mesmo e sobre seu grupo aumenta consideravelmente.

Contudo, as coisas nem sempre tinham ocorrido assim na história da educação escolar daqueles indígenas. O processo de ensino e aprendizagem do componente curricular escolar História entre os Kadiwéu (e com outros tantos grupos indígenas localizados no Brasil) foi marcado pelo insistente uso de técnicas de memorização de datas, nomes e fatos completamente alheios à realidade em que os indígenas viviam. Além disso, há que se considerar a violência física e psicológica sofrida por eles em âmbito escolar por anos a fio, pelo menos até meados da década de 1990 (JOSÉ DA SILVA; LACERDA, 2004). Toda essa situação, somada à proibição de não se poder falar o idioma Kadiwéu dentro da escola, durante anos, causou um profundo desinteresse por parte da comunidade indígena pela escolarização formal. Havia altos índices de repetência e evasão, demonstrando que o modelo adotado era ineficaz e traumatizante. As primeiras tentativas de se mudar essa situação em sala de aula foram frustradas pelas expectativas de pais e alunos de que os castigos continuariam como forma de se "educar", mesmo jovens e adultos! Entretanto, os Kadiwéu foram percebendo, de forma gradual, que a escola poderia ser diferente do "cemitério" que a consideravam até então.[77]

A principal tarefa de um professor de História e de Antropologia em um curso de formação de professores indígenas, mais do que ensinar datas, nomes, fatos ou conceitos, foi ajudar os alunos a perceberem que eles faziam parte de uma história e que havia diferentes formas de se contar essa história. Além disso, aprenderam também a pensar historicamente, percebendo

[77] O uso dessa expressão era comum entre os Kadiwéu ao se referirem à escola dos "tempos de antigamente". Nota-se que na tradição Kadiwéu, o cemitério (apiigo, lê-se aproximadamente "apiirro") é um lugar indesejado, posto que seja o local das almas errantes, o que torna bastante interessante (e intrigante) a representação.

como indígenas e não indígenas reconstroem o passado. Os Kadiwéu, por exemplo, acreditam que há "histórias de admirar" e "histórias que aconteceram mesmo" (cf. PECHINCHA, 1994). A diferença entre as duas reside no fato de que na primeira categoria estão aquelas histórias que não precisam de comprovação, pois as mesmas são contadas para provocar o espanto, a admiração de quem as escuta. Na outra categoria estariam histórias contadas pelos mais velhos e apenas a confiança na palavra destes seria suficiente para que se acredite nelas. Uma terceira categoria poderia, ainda, ser acrescentada a essas duas: a História que hoje se aprende nos bancos escolares como disciplina e "inventada" pelos não índios. Além disso, haveria a possibilidade de existir uma quarta categoria, em que os índios criariam histórias apenas para contarem a pesquisadores "brancos", ávidos por informações e que volta e meia perambulam por suas terras![78]

As discussões sobre o ensino de História entre populações indígenas, invariavelmente, remetem ao problema da dicotomia entre o oral e o escrito. Enquanto a sociedade não indígena supervaloriza a forma escrita de conhecimento, é necessário atentar para o importante papel desempenhado pela oralidade entre as sociedades indígenas. Vale ressaltar que muitas delas, pelo Brasil afora, têm demonstrado uma enorme capacidade de ressignificação de práticas culturais do Outro, sem deixarem, afinal, de serem o que são. A cristalização de determinadas versões registradas no papel é outro ponto importante a ser levantado e problematizado no ensino de História. Muito se questiona o que

---

[78] Tal categoria foi sugerida informalmente pelo Prof. Dr. John Manuel Monteiro, da Universidade Estadual de Campinas (Unicamp), durante o XXIII Simpósio Nacional de História, ocorrido em julho de 2005, na Universidade Estadual de Londrina (UEL).

a escola, o aprendizado da escrita e da leitura, etc. farão com os índios. Há anos, pesquisadores de diversas áreas do conhecimento chamam a atenção para o fato de que seria importante (e necessário) relativizar esse questionamento e se pensar o que os índios poderão fazer com todos esses novos elementos que hoje fazem parte de suas culturas, inclusive os cursos de formação de professores.

Para Olson, Hildyard e Torrance (1995, p. 7), por exemplo:

> Os efeitos da escrita sobre as mudanças intelectuais e sociais não são de fácil compreensão [...] É enganoso pensar a escrita em termos de suas consequências. O que realmente importa é aquilo que as pessoas fazem com ela e não o que ela faz com as pessoas. A escrita não produz uma nova maneira de pensar, mas a posse de um registro escrito pode permitir que se faça algo antes impossível: reavaliar, estudar, reinterpretar e assim por diante. De maneira similar, a escrita não provoca a mudança social, a modernização ou a industrialização. Mas ser capaz de ler e escrever pode ser crucial para o desempenho de certos papéis na sociedade industrial, também podendo ser completamente irrelevante para o desempenho de outros papéis em uma sociedade tradicional.

Assim, as aulas de História não precisam "concorrer" com os conhecimentos tradicionais, transmitidos oralmente de geração em geração, pois tais conhecimentos constituem um patrimônio das sociedades indígenas, cuidados pelos "guardiões da memória" que são os mais velhos e tidos como os mais sábios. A memória dos indígenas pode e deve alimentar a constituição de um acervo sobre o passado das comunidades, mas não pode (nem deve) substituir a tarefa de se cotejar fontes, investigar o que poderia ter ocorrido em tal época, elaborar comparações, etc. A ideia, portanto, foi ensinar História e aprender histórias e, a partir da memória de cada um, eles foram percebendo que havia uma memória coletiva, elaborada socialmente e repassada em espaços diferentes do espaço escolar. É questionável, portanto, a reunião de mitos em linguagem escrita de determinado grupo indígena como se o simples fato de se editar e publicar tal material constituísse a história do grupo. Ao se passar para o papel tais informações, é preciso primeiramente que se reflita sobre a importância da transmissão oral entre os índios e do papel exercido pelos mais velhos nessa transmissão.

Além disso, nas narrativas surgem elementos que, do ponto de vista de quem não é indígena, poderiam ser considerados "ilusão" (animais que falam, poderosos feiticeiros, montanhas sagradas, etc.). Tratam-se, na verdade, de outras formas de explicar como homens e mulheres surgiram, por exemplo, o que poderia ser chamado pelos não indígenas de mitos. Nas escolas não indígenas muitas vezes os mitos recolhidos entre populações indígenas são tratados apenas como "lendas", ou seja, como histórias fantasiosas ou mentirosas. Os mitos são, na verdade, narrativas que estruturam lógicas diversas de se viver e representar o vivido. Indígenas e não indígenas reconstroem o passado sob diferentes perspectivas e por essa razão não há razão para que as histórias de uns sejam consideradas mais confiáveis que as de outros.

Quanto à forma como os não indígenas elaboram o tempo pretérito e o narram, foi ensinado que a História é uma disciplina cujo conhecimento se baseia em fontes e documentos de diversas procedências e tipologias. Durante as aulas, os Kadiwéu e Kinikinau, além de alguns poucos Terena, tiveram a oportunidade de conhecer os documentos escritos e iconográficos em que não índios do passado deixaram registros sobre a existência de seus ancestrais e de tantos outros grupos. Acreditando-se que há uma excessiva valorização da escrita por parte dos não índios, foi necessário ressaltar a importância desses registros para as próprias lutas que os índios hoje travam para terem seus direitos respeitados.

É possível, assim, se pensar uma história que não seja linear, dividida em etapas, com começo, meio e fim. Um dos maiores ensinamentos que os alunos indígenas transmitiram ao docente foi justamente pensar que existem outras possibilidades de se contar uma história, outras versões e que estas versões não são mais "verdadeiras" ou "falsas" do que a história contada a partir de documentos escritos. O desafio está em ouvir essas versões, situando-as dentro do contexto cultural em que elas foram produzidas, conhecê-las e perceber que a História, disciplina acadêmica criada no século XIX por não indígenas europeus, é somente uma possibilidade de se reconstruir o passado, que nos chega sempre, e irremediavelmente, fragmentado.

A educadora Ana Vera Lopes da Silva Macedo (2001, p. 150), reportando-se ao desafio de ensinar História a um grupo de professores indígenas de diversas etnias, no Maranhão, observou que:

> Durante as aulas de história para alunos índios, pareceu-me importante enfatizar sempre que o objetivo não era substituir o conhecimento anterior que os alunos possuíam, mas ampliá-lo, agregando o conhecimento anterior que os alunos não índios possuem. A comparação entre os diferentes enfoques é um dos meios que podem e devem ser utilizados para tornar claras e explícitas as diferenças culturais.

Tal perspectiva, adotada também nas aulas do Curso de Formação de Professores, permitiu ao docente e aos alunos vivenciar a escola como uma verdadeira fronteira entre dois ou mais modos de aprender e ensinar, entre mundos distintos que podem dialogar entre si. Tal diálogo não ocorreu, entretanto, sem alguns atritos, dúvidas, questionamentos e sobressaltos. A leitura de obras sobre as questões indígenas no Brasil facilitou, por vezes, a superação de tais obstáculos no diálogo intercultural. Já existe uma produção bibliográfica considerável (ALMEIDA, 2010; FERNANDES, 1993; GRUPIONI, 1994; MELATTI, 1993) que, aliada a outros materiais disponíveis no mercado, embora de circulação ainda restrita, auxilia na compreensão da história e culturas indígenas como preconiza a Lei nº. 11.645/ 2008.

Desafios da história indígena no país

Em março de 2008, foi sancionada pela presidência da República a lei que torna obrigatória a inclusão de aulas de história e cultura das populações indígenas para alunos dos Ensinos Fundamental e Médio, de escolas públicas e particulares do país. A medida será implementada de forma gradual nas escolas, sem que haja a necessidade de mudanças na matriz curricular, uma vez que não se criou uma nova disciplina. A história e cultura das populações indígenas, assim como afro-brasileiras e africanas, será, pois, um tema transversal aos já abordados em disciplinas tais como História, Geografia, Artes e Literatura. Espera-se que com essa medida - além de outras - seja revertido, paulatinamente, um quadro sombrio de desconhecimento a respeito da presença de sociedades que há muito tempo vivem no atual território brasileiro e que sobreviveram física e culturalmente através dos tempos, lutando, inclusive, contra o extermínio.

Em 1970, Darcy Ribeiro (1970) publicou, em *Os índios e a civilização*, um levantamento sobre a situação do conjunto da população indígena no país na primeira metade do século XX. Em que pese os erros já verificados por inúmeros pesquisadores na lista de grupos considerados “extintos” por Ribeiro (tais como os Guató, Kinikinau e Ofayé, por exemplo), o estudo consistiu em um instigante "roteiro exploratório", como preferiu designar o próprio autor. Em seu texto, o antropólogo chamou a atenção para a situação das populações indígenas no Brasil em dois momentos históricos: em 1900 e em 1957. Os resultados, bastante desanimadores na época, apontavam para o acelerado e contínuo desaparecimento das sociedades indígenas, prognóstico fatal que, passados mais de cinquenta anos, felizmente não se confirmou. Ao contrário do que previu Ribeiro, as sociedades indígenas não desapareceram, pois muitas delas consideradas "extintas" reapareceram no cenário étnico do país, nos últimos anos!

Há, pois, uma riquíssima diversidade sociocultural ainda existente no país e conhecê-la significa, dentre outras coisas, aprender mais sobre múltiplas formas de organização social, política, cosmológica, etc. Respeitá-la é importante, não porque deva interessar aos não índios "preservar" as culturas indígenas (algo impensável quando se percebe as culturas perpetuamente ressignificadas e reelaboradas pelos grupos humanos), mas porque interessa, sobretudo, às próprias sociedades indígenas, esse respeito. Entretanto, necessário se faz dizer que a representação étnica dos indígenas na consciência nacional continuará a ser estereotipada e marcada por inúmeros preconceitos. Isso se dará, pelo menos enquanto a sua figura, mais próxima do real, não penetrar nas políticas públicas sociais, nas escolas e na imprensa, saindo, pois, dos limites dos museus e dos cursos especializados.

É o que já afirmava, há alguns anos atrás, o antropólogo Roberto Cardoso de Oliveira (1978, p. 65), ao apresentar reflexões ligadas a essa temática no texto *O índio na consciência nacional*:

> É frequente ouvirem-se os mais desencontrados comentários a respeito do indígena brasileiro, tomado como uma entidade concreta, e genericamente denominada *índio*. A essa noção são emprestadas

> inúmeras significações, parte delas "favoráveis" ou "simpáticas" parte depreciativas. Categoria histórica, pois componente da consciência colonial, o índio persiste, remanescente, na consciência nacional. Pouco mudou a sua figura nesses quatrocentos anos de Brasil. [itálico no original]

Essa persistência se faz, contudo, por meio da atitude de se qualificar muitas das populações indígenas do presente como "aculturadas", ou seja, como se houvesse populações "mais indígenas" e outras "menos indígenas", em uma espécie de escala evolutiva. E os critérios para essas esdrúxulas definições passam, dentre outros, pelo desaparecimento da língua indígena como língua materna; pelo uso de roupas, calçados e outros elementos exteriores à cultura material tradicional dessas populações; ou, ainda, pelo uso de recursos tecnológicos modernos, tais como telefones celulares e computadores. Isso sem contar os traços biológicos, que para muitas pessoas são utilizados como critério definidor de quem é indígena ou não no Brasil, até os dias de hoje! Deseja-se, assim, que grupos que vivem em pleno século XXI, ou seja, na contemporaneidade, sejam fisicamente semelhantes e comportem-se exatamente como seus antepassados dos séculos XVI, XVII, XVIII!

Ao se imaginar que essas populações devam exibir comportamentos ou elementos de cultura material de tempos remotos, desconsidera-se praticamente toda a trajetória histórica dos indígenas, marcada por resistências, fugas, capitulações, negociações, tentativas de extermínio... Isso tudo sem contar aqueles grupos que se mantiveram isolados ou ocultados sob uma identidade não indígena, a fim de evitarem perseguições e poderem, assim, se reproduzir física e culturalmente, ainda que com grandes dificuldades. Contrariando, pois, as expectativas de muitos, nos últimos anos, verifica-se o "surgimento" ou "ressurgimento" de grupos indígenas, sobretudo na região Nordeste do Brasil (OLIVEIRA, 2004). Na verdade, trata-se de grupos que, ao se organizarem social e politicamente, reclamam para si uma identidade étnica diferenciada; tal é o caso dos Tapeba, no Ceará (BARRETO Fº., 2004), e, mais recentemente, dos Tupinambá de Olivença, na Bahia (VIEGAS, 2007), dentre inúmeros outros.

Para aqueles que acham estranho esse "(res)surgimento" de etnias em tempos atuais, as palavras do antropólogo Cristhian Teófilo da Silva (2005, p. 122) são esclarecedoras, a respeito do papel de antropólogos e da própria Antropologia nos chamados processos de "identificação étnica":

> [...] à Antropologia e aos antropólogos não cabe fazer a "identificação étnica", mas produzir o conhecimento sobre a "identificação étnica" na qualidade de um processo social e político que engendra mecanismos de diferenciação e manutenção de fronteiras ou limites entre pessoas e grupos sociais particulares. Tais mecanismos podem ser apreendidos, por sua vez, na forma de "arenas de discursos" responsáveis pela articulação não só das representações sociais e das formas de representar os "índios" por diversos sujeitos localmente situados, mas também das representações que agentes e agências indigenistas trouxeram e trazem para a cena local, uma vez que foram e são acionados como instâncias de colonização ou de intermediação do conflito interétnico.

Com isso, verifica-se que o número de grupos indígenas no Brasil poderá, inclusive, aumentar nos próximos anos, o que caracteriza uma situação inusitada e bastante complexa! Apenas para se ter uma ideia, a publicação *Povos indígenas no Brasil*, veiculada pela organização não governamental Instituto Socioambiental, em parceria com organismos nacionais e internacionais, em suas quatro últimas edições – 1996, 2000, 2006 e 2011 –, registrou os seguintes números: 206 sociedades indígenas em 1996, 216 em 2000, 225 em 2006 e 235 em 2011 (SILVA; GRUPIONI, 1996, 2000, 2006, 2011). Isso não significa, absolutamente, que antropólogos ou outros pesquisadores estejam "inventando" etnias pelo Brasil afora, mas, que, num curto espaço de dez anos, surgiram quase vinte grupos reivindicando para si uma identidade étnica, se autoafirmando indígenas e alimentando o desejo de serem vistos e reconhecidos como tais.

Os desafios da diversidade indígena na educação

A partir do que foi exposto até o momento, muitos professores perguntam sobre como é/ foi ministrar aulas em escolas indígenas. A curiosidade, porém, é maior para saberem como tratar as questões indígenas em salas de aula formadas por alunos não índios. Desde a infância, crianças, adolescentes e jovens brasileiros, infelizmente ainda convivem com as estereotipadas imagens do "índio genérico" (expressão cunhada pelo antropólogo Darcy Ribeiro) e alimentam inúmeras fantasias sobre o que consideram espécies de "fósseis humanos". Apesar de muitos dos livros didáticos, adotados atualmente no Ensino Fundamental e no Ensino Médio, insistirem em retratar as populações indígenas no Brasil como pertencentes, exclusivamente, ao passado, é mais do que saudável referir-se a essas sociedades no contexto do Brasil contemporâneo: é necessário! Tal referência pode ser feita sem que se recorra aos desfiles cívicos do "Dia do Índio" ou, ainda, a uma caracterização farsesca de crianças e adolescentes vestidos em "trajes típicos", ensaiando alguns passos da "dança da chuva"!

Se inúmeros grupos indígenas desapareceram no país ao longo de mais de quinhentos anos – desde a chegada dos portugueses e espanhóis em terras sul-americanas –, é verdade também que muitos de seus descendentes estão vivos e lutando por direitos históricos e por uma maior visibilidade, a fim de que esses direitos sejam garantidos e respeitados. A própria história da educação escolar entre os índios precisa ser percebida como uma história de bons e maus momentos, de como em determinadas épocas havia apenas a intenção de catequizá-los, afastá-los de suas tradições culturais e de como isso já é diferente na atualidade e pode ser muito mais daqui para frente. Deve-se tomar o cuidado de não se incorrer no erro de, ao se tentar redimir dos "pecados" do passado em relação à educação formal oferecida aos indígenas, cair na armadilha da "colonização simbólica".

A esse respeito, Circe Bittencourt e Adriane Silva (2002, p. 75-76) alertam que:

> *Catequizar, civilizar, integrar* e *preservar* são práticas de educadores-eruditos a serviço da Igreja, do Estado nacional, monarquista ou republicano e, finalmente, da ciência, agentes cujas ações educativas foram e parecem ser ainda motivadas pela crença na inevitabilidade da passagem do estado de barbárie para o de civilização e no desaparecimento das populações indígenas. Afinal, continuamos a mistificar a escola, atribuindo-lhe o poder de ensinar a mágica da escrita, evitando por esta concepção educacional as críticas relativas ao projeto de *colonização simbólica* dos não-índios e justificar nossos projetos "alternativos" de escolas para índios, muitos deles atualmente apoiados/ encampados pelas agências governamentais envolvidas com pesquisa e educação. [itálicos no original]

O Brasil hoje possui cerca de 240 sociedades indígenas, sendo que pelo menos 180 delas ainda falam cotidianamente outra língua que não seja a língua portuguesa. Mesmo as que falam somente português o fazem de uma forma única, com características muito peculiares. Isso significa, dentre outras coisas, haver mais de duzentas formas diferentes de viver e representar a vida, de contar e ouvir histórias, de dar significados para o que se vê, ouve, cheira, sente, etc. Nesse contexto, os desafios dos cursos de formação de professores indígenas (sejam em nível médio ou superior) são enormes, haja vista a incrível multiplicidade de formas de se pensar e transmitir os pensamentos, de uma geração a outra.

É certo afirmar que o contato com os não índios trouxe muitos problemas às sociedades indígenas de norte a sul do que hoje é o Brasil. Contudo, é praticamente impossível pensar nos índios da atualidade como aqueles dos tempos do "descobrimento". Os índios que vivem no século XXI são nossos contemporâneos e merecem o respeito que lhes garantem as leis do país. Apesar disso, muitos desqualificam as populações indígenas do presente como "aculturadas", ou seja, como aquelas que teriam deixado de ser indígenas. As teorias da aculturação previam o gradual desaparecimento dos grupos étnicos, que seriam incorporados, em menor ou maior grau, ao grupo majoritário. O etnólogo Egon Schaden (1969), por exemplo, refere-se a processos de mudança decorrentes dos contatos entre grupos culturalmente diversos, nos quais a aculturação seria o conjunto de transformações das sociedades indígenas em contato com populações não indígenas.

De acordo com Joana Fernandes (1993, p. 17-18), entretanto:

> A teoria da aculturação, muito difundida entre nós, vem sendo questionada pela antropologia desde a década de [19]70. [...] Por que a Antropologia abandona esses conceitos? [...] Abandona por um motivo simples: pela constatação de que inúmeras sociedades indígenas após quatro séculos de contato não desapareceram como seria previsível. Essas sociedades sofreram transformações decor-

> rentes de seu processo histórico, mas persistiram e persistem diferenciadas da sociedade nacional.

Sob a ótica das teorias da aculturação desconsidera-se, portanto, o longo período de contato a que foram submetidas diversas sociedades indígenas de todo o país, desde os tempos da colonização ibérica. A intenção é clara: ao se desqualificar os indígenas como "bugres", "aculturados", ou mesmo "não reconhecidos", permite-se que estas sociedades sejam usurpadas em seus direitos históricos. Estas informações ainda são repassadas nos bancos escolares, da Educação Básica ao Ensino Superior, e muitas delas recebem a chancela de pesquisadores que as reproduzem em obras que versam sobre populações indígenas. Desconhecem-se línguas e culturas, bem como as trajetórias espaciais e temporais vividas por essas sociedades.

Conclusão

É chegada a hora, portanto, de se tentar uma aproximação maior com o universo sociocultural indígena, procurando-se enxergar a multiplicidade, a pluralidade, a diversidade étnica e cultural existente nele, representada pela existência de mais de duzentas diferentes formas de se viver e representar esse viver. Não apenas a escola indígena pode ser vista como uma fronteira entre dois ou mais mundos distintos, mas a própria instituição escolar não indígena pode ser assim vista e sentida. A antropóloga Antonella M. I. Tassinari (2001, p. 47), ao referir-se à escola indígena como um espaço fronteiriço, afirmou que:

> [...] é um espaço de encontro entre dois mundos, duas formas de saber ou, ainda, múltiplas formas de conhecer e pensar o mundo: as

> tradições de pensamento ocidentais, que geraram o próprio processo educativo nos moldes escolares, e as tradições indígenas, que atualmente demandam a escola.

Ensinar História nesse espaço fronteiriço é, pois, estar a todo instante se revendo como professor e revendo valores, conceitos e percepções adquiridos ao longo de uma vida e que precisam ser relativizados em função da existência de outras histórias e de outras formas de narrá-las. Histórias não lineares, sem um fim predeterminado, histórias que comportam os "tempos de antigamente", com diferentes marcos temporais, não necessariamente cronológicas: históricas cíclicas, em que a inspiração não seja um ano que termina e outro que começa, mas que pensem a trajetória das pessoas e dos grupos a partir das estações (outono, inverno, primavera, verão) ou das fases da lua (nova, crescente, cheia, minguante) sempre se renovando, sempre recomeçando. Um tempo em que animais falavam e tinham comportamento semelhante aos humanos. Enfim, histórias que contenham xamãs, fatos extraordinários, etc.

Pode parecer estranho para alguns pensar em escolas que ensinem desta forma a disciplina História, sem a "decoreba", sem a memorização de fatos e nomes desconectados da realidade dos alunos. Porém, há tempos os indígenas já perceberam a importância de conhecer melhor o Outro, inclusive para poder se defender desse Outro, quando necessário! A escola, nesse caso, hoje faz parte do rol de apropriações realizadas pelas sociedades indígenas no Brasil.

De acordo com o historiador Leandro Mendes Rocha (2007, p. 7):

> Um dos pontos centrais da questão indígena contemporânea é a participação política dos índios e a apropriação por parte dessas po-

> pulações dos canais de mediação política estabelecidos pelo mundo não-indígena. Desse modo, a visibilidade da questão indígena é resultante do fato de suas ações políticas constituírem uma das faces do jogo democrático contemporâneo na América Latina, atuando como estância [*sic*!] mediadora entre o mundo não-indígena e o mundo indígena.

Essa participação política, inclusive, tem levado muitas pessoas a acreditarem que membros das diversas sociedades indígenas no Brasil não sejam mais índios "de verdade". Enquanto no país se conhece muito pouco das sociedades indígenas, a Funai indica a existência de alguns grupos isolados, ainda sem contato intensivo com não índios, na Amazônia. Isso sem contar com os novos/velhos problemas que os indígenas enfrentam atualmente: epidemias, invasões de terras, alcoolismo, desnutrição, suicídios, êxodo para as cidades, inculcação de valores religiosos não tradicionais, etc. Esses problemas compõem um quadro, às vezes, sombrio e desesperançoso para esses grupos. Por outro lado, há motivos de esperança: o crescimento demográfico real de muitas sociedades indígenas tem sido enorme nas últimas décadas. Como visto, muitas delas, dadas como "extintas" ou "em vias de extinção", "ressurgem" e, ao fazerem isso, se mostram dispostas a lutar pela garantia dos direitos conquistados na Constituição de 1988.

Contudo, salienta-se que a ideia de se tratar tais grupos indígenas como "ressurgidos" ou "emergentes" tem desagradado aos próprios índios. Segundo muitos deles, estas expressões mascaram a dura realidade sofrida por eles próprios e por seus antepassados, ao longo do tempo, tentando sobreviver a toda sorte de dificuldades. As expressões "ressurgidos" e/ou "emergentes" dão a ideia de que determinadas populações teriam "desaparecido" ao longo da conquista e colonização ibéricas (e mesmo em séculos seguintes) e que no final do século XX e início do XXI estariam "ressurgindo" ou "emergindo", em um processo de "geração espontânea"! Por essa razão, muitos grupos indígenas têm adotado a expressão "resistentes", em diversos documentos oficiais que têm sido divulgados nos últimos anos, por meio de encontros promovidos por organizações governamentais, não governamentais, indígenas e não indígenas.[79]

De acordo com algumas lideranças indígenas, portanto, a palavra "resistente" expressaria a ideia de que estas populações não desapareceram, ainda que muitas vezes tenham permanecido ocultadas, e enfrentaram o processo de colonização e a presença de não índios em suas vidas, negociando, fugindo, capitulando, escondendo-se ou, ainda, fazendo-se passar por Outros. Historicamente, há uma ideia de continuidade por trás da expressão "resistente", estrategicamente utilizada pelos grupos na afirmação de suas respectivas identidades étnicas.

Mato Grosso do Sul, palco da experiência docente do autor, é um dos Estados da Federação com maior número de população indígena nos dias atuais, de acordo com o Censo de 2010. É também um dos Estados em que há intensos e contínuos conflitos entre fazendeiros e indígenas, situação que se arrasta, pelo menos, desde o século XIX. Compreender a situação das diversas sociedades indígenas presentes no antigo sul do Mato Grosso não é tarefa das mais simples, haja vista que, ao longo do tempo, estas populações estiveram submetidas a um gradativo e violento processo de confinamento em pequenas porções de terras. À exceção dos Kadiwéu, que possuem o usufruto de mais de meio

[79] Dentre outros importantes encontros, citam-se o "I Encontro Nacional dos Povos Indígenas em Luta pelo Reconhecimento Étnico e Territorial" (Olinda, PE, 15 a 19/5/2003) e o "Seminário dos Povos Resistentes: a presença Indígena em MS" (Corumbá, MS, 10 a 12 /12/ 2003).

milhão de hectares, no município de Porto Murtinho, demarcados entre o início do século XX e a década de 1980 (SILVA, 2004), os demais grupos lutam para reaver territórios tradicionais, usurpados há tempos e ocupados por fazendeiros, posseiros, grileiros, etc.

Assim, os Ofayé, Terena, Guarani-Kaiowá, Guarani-Ñandeva e Guató vivem em áreas reservadas pelo governo federal, algumas delas passando atualmente por processos de revisão, para possível ampliação. Já os Xamacoco vivem boa parte do tempo no Paraguai, em aldeias próprias, migrando sazonalmente para terras brasileiras. Além disso, os Atikum, oriundos de Pernambuco, encontram-se em terras dos índios Terena, no município de Nioaque, desde meados da década de 1980, e os Kinikinau sofreram uma verdadeira "diáspora", espalhando-se por áreas indígenas Terena e Kadiwéu, ainda na primeira metade do século XX. Os dois últimos grupos citados estão, no momento, mobilizados na reivindicação junto ao órgão indigenista oficial pela conquista de um território que lhes seja para usufruto próprio. Há, ainda, os que sequer possuem o usufruto de terras consideradas indígenas, como é o caso dos Kamba ou *Camba-Chiquitano*, além dos Layana, Guaná e outros. Conhecer esta riquíssima diversidade étnica e cultural constitui-se em desafio permanente para professores e estudantes da Educação Básica no Brasil e, particularmente, em Mato Grosso do Sul.

O ensino da história da África no Brasil: o início de um processo de reconciliação psicológica de uma nação?

Alain Pascal Kaly

A África não contribuiu em nada para a História do mundo. Não tem processos históricos para mostrar ao mundo. Isso quer dizer que a sua parte setentrional faz parte da Europa ou da Ásia; o que entendemos precisamente por África é, na realidade, o espírito a-histórico, o espírito desenvolvido mas ainda no último degrau da História do mundo.

(HEGEL, 1830, Apud KI-ZERBO, 1978, p.10, tradução livre do autor)

Estes povos (vocês sabem bem aos quais estou me referindo) não contribuíram em nada para a humanidade; e deve ter tido alguma coisa que os tenha impedido. Eles não produziram, nem Euclides, nem Aristóteles, nem Galileu, nem Lavoisier, nem Pasteur. Suas epopeias nunca foram cantadas por ninguém.[80]

(GAXOTE, 1957, Apud KI-ZERBO, 1978, p. 10, tradução livre do autor)

Com certeza, acreditando nas afirmações dos ocidentais, procuraremos em diversas partes da África e até no coração da floresta tropical e nunca encontraremos uma só civilização que seria uma obra de negros. As civilizações etíopes e egípcias, apesar

[80] É de fundamental importância ler os excelentes trabalhos de Jack Goody (2008), Gavin Menzies (2010), Cheikh Anta Diop (1979) e Émile Eadie (1997).

> de testemunhos formais dos antigos (gregos), a civilização de Ifé e do Benim, do Vale do Chade, do Gana, todas aquelas ditas neo-sudanesas (Mali, Gao, etc.), a civilização de Zambeze (Monomotapa), do Congo no meio Equador, etc., segundo os relatórios dos encontros dos sábios ocidentais, foram criações de brancos míticos que, depois dessas façanhas, evaporaram como um sonho para deixar os negros fazer acabamentos nas formas, organizações e técnicas que esses brancos inventaram.
>
> (DIOP, 1979, p. 13, tradução livre do autor)

Introdução

O século XV marca a era moderna do mundo ocidental, mas ao mesmo tempo torna-se o ponto referencial do surgimento dos processos coloniais que vão, ao longo dos séculos, proporcionando drásticas mudanças econômicas (nas indústrias navais, monetárias...) comerciais, geopolíticas mundiais e diversas revoluções políticas, industriais, culturais, sociais, demográficas, linguísticas (o surgimento de várias línguas crioulas), morais e populacionais decorrentes das mestiçagens sem precedentes na história da humanidade, como também transferências e intercâmbios de tecnologias, práticas culturais, medicinas e saberes por parte dos migrantes voluntários e involuntários com os colonos ocidentais e com os índios.

A mesma era moderna ocidental, mais precisamente a partir do século XVI, expôs os africanos transplantados e depois colonizados, nas Américas e na África, a novos desafios: lutar pela vida e sobrevivência, assim como comprovar sua humanidade, ética, intelectualidade (aptidões tecnológicas e saberes), moralidade e culturas. Portanto, ao longo dos processos coloniais, mecanismos econômicos, políticos, legais e culturais foram sendo criados e "cientificamente" aperfeiçoados, de modo que "o africano veio a simbolizar, nas consciências dos seus senhores, uma essência racial imaginária e ilusoriamente sinônimo de um ser inferior" (M'BOW, 1987, p. 10, tradução livre do autor).

É de fundamental importância ressaltar que, ao longo de séculos de processos coloniais, os próprios africanos e os de ascendência africana no Novo Mundo tiveram de criar mecanismos e diversas formas de respostas para desconstruir as crenças na inferioridade do negro e resgatar a dignidade humana negada ou colocada em dúvida. Ora, muitos desses mecanismos e formas proporcionaram também, ou para ser mais preciso, contribuíram bastante para a edificação de civilizações nacionais e da civilização mundial. A deliberada ocultação de antigas contribuições africanas para a história universal já é, por si só, um grande prejuízo à formação intelectual, política, psicológica, psíquica, moral e ética dos cidadãos, do ser humano na sua respectiva sociedade. Mas tal prejuízo torna-se imensurável na formação na identidade nacional, na formação do cidadão e da sua nação, quando se calam ideologicamente os mecanismos e as diversas formas de respostas criadas pelos africanos transplantados ao longo dos processos coloniais entre os séculos XVI e XIX. O que estaria em jogo?

O que estaria por trás da opção ideológica do silenciamento do ensino da história e das culturas da África e dos africanos, como também dos afro-brasileiros, no Brasil? E como explicar que, apesar das contribuições da África para a civilização mundial, os poucos espaços reservados nos livros didáticos no Brasil continuam enfatizando a história da África e dos africanos a partir da chegada dos europeus, bem como os essencialismos "cientificamente" elaborados desde os pensadores árabes no século IX, passando pelo Iluminismo? Tais essencialismos que vêm do Iluminismo continuam ainda vigorando? E finalmente, como explicar que o Brasil, cujo maior, mais veiculado e festejado orgulho identitário é a "mistura racial e falta de conflitos raciais", tenha de, no século XXI, legislar para que haja inclusão do ensino da história da África, dos afro-brasileiros e de suas culturas nos currículos escolares, e também das sociedades indígenas? O que tal fato assinala, analiticamente, no que diz respeito ao lugar do brasileiro negro na (re)configuração da sociedade nacional?

A nova era e os ruídos dos velhos pilares?

O século XX chegou ao fim marcado por dois acontecimentos que mudaram não só a reconfiguração geopolítica das relações internacionais, mas também as lutas dos movimentos sociais em diversas partes do mundo: a queda do muro de Berlim, em 1989, e o fim do *apartheid*, em 1990, com a posterior eleição democrática de Nelson Mandela na África do Sul em 1994. O primeiro acontecimento fez com que os processos de redemocratização política se apresentassem como irreversíveis na América Latina e Central, na África e na Ásia. O desmoronamento da ex-União Soviética levou consigo a queda do socialismo nas Américas, na África e Ásia, mas ao mesmo tempo deu início aos processos de independência política na África.[81]

[81] Defendo que as independências na África começaram com a queda do Muro de Berlim. Nos anos 1960 e 1970, todos os países africanos tomaram suas independências em plena continuidade da Segunda Guerra Mundial, sob a denominação de Guerra Fria, sem nenhuma possibilidade de fazer suas políticas econômicas, de desenvolvimento, monetárias e de decidir como fazer as parcerias ou com quem realizá-las. Por exemplo, a moeda CFA, usada até hoje pelas ex-colônias francesas, foi imposta por De Gaulle em plena Segunda Guerra Mundial, em 1943, em uma reunião em Brazzaville, sem a participação de nenhuma liderança política africana. Desde então, a moeda passou a ter paridade com o franco fran-

Jessé de Souza (1997, p. 23) salienta que a queda do muro de Berlim encerrou "o fim real e não meramente cronológico do século XX". Concordo com ele em parte. Para mim, a queda do muro contribuiu não só para o fim da Guerra Fria, mas também para a dissolução de um dos últimos pilares do colonialismo na África, o *apartheid* na África do Sul, com a saída de Nelson Mandela da prisão em 1990. Mas seria muito ousado afirmar que a queda do muro de Berlim marcaria, na realidade, o fim da Segunda Guerra Mundial, de que a chamada Guerra Fria seria a continuidade sob novas formas, novas armas e novos cenários e com novas perspectivas e exigências? Como os latino-americanos (da America do Sul, Central e Caribe), os africanos e asiáticos, que constituem algumas das maiores vítimas dos deslocamentos dos cenários e das armas desta guerra, não puderam vê-la como sendo a reconfiguração da Segunda Guerra Mundial?

Souza afirma que essa nova era caracterizou-se pela globalização e que trazia consigo as contradições do mundo da política. O coro pelo fim do estado nacional decorria da fluidez das fronteiras e da imposição de lógicas econômicas, tecnológicas e políticas internacionais, bem como, por outro lado, do surgimento de movimentos sociais posicionando-se drasticamente contra tais formas ditatoriais e colonialistas. Concordo de fato com as colocações de Souza. Porém, o mesmo perde de vista como esta nova era constituiu — para os grupos secularmente essencializados, subalternizados, minorizados, marginalizados, oprimidos e relegados às periferias das periferias, em todos os

cês e a França foi a única fiadora de qualquer empréstimo com bancos estrangeiros ou outros países ocidentais a partir de 1960. E qualquer concorrência para a realização de infraestruturas era ganha por uma empresa francesa. De 1960 até o final dos anos 1980, qualquer presidente que tentou se levantar contra esse contexto foi vítima de um golpe militar. A guerra civil na Costa de Marfim, no século XXI, não poderia ser apreendida fora da perda do mercado pela França.

planos, em distintas sociedades no Novo Mundo — uma oportunidade de trazer à tona novas maneiras de pressão social, de articulações extra-fronteiriças e de realização de *lobby* político ao se apropriarem dos avanços tecnológicos das telecomunicações para a conquista da cidadania plena. Sendo, assim, recolocados no seleto grupo dos humanos, essencialmente construído no imaginário do ocidental ao longo dos processos coloniais.

Direi que a nova era foi inaugurada com a libertação de Mandela e o seu "giro" pelo mundo. Cada visita (Cuba, Brasil, Inglaterra, França, Senegal, Egito, Japão, China, Zâmbia, Estados Unidos...) parava o país, a cidade e Nelson Mandela, sendo aclamado, inspirava e restituía sonhos, mostrando que é sempre possível derrotar um sistema, estruturas de dominação. Para a juventude do mundo, ele encarnava a justiça social derrotando a maldade política, econômica e ideológica e encarnando assim nos imaginários a grandeza do ser humano capaz de perdoar, a capacidade de sonhar, de ter projetos para a vida, de devolver alegrias, de ser uma referência moral. A sua eleição e a defesa do chamado processo de reconciliação na África do Sul foram articuladas através da conexão entre práticas culturais africanas de *ubuntu* de resolução de conflitos, que buscam restabelecer o equilíbrio social e psicológico, e as leis modernas ocidentais. Neste sentido, Mandela e sua equipe colocaram no mesmo patamar duas modalidades de se fazer justiça para dar à África do Sul uma sólida reconciliação. Este foi o caminho encontrado para que a África do Sul pudesse lidar melhor com o seu doloroso passado e daí reconstruir um futuro bem melhor, capaz de lidar psicologicamente com as feridas e as cicatrizes do período do *apartheid*. Mas acredito que a maior façanha de Mandela, como estadista e exímio conhecedor das teorias essencialistas sobre a inferioridade e a barbárie do negro, tenha sido evitar a guerra civil na África do Sul nas vésperas das eleições em 1994.

Boubacar Boris Diop (2000), no romance *Murambi*, relata que a imprensa de maior circulação mundial estava com centenas de jornalistas de plantão na África do Sul[82] para filmar e escrever sobre um suposto derramamento de sangue que viria a ocorrer: pretos matando cruelmente pretos de um lado e outro, brancos matando negros. Tais mortes viriam a legitimar e confirmar, para o Ocidente e o resto do mundo, como os processos coloniais foram as melhores contribuições civilizatórias para os africanos ao tirá-los da barbárie para a condição de humanos e, nesta lógica, o *apartheid* teria desempenhado a mesma função na África do Sul. E que essa guerra seria a prova irrefutável de que eles não sabiam lidar com o poder nem governar por serem eternas crianças, inferiores inatos.

Essa guerra civil, tão desejada e esperada pelo Ocidente, acabaria também legitimando todas as brutalidades coloniais. Mandela sabia que, naquele momento, o que estava em jogo ia além das fronteiras sul-africanas. O sucesso da sua empreitada política possibilitaria reverter, desconstruir, o essencialismo ocidental sobre o chamado "africano". Mandela acabou não só salvando a frágil nação sul-africana como também colocando por terra as crenças sobre a incapacidade do negro africano de lidar com o poder. Isso estava nítido no final do século XX para qualquer estudioso das questões coloniais e pós-coloniais.

O que Aimé Cesaire (2004, p. 80) em outro contexto parecido com este já tinha afirmado tratar-se da luta para *"le sort de*

---

[82] Na sua conferência em 2010 no Instituto de Ciências Humanas da Universidade Federal Rural do Rio de Janeiro — UFRRJ —, Diop voltou-se longamente sobre o interesse do mundo ocidental de presenciar a guerra civil na África do Sul. Mas também afirmou que, depois da publicação do livro, esperava um processo judicial contra ele por parte do embaixador francês em Ruanda, por revelar como a França treinou e armou os matadores e a participação da França nos golpes militares em muitos países da África: Togo, Benin, Burkina Faso...

l'homme noir dans le monde moderne." Isso quer dizer que as lutas que os negros travavam nos séculos anteriores, buscando desconstruir o essencialismo ocidental sobre o seleto grupo dos humanos, está ainda imperando. A negação ideológica e política da condição humana do negro faz dele ainda um eterno sub-humano nos olhares e na subjetividade de boa parte dos ocidentais, como também nas subjetividades dos que se autodeclaram sempre ocidentais, com orgulho manifesto. Mandela não só emancipou a África do Sul, como fez ruir ainda mais os pilares desses essencialismos que fazem do negro homogeneamente um bárbaro e um inferior inato independentemente dos trópicos, das latitudes e das longitudes.

O mesmo escritor salienta que, naquele momento, milhares de vidas estavam sendo ceifadas diariamente em Ruanda, sem que uma imagem tenha sido vista pelo mundo, porque pretos matando outros na África do Sul era simbólica e comercialmente de maior relevância. Entretanto, segundo Diop, quando o derramamento de sangue tão esperado não aconteceu na África do Sul, graça às articulações políticas de Mandela e da sua equipe, a mesma imprensa, para não voltar de "mãos vazias", "regalou" o mundo com as imagens dos horrores da chamada guerra tribal em Ruanda. Entende-se aqui por guerra tribal uma guerra feita por sub-humanos que não chegaram ainda à condição de seres humanos, por isso matam tão selvagemente com facões e machados.[83]

Anos depois, as imagens do genocídio ruandês continuam nos perseguindo, falsificando e omitindo as consequências negativas da colonização belga e do papel desempenhado pela

[83] E quando a mesma imprensa falava da guerra de Kosovo, dizia que se tratava de uma guerra étnica ou religiosa. Dificilmente se viam mortos em estágio avançado e sangue.

França. As mesmas imagens continuam invadindo e colonizando mentes sob a forma de filmes, como *Hotel Ruanda, O último rei da Escócia* e *Em um mundo melhor*, e de romances.

Boa parte desses romances visa somente mostrar como os africanos são bárbaros e desumanos. Por isso concordamos com Bourdieu (1989) quando salienta que o poder simbólico se funda nos sistemas simbólicos como a linguagem, seja literária, cinematográfica ou jornalística. Nesse caso, tanto as reportagens televisivas, como os filmes e livros, são exemplos da violência simbólica articulada por intelectuais que reproduzem, por meio da linguagem artística, os processos de dominação estabelecidos historicamente nos essencialismos já referidos quando se trata da África e dos africanos. Os títulos dos livros escritos pelos ocidentais sobre os genocídios na África estão em harmonia com os essencialismos construídos pelos europeus ao longo dos séculos dos brutais contatos coloniais. Será que, nos campos de concentração da Segunda Guerra Mundial, os nazistas poderiam ser classificados como humanos? Sim para um europeu porque, durante a Segunda Guerra Mundial, os prisioneiros alemães recebiam melhores tratamentos que os soldados negros norte-americanos.

O francês *Uma temporada de facões* foi rapidamente traduzido no Brasil, como também muitos livros destacando a falta de humanidade dos matadores. Entretanto, os onze romances escritos sobre o tema por africanos de ambos os sexos do Projeto FEST'Africa, depois de uma longa estadia em Ruanda, como as obras de Diop (2000), Lamko (2000) e Tadjo (2000) (além de *Murekatete*, de Ilboudo, *France-Ruanda, les coulisses du genocide*, de Kaymahe, *L'aine des orphelins*, de Monenembo, *La mort ne veut pas moi*, de Mukanasana, *Great sadness*, de Mwengi, *Moisson de crânes*, de Waberi...), continuam sem tradução e desconhecidos até hoje no Brasil. Contrariamente aos romances escritos pelos ocidentais, os dos africanos começam por chamar a atenção sobre o genocídio. Portanto, sob tal perspectiva, Ruanda não é um fato de pretos africanos selvagens.

Veronique Tadjo (2000, p. 11), no seu livro *L'ombre d'Imana*, salienta que: "[...] o que tinha acontecido dizia respeito a toda a humanidade. Não se tratava somente de um problema de um povo perdido no fundo das trevas da África." As reflexões iniciais da autora clamam que um genocídio torna-se uma problemática de toda a humanidade na medida em que traz dores, desequilíbrios, desarticulações, mas ao mesmo tempo revela as fragilidades do ser humano e como a fronteira entre sanidade e loucura é tênue.

Um genocídio mostra à humanidade que precisamos sempre ficar atentos, vigilantes, para que isso nunca mais aconteça em nenhuma parte do mundo. O de Ruanda, na realidade, acabou expondo a humanidade à implosão das brutalidades coloniais contidas por décadas, mas a grande mídia e os filmes fazem acreditar que os africanos são cruéis e bárbaros por natureza. O maior ensinamento foi até que ponto a colonização mental pode vir, um dia, a conduzir pessoas à reação. Um genocídio desequilibra para sempre gerações; porém, ao mesmo tempo, boa parte das nações foram construídas sobre mares de sangue ao longo da História. O que aconteceu em Ruanda não seria uma especificidade de um estado-nação constituído por bárbaros sub-humanos como a esmagadora parte das imagens, dos filmes e dos livros sobre o assunto, tentaram convencer os telespectadores, amantes de cinema e leitores.

> Quem seria capaz de dizer como é a memória de um povo? Quais imagens estão escondidas inconscientemente? Quem pode saber quantos milhares de mortos não revelados ao longo de séculos fazem parte da construção de uma nação? (TADJO, 2000, p. 11, tradução livre do autor)

Noel Dutrait (2000), no seu prefácio do livro de Gao Xingjian *Le livre d'un homme seul,* salienta que o século XX foi o século cuja violência e barbaria atingiram a maior parte do mundo devido aos números das vitimas como também dos países atingidos. Desde o genocídio armeno, o extermínio dos judeus, os massacres de Nankin, passando pela purificação étnica na ex-Iugoslávia e, mais perto de nós, os massacres de Ruanda, sem contar os massacres tidos de menor escala. Segundo o mesmo pensador, o século XX se caracterizou por descobertas tecnológicas e progressos científicos nunca imaginados. E boa parte dessas conquistas foram usadas pelo homem para exterminar o seu semelhante que não pensa nem age igual a ele. Mas é bom destacar que o extermínio pode ser físico, mental ou cultural. Estas reflexões de Dutrait revelam que os massacres de Ruanda não eram obras de primitivos e selvagens da África povoada por bárbaros, mas sim práticas cometidas por seres humanos imbuídos do poder de exterminar os seus semelhantes. Por isso um genocídio, um massacre desta envergadura interpela, como bem salientou Tadjo, toda a humanidade que deve ter a capacidade de tirar ensinamentos para melhor se proteger, se reconciliar depois do genocídio.

Outro livro escrito por um africano é o de Koulsy Lamko (2000), *La phalène des collines,* que mostra até que ponto um escritor é capaz de tocar o leitor, desestabilizá-lo emocionalmente com tamanha sensibilidade. A personagem principal é o bicho que sai do cadáver de uma mulher. Koulsy faz uso, na sua produção ficcional, das técnicas interrogatórias da alma do falecido comuns em muitas sociedades africanas. A alma da falecida está irritada com a maneira pela qual os vivos transformaram os restos mortais em museu, em objetos de contemplação para turistas. Através desse bicho, a alma da mulher falecida vai, ao longo do romance, narrando toda a sua vida, como foi morta, as recomendações para que Ruanda possa se reconciliar como nação, e faz uma análise da presença colonial europeia (franceses e belgas) e seus impactos na formação do moderno estado-nação. O livro é de uma sensibilidade e profundeza inimagináveis. Mas ao mesmo tempo traz um questionamento perturbador: será que o ser humano assassinou suas sensibilidades, quer dizer, sua humanidade?

Através do bicho, a alma da falecida vai sendo interrogada. É um processo longo que visa permitir que a pessoa morta possa descansar em paz e vir a se transformar em ancestral, para poder cuidar dos vivos. No final, a alma aponta para os vivos os caminhos para que se possa trabalhar em prol de uma reconciliação sólida entre os vivos, bem como entre vivos e mortos. Sem a participação dos mortos no processo, a reconciliação seria sempre incompleta.

Tais recomendações possibilitam várias interpretações, porém vou me ater a duas. A primeira revela que os africanos têm, em suas práticas culturais, elementos que podem ser de grande ajuda para que os vivos possam encontrar meios e mecanismos para solucionar os seus problemas. Isso quer dizer que, sem a incorporação dos mortos nos processos de negociação para unificar os diversos componentes da população de Ruanda, nunca haverá uma paz duradoura. A segunda interpretação consiste em nunca esquecer que, no contexto africano, os mortos devem vir a ser ancestrais para cuidar, tomar conta da vida cotidiana dos vivos. Para chegar no estágio de ancestral, todos os ritos devem ser feitos para que o morto possa descansar em paz, o que automaticamente permite que os vivos também descansem em paz. Os processos de negociação devem começar pela realização destes rituais, para que eles possam descansar e finalmente, assim, os vivos poderiam iniciar os longos debates de negociação. Após o descanso dos mortos e sua transformação em ancestrais, eles poderão interferir para acalmar os ânimos dos vivos, para que estes possam encontrar os melhores caminhos para reconciliar a nação.

A mesma abordagem foi também feita pela romancista Veronique Tadjo.[84] Tadjo traz no seu livro, já brevemente analisado, as palavras de uma entidade que se manifestou numa pessoa durante uma sessão ritual. Mas no caso de Ruanda, é preciso que os mortos descansem em paz para que, uma vez ancestrais, possam contribuir nos diversos processos de reconciliação. O interessante aqui são os caminhos apontados, ou para ser mais exato, as precauções que devem ser tomadas para que a reconciliação possa ser sólida e bem-sucedida. A mesma reflexão traz outras informações: cada sociedade tem meios e mecanismos próprios para fazer iniciar os processos de reconciliação. No caso de Ruanda, como também em muitas sociedades africanas, há uma forte participação dos mortos na vida cotidiana dos vivos. E independentemente da maneira como foram assassinados, os mortos, nas palavras da entidade incorporada, estão dispostos a participar ativamente no processo de reconciliação para que os vivos possam ter uma vida mais tranquila.

> São os mortos mesmo que estão nos pedindo para continuar a viver, para recomeçar a gesticular, para dizer as palavras que eles não podem nunca mais pronunciar. Como poderiam voltar, se somos nós que lhes fechamos o caminho com o nosso desespero e nossos medos?

É preciso abrir-lhes a porta, deixá-los se instalar, mostrar-lhes como estamos vivendo, nossos pensamentos voltados para eles por amor, amizade e por dever.

---

[84] Tal técnica ficcional traz muitas interrogações sobre o autor do livro. Será que o autor só fez transcrever as palavras das entidades, ou o romance tem dois escritores?

Os mortos vão renascer em cada parcela da vida independentemente do seu tamanho, em cada palavra, em cada olhar, em cada gesto por mais simples que possa ser. Vão renascer na poeira, na água que dança, nas crianças que riem e brincam batendo mãos, no grão escondido sob o solo preto.

> E os espíritos irão lá onde eles querem, não mais como almas penadas mas como raios luminosos.[85] (TADJO, 2000, p. 55-56, tradução do autor)

Desde o século XIX, as rápidas revoluções tecnológicas dos meios de comunicação não estão sendo acompanhadas pelas mudanças das mentes e das ideologias. Os edifícios ideológicos "científicos" que foram sendo veiculados para legitimar a colonização continuam com seus pilares de pé. A derrubada de tais preconceitos não deveria ser a empreitada das supostas vítimas, mas sim dos arquitetos do genocídio e das vítimas, na medida em que todos os envolvidos nos processos acabam ficando doentes e apresentando uma variedade de sintomas. Como pensar a mudança ideológica de tais arquitetos? Seria possível pensar o ensino da história do continente africano sem levar em conta a importância dos mortos por exemplo ?

Os livros de Boubacar Boris Diop, Koulsy e Tadjo revelam que o genocídio é um problema que interpela toda a humanidade. Todos devem trabalhar juntos para que tal acontecimento, que desequilibra emocionalmente, psicologicamente o ser humano, nunca mais ocorra. Ao mesmo tempo, esses pensadores destacam que cada nação foi fundada sobre mares de sangue; isso quer dizer que a humanidade deve ter a sabedoria de tirar do sangue as

[85] Vide o lindo e profundo poema de Birago Diop (1960) sobre a presença dos mortos entre os vivos, *Le souffle des ancêtres*.

melhores estruturas para que a nação e todos os cidadãos possam ter seus lugares devidamente conquistados e respeitados.

No caso de Ruanda, o lugar e a importância dos mortos devem ser reconhecidos, já que a boa reconciliação passa pelo respeito aos dois mundos e a cada um. A não valorização de tal concepção de vida e visão do mundo proporcionam desequilíbrios irremediáveis no funcionamento de uma nação.

As ideologias sobre a inferioridade do negro continuam ainda vigorando em diversos setores das sociedades nos estados-nação no Novo Mundo, desde a chegada do negro africano na condição de escravizado. A persistência de tais crenças levou milhões deles, em cada país, a inventar mecanismos e meios de luta para a conquista da cidadania plena, bem como do respeito às suas culturas que constituem alguns dos pilares da edificação da identidade nacional. Mesmo assim, as contribuições dos seus ancestrais continuam sendo relegadas a segundo plano, omitidas, invisibilizadas ou negadas. Seria possível posicionar-se sem autoconhecimento numa sociedade em que ser cidadão pleno está diretamente relacionado à tonalidade da cor da pele e à condição de desembarque dos ancestrais?

Processos da colonização interna nas Américas nos séculos XVIII e XIX e as respostas dos subalternizados

Os estudos das epistemologias do Sul e a nova geração de africanos estudando as relações sociais no Novo Mundo (MENESES, 2010; ZOUNGBO, 2005) estão focando a construção dos estados-nações nas Américas e suas estruturações. Eles sustentam que, após as rupturas com as antigas metrópoles nos séculos XVIII e XIX, as novas elites quase exclusivamente brancas foram criando mecanismos nos planos jurídicos, políticos, ideológicos, religiosos e culturais para proteger seus interesses e poderes. Independentemente da trajetória histórica de cada estado-nação, há possibilidade de sustentar que, em todas as Américas e na Europa, os não-brancos foram sendo colocados às margens das sociedades dos seus respectivos estados no que diz respeito à conquista da cidadania, mas também tendo sua humanidade sempre questionada, colocada em dúvida e até negada.

Nas Américas, tanto a cidadania quanto o grau de humanidade passaram a ter como barômetro o grau da tonalidade da cor da pele, o tipo de cabelo e do nariz, o tipo de emprego e o local da residência. Para melhor legitimar tais posturas políticas e ideológicas, a "ciência" foi convocada para legitimar a criação de mecanismos para fundar estados-nações por brancos para os brancos.[86]

Tal contexto político-ideológico proporcionará uma colonização interna que consiste em criar os mecanismos jurídicos, políticos, econômicos, culturais para somente outorgar e manter privilégios e poderes aos brancos.[87] Então, as brutalidades que vitimaram os negros, tanto nos Estados Unidos ao longo dos séculos XIX e XX (linchamentos, enforcamentos...), quanto na África do Sul no período do *apartheid,* tranquilizavam as consciências das autoridades brasileiras e parte da sociedade; acreditavam, pois, no sucesso da "democracia racial" a partir de suas

---

[86] Em todas as Américas, o Haiti foi o único país que aboliu sistematicamente a escravidão, em 1794, elevou todos os habitantes a cidadãos plenos e os colocou no mesmo patamar de humanidade. É bom destacar que, após a adoção pela ONU da Declaração dos Direitos do Homem, em 1948, todas as potências ocidentais que a assinaram (França e Inglaterra, sobretudo) continuaram por décadas tendo colônias nas Américas, na África, na Ásia e no Pacifico.

[87] No século XX, a África do Sul, com a conivência das potências ocidentais (França, Inglaterra, Estados Unidos) e em nome da luta contra o avanço do comunismo, instituiu o sistema de *apartheid* que vigorou de 1948 até 1994.

percepções de que aqui não haveria conflitos abertos como naqueles países. Entretanto, as conquistas dos direitos civis nos Estados Unidos nos anos 1970 e o fim do *apartheid*, com a eleição democrática de Mandela à presidência da república em 1994 na África do Sul, criaram, no mínimo, uma série de inconveniências e de mal-estar para as autoridades brasileiras: "os nossos negros estão agora em melhores condições que quem?"

Contudo, se os anos 1970 marcam o período de duros confrontos nos Estados Unidos, na África do Sul e na luta de libertação das colônias portuguesas da África, os brasileiros negros estavam acompanhando tudo isso com muito interesse. Cada conquista na América do Norte ou na África representava, na realidade, a queda simbólica de uma parte dos pilares da ideologia da inferioridade do negro; em suma, a queda de um elemento da brutalidade colonial. Tais vitórias constituíam um incentivo a mais para o negro brasileiro que enfrentava também o sistema, em pleno regime militar, para organizar mobilizações em diversas partes do Brasil.

Amauri Mendes Pereira (ALBERTI; PEREIRA, 2007, p. 141-142) informa que, em 1974, foi fundada no Rio de Janeiro a Sociedade de Intercâmbio Brasil-África (SINBA). Isso consistia, na realidade, em discutir a situação do negro no Brasil dentro do contexto de levantes nos Estados Unidos e nas colônias portuguesas da África. Após um desentendimento entre as lideranças, houve uma cisão e alguns criaram o Instituto de Pesquisas das Culturas Negras (IPCN); e em 1975 foi fundado o Centro de Estudos Brasil-África (CEBA). Estas agremiações possibilitavam discutir as lutas dos negros em outras partes do mundo e ter referências.

> Nosso referencial não é os Estados Unidos. Os Estados Unidos criaram uma elite negra. Nossas visões são as lutas de libertação africa-

> nas, luta armada. Esse era o nosso referencial: Samora Machel, Eduardo Mondlane, Agostinho Neto, Amilcar Cabral [...]
> Em um sábado de tarde estavam Milton Gonçalves, Jorge Coutinho, Léa Garcia e a Vera Manhães, que é a mãe da Camila Pitanga. E no nosso meio deu um burburinho danado porque a Vera Manhães foi discriminada. Ela ia fazer a *Gabriela*, do Jorge Amado. A Gabriela era negra. Ela era uma atriz que, na época, era muito respeitada. Estava tudo certo para ela fazer o papel na Globo. Aí chamaram Sonia Braga, que teve que tomar quantidades de banhos de luz para escurecer um pouco a pele para entrar como negra na novela. Isso foi um escândalo na época, no meio negro. Não repercutiu muito na mídia, mas para nós foi um absurdo.

As afirmações de Amauri Mendes Pereira possibilitam perceber as dificuldades de encontrar quem influenciou quem em relação às lutas e conquistas, mas isso é o menos importante; ao mesmo tempo, evidenciam a importância de entender que, no "mundo negro", é de fundamental relevância resgatar alguns fatos históricos que vão constituir os pilares das meta ou nanonarrativas.

Tony Martin (2004) afirma que o panafricanismo teria começado no século XV quando os europeus começaram a levar africanos para a Europa e depois para o Novo Mundo. Tal afirmação pretende colocar em evidência os mecanismos, meios, articulações que, ao longo do tráfico negreiro, os escravizados foram criando para se manter vivos, superar as múltiplas barreiras entre eles e adaptar-se ao novo contexto e meio sócio-ambiental, estabelecendo e restabelecendo relações com a vida e os senhores.

O mesmo pensador e também Aimé Cesaire (2005) defendem que foi a revolução arquitetada e levada a cabo por negros de São Domingos (Haiti) que "colocou em pé" o negro. A expressão "colocar em pé" pode ser interpretada de várias maneiras. Considero que os dois pensadores estão defendendo a ideia de que a revolução do Haiti não só resgatou a humanidade do negro, como também colocou em xeque todas as teorias racistas e racialistas em prol da inferioridade do negro. A mesma revolução contribuiu bastante para o alargamento da fronteira da humanidade. Não era mais uma essência do branco. Sendo tão inferiores, como explicar tamanha façanha diante do poderio militar francês?

Além disso, essa revolução proporciona uma reviravolta nas relações entre senhores e escravizados, incluindo as autoridades coloniais, o negro nas Américas (Caribe, América Central, do Sul e do Norte) e os negros africanos. Ao longo do século XIX, qualquer agrupamento de negros já era motivo de pânico. Devido à revolução haitiana, o século XIX e as primeiras décadas do século seguinte caracterizaram-se, nas Américas, pelas colonizações internas, as independências. Tais contextos sócio-políticos fizeram com que as elites coloniais brancas criassem estados para, quase exclusivamente, atender e proteger, nos planos jurídico, religioso, político, ideológico e social, os interesses e poderes dos brancos. E os não-brancos vão progressivamente sendo relegados e vigiados nas múltiplas periferias de cada estado.

O medo dos impactos positivos da revolução do Haiti fez com que o país ficasse estrategicamente cercado e diplomaticamente isolado (FILS-AIMÉ, 2007) ao longo dos séculos XIX e XX pelas potências coloniais (França, Espanha, Portugal, Inglaterra, Estados Unidos e inclusive o Vaticano). Fora o mesmo país que financiara boa parte das campanhas militares de Simon Bolívar, com a condição de que ele acabasse com a escravidão na América Latina.[88]

---

[88] A presença militar do Brasil não poderia ser bem entendida sem uma análise das exigências da França para o reconhecimento da independência do Haiti. Sobre o tema ver Thomas Madiou, 1989.

Os líderes das independências dos países africanos de "língua portuguesa" tiveram fortes influências dos pensadores da Negritude, como bem salientou Petrônio Domingues (2012) no seu excelente texto. Ora, todos eles (Aimé Cesaire, Senghor, Damas...) resgataram os legados da revolução do Haiti, e a luta consistia em resgatar a dignidade do negro independentemente da sua nacionalidade e condição sócio-econômica. O que esses intelectuais estão propondo, e concordo com eles, é que não se pode entender como os processos coloniais internos nas Américas continuam ainda assolando, definindo, direcionando e condicionando os projetos de vida e a vida cotidiana da esmagadora maioria dos negros.

No século XIX e nas primeiras décadas do seguinte, os negros do Novo Mundo, da Europa e da África mudam drasticamente suas armas de luta: a escrita nas línguas dos próprios colonizadores (romances, peças de teatro, reflexões filosóficas, história, antropologia, jornais, música, arqueologia...) passa a ser a mais usada para questionar, refutar e desconstruir paradigmas, conceitos e categorias.

Petrônio Domingues (2012), em *Movimento negro brasileiro: alguns apontamentos históricos*, traz valiosas informações para a nossa argumentação. Esse autor sustenta que os movimentos negros organizados no Brasil iniciaram-se no dia seguinte da abolição jurídica da escravidão e no mesmo ano da declaração da República, em 1889. Mas por que os negros teriam se organizado no mesmo ano da declaração da República do Brasil? Esta pergunta visa ajudar a trazer à tona as generalizações feitas por Aimé Cesaire (2004, p. 81-82, tradução livre do autor) em relação ao negro, quando afirma que:

> Sim, é irrefutável, nós constituímos uma comunidade, mas uma comunidade bem específica, reconhecível por ser, e ter sido, por ter se

> constituído em comunidade: primeiramente, uma comunidade vítima da opressão, da exclusão imposta, vítima de uma profunda discriminação.

Apesar das distâncias espacial e temporal, cada conquista de negros ultrapassava as fronteiras nacionais. As lutas se constituíam em resgatar a humanidade do negro globalmente, mas não apenas do indivíduo negro porque, segundo Cesaire, todos eles compartilhavam a mesma condição de marginalização e opressão. Ao longo dos processos coloniais, o negro passou a ser igual a qualquer outro negro. Ele é visto como estúpido, inferior, burro, idiota, fedorento, feio, mentiroso em qualquer longitude e latitude.

Então, qualquer negro ou negra, lutando pela sua libertação e ascensão individual, não entendeu ainda a complexidade do sistema ou finge não entender porque lhe é negada a possibilidade de errar. O erro dele recai em todos os da sua "raça". Em 1950, a seleção brasileira perdeu a copa do mundo no estádio do Maracanã no Rio de Janeiro contra o Uruguai. O goleiro daquela seleção era Barbosa, um negro. O Brasil só voltou a ter um goleiro negro na seleção 50 anos depois: Dida. E Dida falou, durante a concentração da seleção para a copa de 2002, que não poderia cometer erros porque o Brasil ficaria de novo 50 anos sem um goleiro negro. Dida, que falava muito pouco, revelava que era um excelente conhecedor da História: o negro só tem uma chance.

Tal contexto está presente em sala de aula, nas universidades. Um professor negro tem de ser muito bom, sempre tem de mostrar uma sólida formação, estar sempre à altura, porque ele tem certeza de que nas primeiras aulas o seu conhecimento será testado por alguns alunos, e suas atitudes, ética e moralidade também.[89] A procura constante da perfeição lhe conduz sem que perceba para doenças psicológicas.

Voltando aos impactos das conquistas dos negros e suas repercussões em diversas partes, a queda do colonialismo português na África (Guiné-Bissau, Cabo Verde, Angola, Moçambique e São Tomé e Príncipe) teve impacto nos movimentos sociais negros brasileiros na década de 1970,[90] particularmente com o surgimento do Movimento Negro Unificado (MNU), lançado nas escadas do Teatro Municipal de São Paulo, em 1978.

A progressiva abertura política do Brasil e o início do processo de redemocratização nos anos 1980 abriram mais brechas para que os movimentos negros passassem a atacar e sacudir mais os pilares da democracia racial. A Constituinte de 1988, coincidindo com o centenário da abolição jurídica da escravidão, forneceu mais instrumentos para apontar a presença ainda marcante dos resquícios da colonização interna na vida cotidiana da esmagadora maioria dos brasileiros de ascendência africana.

As conquistas de fora constituíram um estímulo a mais para que as lideranças negras assumissem e acreditassem

---

[89] Quando comecei a trabalhar na UFRRJ, um dia eu estava saindo do departamento para a sala dos professores e de repente ouvi: "Professor africano, professor africano!" Parei, olhei e vi a pessoa vindo em minha direção; respirei fundo e esperei: "Você é o professor africano? Já tomou a nacionalidade brasileira, porque todos querem?" Não tive tempo de responder a nenhuma pergunta, porque parecia um interrogatório policial. Quando a colega parou, falei: "Sou senegalês, o meu nome é Alain Pascal Kaly e continuo com o meu passaporte." E de repente veio a pergunta cuja resposta me permitiu me livrar daquela colega: "O que você acha das cotas e ações afirmativas na Rural?" "Acho que a senhora fica muito feliz ao ver o Brasil tão bem representado na nossa universidade e no corpo docente e discente." Com esta resposta, aquela senhora sumiu da minha frente sem se apresentar e sem se desculpar por ter me atrapalhado.

[90] Durante a graduação e o mestrado na UFBa, as lideranças negras de Salvador me repetiam isso sempre.

que poderiam vir a abrir maiores brechas nas estruturas coloniais prevalecentes no Brasil. E como já foi mencionado, os anos 1990 constituem uma reviravolta para a comunidade negra, como diria Aimé Cesaire, com a queda do muro de Berlim e a libertação de Mandela e sua eleição democrática na África do Sul.

Fernando Henrique Cardoso, ao assumir a presidência da república, estava atento às reivindicações dos movimentos e organizações negras sócio-raciais. Nos anos 1990, o seu governo organizou, em Brasília, um Seminário Internacional "Multiculturalismo e Racismo. Uma Comparação Brasil - Estados Unidos". No discurso de abertura, o presidente reconheceu oficialmente a existência do racismo e dos preconceitos que vitimam os brasileiros negros.

> Não se pode esmorecer na hipocrisia e dizer que o nosso jeito não é esse. Não, o nosso jeito está errado mesmo, há uma repetição de discriminações e há inaceitabilidade do preconceito. Isso tem de ser desmascarado, tem de ser, realmente, contra-atacado, não só verbalmente, como também em termos de mecanismos e processos que possam levar a uma transformação, no sentido de uma relação mais democrática entre as raças, entre os grupos sociais e entre as classes. [...] Mesmo com as reformas, já não achamos meios de convencer. Não conseguimos convencer sobre o óbvio, quanto mais convencer sobre o que não é tão óbvio, que é a luta contra a discriminação. Então, nós estamos pedindo à sociedade que nos ajude. (CARDOSO, 1997, p. 16-17)

Neste discurso, o presidente da república tomou duas decisões relacionadas a esse debate: o reconhecimento oficial dos impactos negativos da discriminação e dos preconceitos sobre os afro-brasileiros e colocar-se à disposição para iniciar reformas que colocariam o país no caminho das "relações mais democráticas entre raças, grupos sociais e classes". Além de ficar atento aos clamores dos movimentos sociais, é indispensável lembrar que Fernando Henrique Cardoso visitou a África do Sul pós-*apartheid* e realizou, no seu governo, estudos comparativos entre Estados Unidos, Brasil e África do Sul. Essas pesquisas estavam apontando que o negro brasileiro se encontrava na pior situação quando o item era educação formal.

Tais fatos, mais as reformas iniciadas na África do Sul por Mandela, não deixaram o presidente brasileiro indiferente. No final da citação acima, o presidente pede ajuda à sociedade, e tal postura revela que ele está clamando por reformas não verticais, prontas ou impostas. O Estado brasileiro, através desse posicionamento do presidente, estava, publicamente, admitindo e reconhecendo que o racismo e o preconceito faziam parte da vida cotidiana brasileira e que constituíam sérios entraves ao processo democrático no país.

O presidente reconhece, com essa atitude, que as reformas feitas a partir de 1889 constituíram os pilares das políticas públicas do país. E, durante décadas, não visaram atender a todos os brasileiros, mas sim a uma parte composta majoritariamente por brancos.

Analisando o discurso do presidente, fica evidente que não se pode mais esconder, como vêm fazendo muitos estudos, a situação marginal e opressiva que assola a grande maioria dos negros brasileiros. O Brasil republicano foi edificado por brancos para atender as necessidades dos brancos. Ao longo do século XIX e nas primeiras décadas do século XX, os debates dos cientistas humanos focaram a viabilidade do país com a presença maciça de não-brancos, considerando que o futuro da nação passaria pelo embranquecimento da população (SPITZER, 2001; STEPAN, 2005).

Acreditamos que, ao invés de tentar ligar a situação atual da maioria da população brasileira de ascendência africana com a escravidão, seria de fundamental importância redirecionar os estudos sobre as políticas fomentadas juridicamente, politicamente e sócio-economicamente no período republicano para entender como tais políticas foram elaboradas de modo a deixar de fora os descendentes de africanos, como sutilmente lembrou o presidente Fernando Henrique Cardoso (1997, p. 13):

> Nós, brasileiros, pertencemos a uma nação cheia de contrastes e de desigualdades de todo tipo, mas também de diferenças - que não são só desigualdades - de raça, de cor, de cultura. Isso, de certa forma, é um privilégio, o fato que nos permite - se nos organizarmos democraticamente - um benefício imenso, o qual, obviamente, só advirá se proporcionarmos, aos diversos segmentos da população brasileira, mais oportunidades de acesso à cultura, à participação na economia e aos processos decisórios.

O presidente fez uso de dois verbos (organizar e proporcionar) no futuro do subjuntivo para mostrar que o Brasil estaria democraticamente no caminho certo, caso as autoridades políticas e os movimentos sociais trabalhassem para isso; uma nova maneira de fazer a política, de conquistar a cidadania. Mas isso só poderia vir a acontecer se determinados grupos aceitassem abrir mão de alguns dos seus seculares privilégios e poderes, e se estivessem dispostos a fazer concessões para que os que foram secularmente marginalizados e oprimidos viessem pela primeira vez a participar ativamente na elaboração das novas políticas públicas cuja finalidade consistiria na quebra de privilégios em diversos setores da vida política, econômica e cultural. Apesar do presidente não mencionar os segmentos, para um bom entendedor, trata-se da população de ascendência africana que nunca participou dos "processos decisórios", nem da economia ou da cultura.

Tais políticas, elaboradas para atender e preservar privilégios e poderes de um determinado segmento sócio-racial, como bem salientam Abdoulaye Sadji (1988) e Fanon (2008), acabam criando desequilíbrios em todos os envolvidos (não-brancos e brancos). O branco, convencido da sua superioridade psicológica, intelectual, moral, religiosa, concentra todas as suas energias para que tais crenças sejam verdades absolutas, inalienáveis, enquanto que o não-branco passa a acreditar que a sua salvação se encontra no branco e nas suas sugestões. Toda a sua luta consiste em ser aceito e reconhecido no mundo do branco (DERRICOTTE, 2000; DIOP, 1979; FIRMIN, 1885; THURAM, 2010). Ambas as partes estão psicologicamente doentes.

As colocações do presidente Fernando Henrique Cardoso visam encontrar meios e mecanismos para intervir sobre as condições e posições que historicamente os não-brancos ocupam na sociedade brasileira. Naquela mesma declaração, Fernando Henrique Cardoso afirma que: "Em meio a isso, há, por exemplo, uma discussão, que deve mesmo ocorrer, sobre se é possível aplicar as cotas para determinados grupos [...]". Esta proposta ou sugestão pretende atender aos dois verbos que destaquei (organizar e proporcionar no futuro do subjuntivo). "Vamos apostar, portanto, na possibilidade de uma renovação que contenha um elemento inovador."

É fundamental destacar que o presidente da república estava criando novos mecanismos para se adequar à nova era e iniciando assim a construção de um processo de discussão no país sobre justiça sócio-racial com base em novos termos, novos paradigmas. Em suma, recolocando o país no processo democrático que se conecta às agendas de lutas, não apenas por questões atreladas às desigualdades raciais, mas à conquista de direitos civis e sociais mais amplos e plenos: um país para todos. Mas era de fundamental importância que, ao tomar tais decisões, o presidente evitasse vir a ser atropelado pela história. Os movimentos sociais negros não pretendiam mais perder a oportunidade que o fim do *apartheid* proporcionou. Havia clamores pelas mudanças em diferentes âmbitos da sociedade - nas mídias, nas universidades, nos movimentos negros -, sobre a possibilidade de políticas compensatórias como as ações afirmativas e cotas, defendidas desde os anos 1940 pelo grupo Teatro Experimental do Negro (TEN) de Abdias Nascimento.

Mas ao mesmo tempo, tais decisões vão proporcionar o "resgate" de memórias, narrativas e expressões de práticas culturais e sociais que, ao longo da história do país, foram sendo invisibilizadas ou relegadas ao universo do exótico, do folclórico e dos museus. Com este discurso, o governo de Fernando Henrique Cardoso adotava outra postura em relação às "hipocrisias" oficiais e apontava para novas direções. O mundo acabara de se deparar com experiências cujos atores sociais foram capazes de atropelar[91] dirigentes (a queda do muro, o desmoronamento da ex-União Soviética e o fim do *apartheid*). O discurso de Fernando Henrique implicava uma ruptura que se relacionava aos paradigmas colocados por essas mudanças mais ou menos contemporâneas.

Cabe ainda salientar que, além da comitiva integrada por homens e mulheres negros que foi a Durban, na África do Sul, em

---

[91] No momento em que redigia este artigo, os presidentes de alguns países da África (Tunísia, Egito, Algéria) foram depostos por movimentos sociais espontâneos. É bom reiterar que a imprensa de grande circulação no Brasil e na Europa falou "dos levantes dos países árabes", mas todos esses países são africanos e aqueles movimentos foram fomentados por africanos. No mesmo período em que o Islã com a língua árabe chegou ao atual Egito, foi o Marrocos, no mesmo período, que chegou no atual norte do Senegal. A arabização foi obra do presidente Nassser do Egito.

2001, para participar da III Conferência Mundial contra o Racismo, Discriminação Racial, Xenofobia e Intolerância, constituiu-se uma forte delegação de negros e de sociedades indígenas. Foi a primeira vez na história da diplomacia brasileira que tais movimentos sociais participaram em peso. É bom destacar que os participantes não foram para gritar que há discriminações, preconceitos, formas de racismo bem estruturadas que vitimam milhões de brasileiros de ascendência africana, e que isso impedia a participação e atuação nas esferas profissionais de maior prestígio e salário nas áreas econômica, política e acadêmica. Nem foram batucar ou mostrar a "sensualidade brasileira" nas passeatas, nas ruas e nos corredores do evento.

Se as autoridades governamentais estavam esperando por isso, todas foram pegas de surpresa na medida em que os movimentos negros e indígenas elaboraram excelentes documentos com dados dos órgãos oficiais (IPEA, IBGE), como também de alguns estudos universitários sobre os impactos negativos da discriminação sobre as populações negra e indígena. Tais documentos constituíam a nova e mais poderosa arma adotada para expor ao mundo o Brasil, país do "sucesso da democracia racial". Mas será que o governo não sabia sobre os documentos elaborados pelos movimentos sociais negros e indígenas? Com certeza, sabia.

Cabe lembrar que, depois do Seminário Internacional de Multiculturalismo e Racismo, organizado em Brasília em 1997, o governo de Fernando Henrique Cardoso multiplicou os esforços para discutir uma nova agenda mais adequada às exigências do novo milênio. Neste sentido, o governo encabeçou os preparativos da Conferência de Durban que ia acontecer em 2001. Todos os encontros regionais visando à participação brasileira na Conferência foram realizados com a alocação de dinheiro público pelo governo federal, sob a articulação da Comissão Preparativa legalmente empossada pelo presidente.

Ao longo dos preparativos regionais, foi formado um comitê composto por membros dos movimentos sociais negros e indígenas de ambos os sexos, com atuação profissional reconhecida. Estes produziram documentos fundamentados em dados extraídos de pesquisas realizadas por cientistas sociais sobre relações raciais, do IPEA e do IBGE, relativos à situação da população negra na sociedade brasileira.

Na Conferência Nacional preparativa realizada na Universidade do Estado do Rio de Janeiro (UERJ) em julho de 2001, os grupos de trabalho formalizaram propostas que o Brasil apresentaria em Durban e indicaram como seriam aplicadas pelo país. Estas propostas foram entregues ao presidente da república. Destacarei somente aquelas que vão contribuir para a análise:

— Que sejam criadas Delegacias de crimes, Plano Nacional de Combate ao Racismo e à Intolerância, de Discriminação Racial e Étnica com condições de real funcionamento, inclusive formação e treinamento dos quadros profissionais;
— Que sejam implementadas políticas e ações afirmativas na área de educação como instrumento fundamental de promoção de igualdade;
— Que sejam estabelecidas cotas para a população negra, nas universidades;
— Que sejam implantados no currículo escolar da rede pública municipal e particular, assim como nas universidades estaduais e nacionais, a história da África e as verdadeiras contribuições do povo afrodescendente na construção da formação política, religiosa e social do Brasil;
— Que seja criado um programa nacional de inventário do patrimônio histórico material e imaterial da cultura negra.

Muitas destas propostas faziam parte das reivindicações de luta dos movimentos negros na década de setenta. No entanto, vale destacar que Abdias do Nascimento já defendia nos anos 1940 políticas de cotas para os negros e o ensino da história da África, e dos africanos e dos seus descendentes no Brasil.[92]

Bem antes da ida da missão oficial do Brasil à África do Sul para a Conferência Mundial, as autoridades brasileiras já tinham acenado positivamente para a aplicabilidade de algumas das propostas dos movimentos sociais negros: ações afirmativas e cotas, e o ensino da história da África e dos afro-brasileiros e povos indígenas. Ao reconhecer no documento oficial brasileiro os impactos negativos da periferização dos negros na sociedade brasileira desde a abolição da escravidão, iniciavam um outro processo para levar a cabo a abolição da escravidão iniciada em 1888.

Dessa maneira, não se pode desconsiderar as pressões e mobilizações dos movimentos negros brasileiros iniciados de uma maneira organizada na década de 1970. Estas ganham novos impulsos com o fim do *apartheid* na África do Sul e a aplicação de novas políticas públicas colocadas em prática pelo governo de Nelson Mandela para corrigir as distorções decorrentes do sistema do *apartheid*. Entretanto, é preciso salientar que o fim do *apartheid* na África do Sul e a maneira como Mandela procurou conduzir o projeto de reconciliação nacional, sobretudo fazendo uso das práticas africanas (*ubuntu*) de justiça, restabelecem o equilíbrio social e poderiam ser vistas como uma das

---

92 Em 1964, no seu discurso na Universidade Federal da Bahia (UFBa), Leopold Sedar Senghor - presidente do Senegal e um dos pensadores do Movimento da Negritude - defendia que o Brasil deveria ensinar a história, as culturas e as línguas africanas nas escolas brasileiras. É bom destacar também que alguns professores universitários vêm desde os anos 1990 levantando o tema do ensino da história da África no Brasil. Robert Slenes, da Unicamp, é um deles. E ele vai mais longe. Robert Slenes sustenta que quando o ensino da história e das culturas africanas verdadeiramente engrenar, as ciências humanas no Brasil terão que reescrever boa parte do já foi escrito até agora e muitas "verdades" serão revistas.

melhores tentativas de implementação de políticas públicas e valores democráticos. Dessa maneira, contribuem levando à "nação sul-africana unida" e acrescentando a implantação de políticas públicas compensatórias.

As pesquisas realizadas por entidades governamentais e investigadores sobre as condições da população negra brasileira influenciaram fortemente o presidente Fernando Henrique Cardoso e o seu governo a tomar medidas políticas corajosas, alinhando-se a experiências e posições institucionais que marcaram os processos históricos de luta contra a minorização de africanos e seus descendentes em diversas sociedades.

Mesmo não tendo colocado em prática as propostas, ele já balizara um caminho para o próximo presidente da república, que assumiria em janeiro de 2003. Contrariamente aos discursos de políticos, acadêmicos e parte da grande mídia, que afirmava que o Brasil estaria copiando os norte-americanos, é indispensável salientar que alguns fatores foram determinantes, como os acontecimentos da África do Sul e os impactos da Conferência Mundial de Durban de 2001. Em Durban, as autoridades brasileiras assinaram e assumiram o compromisso de colocar em prática todas as recomendações e resoluções das Nações Unidas na luta contra a discriminação racial, xenofobia e intolerância. Entretanto, o mais impressionante é como os defensores de políticas de ação afirmativa e de cotas como também os que estão contra nunca falaram da "Lei do Boi". Será que eles desconheciam esta lei ou de repente uma amnésia geral se abateu na intelectualidade brasileira ou entre as pessoas de bom senso quando se deve falar da Lei do Boi?

Ao assumir tais compromissos, o governo de Fernando Henrique Cardoso pretendia, como já havia salientado anteriormente, recolocar o Brasil numa agenda que poria o país nos caminhos irreversíveis da democracia. Garantiria assim que o país se encaixasse nas demandas das agendas do novo milênio, nas quais o respeito às diversidades culturais está em pauta. É possível defender a "África" como inspiradora de mudanças, tendo precipitado as decisões políticas para a implementação das políticas públicas compensatórias. Nelas, os impactos positivos são, entre outros, o ensino da história e culturas da África, dos afrodescendentes e povos indígenas.

A lei 10639/2003 (BRASIL, 2012), que estabelece o ensino da História da África e da Cultura Afro-brasileira na rede de ensino do país, foi assinada por Luis Inácio Lula da Silva em um de seus primeiros atos enquanto presidente da república. Isto significa o reconhecimento da importância da questão do combate ao preconceito, ao racismo e à discriminação na agenda brasileira de redução das desigualdades.

Mas cabe ressaltar que o então ex-presidente Fernando Henrique Cardoso havia possibilitado a construção de espaços de discussão e elaboração de instrumentos político-legais, os quais o presidente seguinte encontraria já consolidados. Não podemos perder de vista as contribuições dos movimentos negros nesta conquista e também os impactos do fim do *apartheid* na África do Sul e dos processos de reconciliação da nação conduzida pelo presidente Nelson Mandela na aceleração da mudança dos rumos das políticas públicas no Brasil: ações afirmativas, cotas, legislação federal mais consistente contra a intolerância religiosa, homofobia, demarcação de terras para as sociedades indígenas e quilombolas, o ensino da história e culturas africanas, dos afro-brasileiros e dos povos indígenas.

Cidadania e novos debates no contexto pós-colonial

A primeira década do novo milênio presenciou fatos inusitados nas Américas: um antigo operário é eleito presidente da república no Brasil e um negro para presidente dos Estados Unidos. O presidente-operário-sindicalista realiza dois mandatos e consegue não só ofuscar o presidente-sociólogo, mas eleger uma mulher, ex-guerrilheira contra o regime militar, à presidência da república.

A posse e os primeiros atos de Luis Inácio Lula da Silva foram aguardados com muitas expectativas. Ele não poderia errar enquanto presidente da república. A assinatura da Lei 10639/2003 foi festejada pelos movimentos negros e alguns professores como uma das maiores conquistas dos movimentos sociais negros e de alguns intelectuais que lutavam há muito tempo. É, concordo. Mas será que o próprio ato de assinar um documento para autorizar o ensino da história da África não deveria suscitar reflexões, perguntas e análises, se nunca foi necessário autorizar o ensino da história da Europa, por exemplo, ou das Américas?

Não seria muita coincidência que essa conquista, parte da agenda de reivindicações de movimentos sociais negros, docentes e personalidades públicas, tenha sido alcançada por meio de decretos e leis? Isso não seria ainda um tipo de tutela? Ou foi a maneira encontrada para começar a reverter privilégios secularmente tidos como naturais para a população branca? Ou seria na realidade uma maneira de reconhecer publicamente erros "cometidos" pelos governos anteriores, apoiar as lutas dos movimentos sociais negros e garantir uma melhor distribuição de recursos?

Visualizo também outras coisas mais importantes nessa discussão. Primeiro, o Estado, enquanto uma arena privilegiada de disputa no processo de definição e consolidação dos direitos, das garantias e da distribuição de recursos econômicos, legisla para atender algumas das velhas reivindicações dos movimentos sociais negros. Neste sentido, a aplicabilidade das cotas e das ações afirmativas pode ser interpretada nessa chave analítica. Segundo, a questão da necessidade legal da institucionalização desses ensinos nos currículos escolares revela como o Estado brasileiro foi autor dos mecanismos sutilmente criados para manter privilégios de uma parte da população ao longo dos séculos XIX e XX. Talvez a lei seja uma tentativa de resposta a questionamentos políticos daqui e de alhures. Caso não fosse obrigatório, quando se começaria a mencionar e ensinar esses temas nas instituições de ensino do país? Será que isso se tornaria um movimento espontâneo dos professores, gestores ou mesmo da sociedade? Por que isso não era visto, ou era visto apenas por poucos, como importante e necessário? A lei não seria enfim a materialização do processo do reconhecimento da humanidade à população secularmente *periferizada* no plano da escala dos humanos e da cidadania?

Minhas perguntas visam, na realidade, apontar contradições presentes no mundo das elites, cujo carro-chefe é: "somos uma sociedade misturada", mas que nunca pararam para defender o ensino das culturas e histórias dos antepassados dos negros e das sociedades indígenas. Por que, sendo o Brasil apresentado como um país da "democracia racial", se encontrava até então negligenciado nos currículos escolares o acesso a informações, conhecimentos, literaturas, narrativas, embates históricos e sociais encabeçados por negros e seus descendentes ao longo do processo de formação do país? O que essa negligência revela a respeito da incoerência, para não falar do silenciamento, da omissão política e intelectual, de uma afirmação de "democracia racial"? O que os debates em torno da lei, e de outras políticas afirmativas, revelam sobre os alinhamentos, ambiguidades e rupturas dos que defendem e criticam esse discurso? Na verdade, essas perguntas têm a ver com os meus comentários acima.

Victorien Lavou Zoungbo (2005), no seu artigo *Et la traite créa le nègre: nombrar es crear... monstruos*, traz importantes informações que possibilitam apreender o significado simbólico da Lei 10639/2003: ensinar a história da África e as culturas dos afro-brasileiros torna-se um ato político.

O pensador (Ibid., p. 62, tradução livre do autor) defende que as pessoas tendem a afirmar que uma "coisa" só existe quando é nomeada, designada. Contudo, o autor sustenta que o ato de nomear é um ato simbolicamente violento «porque sempre supõe outro ato, anterior ou simultâneo, que consiste em anular, retirar o nome". Zoungbo nos fala da relação de poder, de hierarquia, de quem tem o poder de nomear, de classificar, invisibilizar ou visibilizar, de apagar as nanonarrativas, de minorizar, de apagar ou impor memórias, heróis, heroínas, e até de assinar. Uma nação resulta dessa *démarche* de constantes construções e reconstruções ao querer das elites com o poder de escrever, reescrever e apagar. Ao assinar a lei, o presidente acabou de nomear, de retirar da periferia para tornar visível e, ao mesmo tempo, questionar antigos pilares da identidade nacional brasileira.

Tal ato de nomear foi por si só um ato de violência, como bem salienta o pensador. Isso vale também para o ato de assinar uma lei que outorga uma conquista, porque tal ato constitui a materialização da permanência, da existência dos resquícios das relações colonialistas caracterizadas pela presença da ambiguidade na formação do estado-nação brasileiro. O ato de assinar derruba a velha relação paternalista colonial frente aos negros. "O 'Índio' e o 'Negro', é necessário reforçar, são pré-constructos ideológicos, historicamente construídos, mas cujos efeitos perversos ainda continuam vigorando" (ZOUNGBO, loc. cit.).

Mais de um século depois da abolição jurídica da escravidão, seus descendentes continuam as lutas para a conquista de uma cidadania, resgatando suas práticas culturais museologizadas ou transformadas em "cacos das culturas" dos seus antepassados, para poder se reencontrar enquanto seres humanos, recolocando-os nos pilares da edificação da identidade nacional, nas metanarrativas da nação. Assim, reconstruindo o passado da escravidão e do colonialismo a partir de suas experiências e conjunturas, criando uma nova maneira de conceber e se relacionar com as histórias de seus antepassados, questionando e propondo correções das estruturas da nação erigidas desde a independência. Voltando a Zoungbo, as novas condições estão permitindo a renomeação por parte dos secularmente transformados em minorias, em marginais e em oprimidos. É nesse sentido que as pessoas podem se refazer, reconstruir-se, como também a nação.

Aimé Cesaire (2005, p. 26-27) diz que nos anos 1930, em Paris, as preocupações dele, com o seu amigo Leopold Sedar Senghor, giravam em torno de certas inquietações: "Quem sou eu?" "Quem somos nós neste mundo branco?" "O que devemos fazer?" E finalmente: "O que podemos esperar deste mundo branco?" Tais inquietações perpassavam as fronteiras da França. Mergulhando nas histórias dos movimentos negros no Brasil, as mesmas inquietações estavam presentes nas reivindicações, nas atitudes e olhares de desespero estampados nas faces e marcados nos corpos da grande maioria dos brasileiros negros.

Em 2001, para poder escrever o artigo sobre as lutas dos negros no Brasil, fiz uma longa entrevista com Abdias Nascimento. No final da entrevista, ele relatou as dificuldades que vivia nos anos 1930 para alugar apartamento em São Paulo. Quando ele terminou esse relato, comecei a fazer as contas e fui percebendo que, sete décadas depois, tive de enfrentar as mesmas dificuldades.[93] Então, as colocações de Cesaire marcaram um momento

93 Chegamos ao Brasil no governo de Fernando Collor. O seu ministro de saúde falara um dia na televisão que os africanos tinham o vírus de AIDS. Quando chegamos em Salvador para fazer a graduação, alugar um apartamento era uma dor de cabeça por causa da declaração do ministro. Quando a gente se apresentava, vários donos nos diziam que não iam alugar para africanos porque eles têm AIDS.

histórico caracterizado pelos embates, críticas e alinhamentos coloniais – afinal eles foram para a França! – em que se produziu menos um "resgate" do passado e sim um movimento intelectual com importantes desdobramentos políticos e artísticos relacionados à escravidão e ao colonialismo.

Como esses pensadores, formados em certos contextos, criaram algo novo baseado em temas como raça, negros, violência, discriminação etc.? Cesaire esclarece que a pergunta "O que devemos fazer?" era uma preocupação de ordem moral, enquanto a última era de ordem metafísica. Segundo ele, situar-se no "mundo branco" francês, que era também deles, mas onde eram estrangeiros, demandaria o seu reencontro enquanto pessoa. "Eles produziram a literatura deles, mas nos, nós deveríamos fazer algo diferente, pois éramos negros. Era o negro que devíamos procurar em nós." Cesaire e Senghor estão dizendo que eles deviam resgatar, nomear, revalorizar suas riquezas culturais. E que, sem esta renomeação e revalorização, iriam continuar sendo eternos complexados e perderiam de vista as possibilidades de dialogar e reivindicar os seus lugares na sociedade francesa, que era deles. Eram franceses, mas com suas riquezas culturais que precisavam ser resgatadas para que as suas humanidades fossem respeitadas, para desconstruir os mitos de que o negro não tem história e nem culturas, e que ele é um ser inferior que deve sempre estar a serviço do branco pertencente à raça superior.

> Se a Negritude não foi um beco sem saída, é que ela nos levava para algum lugar. Aonde ela estava nos levando? Estava nos levando para nós mesmos. De fato, depois de muitas frustrações, mas ao assumir o nosso passado, [...] aparecia uma luz nos revelando a saída do túnel. Terremoto dos conceitos, sismo cultural, todas as metáforas do isolamento são aqui possíveis. Mas o essencial é que o Movimento da Negritude iniciou a empreitada para a reabilitação dos nossos valores

> para nós mesmos, aprofundando estudos sobre o nosso passado por nós mesmos, o enraizamento de nós mesmos numa história, numa geografia e numa cultura, tudo traduzindo não um passeio exótico e arcaico, mas sim uma reativação do passado para finalmente vir a superá-lo. (CESAIRE, 2004, p. 85-86, tradução livre do autor)

As reflexões de Aimé Cesaire refletem as lutas encampadas por diversos homens e mulheres negros, nascidos no Novo Mundo e nas colônias na África, e que congregam lideranças negras em diversas partes do mundo. Estas serviam para reverter o que caracteriza, ou o que produz as caracterizações do negro como problema em vários domínios. Quando Cesaire fala de terremoto de conceitos, ele está nos lembrando o ato de nomear destacado por Lavou Zoungbo (2005).

Conforme Cesaire, uma volta às "raízes negras", o assumir de suas origens negras, da sua negritude é essencial para que o negro venha a se posicionar no mundo branco e reclamar o seu lugar. Só esta atitude possibilitaria a um negro, que vive flutuando em sua própria sociedade, reconciliar-se nos planos emocional, psicológico e social, sem sentir-se inferior. O mesmo é salientado por Cesaire ao relatar que os negros devem mergulhar nos estudos da história e das culturas africanas e dos negros no Novo Mundo. Partindo desta reflexão de Cesaire, fica claro que, no caso brasileiro, o ensino da história e das culturas africanas e afro-brasileiras e das sociedades indígenas é de fundamental importância. Em suma, as contribuições da África e dos africanos para as civilizações mundiais passam a ser um dos principais recursos que os descendentes dos transplantados para o Novo Mundo possuem.

Mas quando este direito se torna um ato político resultante de décadas de lutas e "da bondade" de alguns políticos "esclarecidos", é que se revelam os limites ou, para ser mais exato, a periferização da cidadania destes cidadãos, em um país cujas elites se orgulham do "sucesso da democracia racial" e da falta de conflitos raciais abertos. Por isso, concordamos com Zoungbo (2005) quando assinala que "negro" e "índio" são duas categorias ligadas à história política e econômica dos processos coloniais.

Tais contextos levaram Aimé Cesaire (2004, p. 82, tradução livre do autor) a afirmar que essas realidades fizeram com que o negro partilhasse certas experiências independentemente da nacionalidade e da condição sócio-econômica: "[...] primeiramente, uma comunidade de opressão sofrida, uma comunidade de exclusão imposta, uma comunidade vítima de uma discriminação profunda." Porém, as afirmações de Cesaire revelam que, pela primeira vez, os homens foram desqualificados por serem oriundos das múltiplas periferias (colônias francesas, inglesas, portuguesas, espanholas) e de descendentes de escravizados africanos que estavam falando sem intermediários. A partir das suas experiências nas múltiplas e diversas sociedades onde se educaram, politizaram-se e tomaram consciência de que só eles poderiam lutar em prol das desconstruções, das renomeações e da conquista da cidadania plena no plano transfronteiriço e nas suas respectivas sociedades.

> Traços visíveis nos corpos feridos, cortados, torturados; mas estes corpos carregam também marcas de múltiplas experiências relacionadas à escravidão ou ao modo da exploração econômica. Uma das novas orientações nos estudos afro-americanos chama atenção para que se leia ou religue o corpo negro (atitudes, gestos...) a essas experiências da escravidão que a memória coletiva dos negros passou de geração a geração. (ZOUNGBO, 2005, p. 68, tradução livre do autor)

Podemos afirmar que a análise de Zoungbo sobre as práticas de nomeação e do rebatizar trouxe elementos para melhor apreender a estruturação das relações no mundo colonial na América Latina. No Brasil, ao longo dos mais de 500 anos de brutais contatos, de apreensão das articulações políticas, mobilizações dos movimentos sociais negros e indígenas, há a necessidade de negociações e embates com as autoridades para derrubar ou fazer recuar antigas barreiras protetoras e definidoras dos limites dos privilégios e poderes. Foram essas articulações, negociações e lutas dos movimentos sociais negros que possibilitaram a assinatura da lei sobre o ensino da História e das culturas africanas, dos afro-brasileiros e das sociedades indígenas.

Entretanto, o pensador não foi muito a fundo. O nomear, no contexto colonial, traz consigo o direito de classificar, hierarquizar, controlar, limitar ou dar liberdade, mas dentro dos limites desejados pelas elites. Ora, em qualquer momento esta liberdade pode ser retomada pelas próprias elites, desde que se julgue que há ingratidão por parte dos seus protegidos; pode ser suprimida por ser uma liberdade paternalmente concedida e que deve ser merecida. O nomear dá também a possibilidade ou, para ser mais exato, o poder de controlar até os desejos, os afetos,[94] por já determinar mentalmente o lindo, o belo, o melhor para se relacionar afetivamente[95] e para se casar, os projetos, as visões do mundo e até os sonhos de vida.

---

[94] O escritor sul-africano Peter Abrahams (1946) faz uma linda análise sobre isso na África do Sul no tempo do *apartheid*, no seu livro *Mine boy*. A minha aluna de graduação Mayara Fernanda Silva dos Santos fez o trabalho final do semestre 2011.I sobre este romance com o seguinte titulo: *Corações destruídos, distinções reforçadas: a diferença racial como um elemento determinante dos sentimentos no contexto sul-africano da década de 40*. Ela conseguiu resumir os dramas, as frustrações, mas também "os impactos psicológicos do *apartheid* que alcançaram os recantos mais íntimos dos seres humanos".

[95] Abdoulaye Sadji (1988), no seu livro *Nini, la mulâtesse du Sénégal*, conta como, no caso do município francês de Saint Louis na África Ocidental (atual Senegal), a mestiça Nini, ao receber uma carta de amor de um francês preto, se sentiu tão ultrajada que foi procurar o delegado de polícia para dar queixa contra o pretendente, por ter ousado fazer tais declarações. Seu sonho e todos os seus projetos afetivos consistiam em conquistar o "coração" de um francês

Só uns excepcionais conseguem superar os impactos negativos do nomear. Isso mostra que, dentro do processo colonial, o nomear é ao mesmo tempo um ato político e ideológico, pois este ato constitui os guardiões, os mecanismos de preservação dos privilégios e do poder concedidos pela "branquidade", por estados formados pelos brancos para atender primeiramente aos cidadãos brancos (WARE, 2004). Ele permite também outorgar arbitrariamente identidades relacionadas ou equiparadas aos diversos graus de tonalidade da cor da pele, tipos de cabelos, lábios, que estão automaticamente relacionados ao grau de moralidade, de ética, e ao mesmo tempo revelam que os nomeados e renomeados possuem direitos diferentes ou diferenciados, para assim marcar a verdadeira especificidade deste componente da população nacional minorizada e subjugada.

O colonizado, a partir destas nomeações, é, na realidade, um ser humano desmembrado brutalmente e boa parte da sua luta cotidiana consistiria em juntar as partes do seu corpo, da sua mente e também lutar para sair das múltiplas periferias; quer dizer das cidadanias morteiras com diria Maalouf. A sua humanidade passa a ser medida e mediada a partir do grau da tonalidade da cor da pele, da sua humildade diante do branco, do cabelo, do tipo de lábios (STONE, 2007). A luta dos movimentos negros no Brasil abarcava todas estas reivindicações, e o ensino da história e das culturas africanas possibilitaria o reencontro consigo mesmo. Para que se possam iniciar os processos de reencontro, é importante posicionar-se e afrontar as diversas formas de desmembramento que assolam a grande maioria dos afrodescendentes no seio da família e na escola.

---

branco. Fanon (2008) vai depois retomar analiticamente este caso no seu livro *Pele negra, máscaras brancas*.

No seu lindo trabalho reflexivo, fica claro que Lavou Zoungbo (2005) perdeu um pouco de vista o modo como o fato de nomear determina ao mesmo tempo a vida das pessoas no presente e no futuro. Além disso, as narrativas devem ser construídas, escritas, preservadas e repassadas, e isso deve ser *museado* como memórias, símbolos. O mesmo nomear torna o outro um estrangeiro no seu próprio corpo e mente: caso o trabalho de mobilização e de conscientização não tenha sido feito para reverter ou amenizar os dados psicológicos, seria preciso esperar as políticas públicas concedidas por "políticos bons, generosos".

Mas, ao mesmo tempo, é nesses lugares de nomear, batizar, que as eternas vítimas dessas nomeações e batismos estão encontrando forças, energias, brechas para realizar os processos de renomear e rebatizar em todas as Américas e em diversos setores da vida cotidiana, inclusive no Brasil. Seria muito ousado afirmar que foram tais lutas seculares e conquistas dos movimentos negros e indígenas que, na realidade, colocaram o Brasil no verdadeiro caminho da democracia, do respeito à diversidade cultural, da luta contra a intolerância religiosa, do acesso às terras, demarcação das terras quilombolas e dos povos indígenas e das lutas das novas agendas contra a homofobia, casamentos homossexuais, direitos da mulher? No "Novo Mundo" (as Américas), algumas das maiores e mais consistentes conquistas dos negros e seus descendentes foram alcançadas via levantes, escritos e fortes mobilizações dos movimentos sociais. Tais conquistas mudaram para sempre os rumos sócio-políticos de seus países e da humanidade. Quais curas psicológicas poderá a Lei 10639/2003 trazer para a população brasileira no processo de reconstrução da identidade nacional, das identidades, de apropriação de sua história e, portanto, de si?

Até onde o silenciamento das origens pode levar!

O meu pai foi posto fora de casa pelo meu avô, o pai dele, quando tinha 12 anos, porque era um dos quatro pretos da casa. Minha tia, Pastora, sua irmã, contava esta história. O pai deles era um galego maior que eu, dos olhos azuis. Só minha avó era aquela preta imensa, dona Belarmina. E ele botou para fora de casa meu pai, meu tio João, meu tio Antônio e a tia Pastora. (Pedro Cavalcante, depoimento ao CPDOC, em ALBERTI; PEREIRA, 2007, p. 46).

"Você tem aí a foto da tua mãe?" Eu disse: "Tenho sim." Enfiei a mão na carteira, peguei a foto da mãe e mostrei para ele. Ele olhou: "Sua mãe é branca?" Eu disse: "Lógico. Eu sou branco, minha mãe tem que ser branca." Ele cortou o assunto e, assim que percebeu que eu estava totalmente descontraído, fez a seguinte pergunta. "Tem uma foto do seu pai?" Eu disse : "Não tenho, não." Ele disse: "Não tem?" Eu disse: "É, frei, ter, eu tenho, mas está lá na mala." "Vai lá buscar." Eu disse : "A mala já está fechada e eu estou pronto para ir embora..." "Você vai embora, e eu quero conhecer pelo menos o teu pai de foto." Eu abro a mala, pego lá no fundo a foto do pai, trago e mostro para ele, todo humilhado. E ele diz: "Seu pai é negro." Aí deu um choque geral. Parado, nem saí do lugar, nem para frente, nem para trás, nem baixava. Ele pegou um copo d'água e disse: "O que está acontecendo?" Eu não conseguia falar, e ele disse: "Olha, você sofre de uma doença grave que você não tem culpa. Você sofre de uma doença perigosíssima, contagiante. Ela chama-se 'ideologia do embranquecimento'. E só você tem o remédio para derrubar esta doença. Se você não trabalhar, não atacar essa doença, vai te estragar todo e você vai ser uma pessoa sempre sofrida." Eu disse: "E como é essa doença?" Ele falou : "Essa doença leva a pessoa a rejeitar seu povo, sua raça, sua etnia." (Frei David, depoimento ao CPDOC, em ALBERTI; PEREIRA, 2007, p. 49-50)

As entrevistas das duas lideranças do movimento negro (Cavalcante e Frei David) revelam até que ponto os impactos negativos dos processos coloniais podem levar um ser humano à desintegração psíquica, materializando-se pela renegação total de si. O ser negro passou a ser um peso, uma infâmia, um cheiro insuportável, uma doença em relação à qual a luta consiste em se livrar, nunca conviver com ou passar por perto do portador. Passa a ser duro aceitar-se como negro. É preciso se renegar completamente e viver com roupas de empréstimo.

A Lei 10639/2003 seria, então, um meio para melhor qualificação ou para iniciar o doloroso processo de cura por parte do brasileiro atingido? É fundamental salientar que todos, independentemente do lado ocupado, estão atingidos por aquela doença. A Lei seria um reencontro psíquico do brasileiro consigo mesmo, independentemente da raça, da classe social e do sexo? O início dos processos de reconciliação individual e coletiva, o andar sem as máscaras pintadas segundo as cores permitidas, admitidas, suportadas, admiradas, desejadas e refletindo os humores dos outros? Ora, quem suporta reencontros psicológicos nas brutais e desumanizantes condições coloniais?

Voltando às informações fornecidas pelos entrevistadores, Pedro Cavalcante nasceu em 1948. Suponhamos que o pai dele o tenha tido com 27 anos; isto quer dizer que ele (o pai) teria nascido em 1921, ou 33 anos depois da abolição jurídica da escravidão. Em 1933, com 12 anos, foi expulso por ter a cor da pele preta, e depois os outros irmãos também foram renegados pelo próprio pai, que era um branco por causa da cor da pele. Mas como um pai ou os pais teriam chegado a tamanha façanha de rejeitar o próprio sangue por "alergias epidérmicas"? Não seria isso o reflexo de um tipo de doença? E se assim for, como ela fora adquirida?

Entre 1933 e 1998, o Brasil mudou drasticamente em diversos setores sociais, tecnológicos, culturais, políticos e econômicos.

Entretanto, lendo a entrevista do senhor Cavalcante, eu parei, comecei a fazer cálculos mentais e me dei conta de que, entre 1933 e 1998, passaram-se 64 anos. E entre 1933 e 2003, passaram-se 70 anos. Como explicar, então, tamanha coincidência refletindo o atraso das mudanças na mente das pessoas? Parece que algo parou no tempo e quase não mudou durante todo este período. E o que seria então?

Durante o trabalho de campo em Salvador para o mestrado, de 1997 a 1999, e mais tarde para o doutorado, de 2000 a 2004, deparei-me com situações inusitadas que acontecem numa sociedade cujo lema de orgulho presente na sua modernidade é: "somos um povo misturado; ninguém é branco aqui". Muitas crianças tornaram-se "meninos de rua" por terem sidos expulsos de casa pelos próprios pais, por ter a cor da pele mais escura que os outros irmãos. Como explicar então que, numa sociedade que se autoproclama tão misturada, haja ainda pessoas "alérgicas" a determinadas cores de pele, apresentando uma total aversão à cor preta dos seus conterrâneos brasileiros negros?

No trabalho final de mestrado, não mencionei tais descobertas inusitadas por duas razões. A primeira é que fiquei tão impactado emocionalmente, que não encontrava as palavras certas para descrever isso analiticamente. Comentei, ou para ser mais exato, desabafei com algumas pessoas próximas porque isso estava pouco a pouco me matando. Isso mexera comigo, e a presença desses meninos estava me revelando como os processos coloniais eram e continuam a ser ainda brutais e desintegradores em todos os planos do ser humano: assassinos silenciosos. Como bem dizem os *Bahula*,[96] trata-se da pequena morte. E

[96] Os *Bahula* são uma das sociedades que compõem a população do Senegal, da Guiné Bissau e da Gâmbia. São chamados no Senegal de *Mancagne* e em Guiné Bissau de *Brame*.

é analisando os impactos negativos da colonização interna nas Américas que fica mais fácil apreender a sofisticada análise de Lavou Zoungbo (2005) sobre nomear e batizar. Pois o nomear e o batizar erigiram os mitos e as ideologias acerca da inferioridade do negro em verdades "científicas" para melhor consolidar as hierarquias, blindar as barreiras de proteção dos privilégios e dos poderes. O pai de Cavalcante e as atitudes de Frei David só poderiam ser bem compreendidas dentro dos impactos negativos da colonização.

Os *Bahula* afirmam que esta morte é a mais dolorosa porque o morto percebe e sente que está morrendo, mas não tem como parar ou acelerar o processo da sua morte física e mental; além disso, ninguém percebe que aquela pessoa está morrendo. E o pior, o próprio assassino culpa o coitado morto como o único culpado da sua própria morte, por ter sido um fracassado. Quando não há uma morte física, o mesmo passa a ser um morto-vivo, perambulando entre as pessoas que não percebem que a sua alma já abandonou o corpo há muito tempo.

Entretanto, as informações trazidas pelo senhor Cavalcante levam a duas possibilidades interpretativas. A primeira é: será que o pai não mandou os seus filhos pretos para fora de casa por duvidar da fidelidade da sua esposa? Mas, se tal é o caso, por que não teria se separado da mulher? E por que a mãe não teria deixado o marido para ficar ao lado do filho expulso?

Acho que dados coletados em Salvador, com as mulheres cujas filhas saem de casa para não serem estupradas pelo padrasto, podem ser de uma valiosa contribuição aqui. Quando a casa é do padrasto, todas as mulheres afirmam que é melhor perder uma filha e continuar podendo ter abrigo e sustento para os outros filhos. Fechar os olhos e não sair de casa para proteger a filha vítima de tentativas de estupro passa a ser uma escolha dolorosa. Esta precisa ser feita pelo bem dos outros membros da família. A filha volta para visitar a mãe e os irmãos nos horários que ela sabe que o padrasto não se encontra em casa ou, às vezes, a mãe vai à rua visitá-la. Não há quebra de laços nem mágoas por parte da filha contra a mãe. Em outro contexto, quando a mulher é a dona da casa, ela manda o marido embora para proteger seus filhos. Caso ela não o faça, a filha sai, mas guarda mágoa e ódio da mãe. As relações ficam mais complicadas.

No caso da rejeição por tonalidade da cor da pele, evidencia-se uma quebra total de laços por parte dos pais que não querem mais saber do filho ou da filha. Muitos desses meninos já chegam às ruas com sérias sequelas de violência física e simbólica (humilhações), apresentando problemas de distúrbios mentais, psicológicos e emocionais. São os mais violentos e ficam ainda mais violentos quando não conseguem arrumar uma namorada. Para muitos, a vida de rua passa a ser uma salvação.

O senhor Cavalcante afirma que a sua avó era uma **preta imensa**. Naquela sociedade pós-abolição, a avó de Cavalcante "carregava duas aberrações": mulher imensa e de cor preta. Mas ela também devia acreditar ser uma aberração, na medida em que aceita o que lhe é imposto, ou seja, tem a certeza de que, fora do seu casamento, não encontraria outro, mas não qualquer outro: um outro marido branco de olhos azuis, como bem informou o senhor Cavalcante.

Como explicar então que aquele homem tivesse relações sexuais como uma mulher de cor preta e detestasse os seus filhos biológicos da cor da mãe e esposa? Não fora um só filho que o pai acabara mandando embora de casa por ter a cor preta, mas quatro. Será que o pai deles não queria deixar uma herança para a posteridade? Acredito que sim, queria ter filhos, mas não uns que poderiam manchar sua descendência e ascendência, pois os quatros filhos materializavam perfeitamente o fracasso, a feiúra, a inferioridade, a moralidade duvidosa. Devido à cor da pele, eles ficavam entre o animal e o humano na escala do que se acredita ser a inteligência, a beleza, a moralidade e a ética. Como um homem com os olhos azuis teria chegado a tamanha decadência moral, tendo filhos de cor preta? E por que se casar com uma "mulher imensa e preta", sabendo que há possibilidades de se ter um filho de cor preta? Mas qual era a condição social daquele senhor, avô do senhor Cavalcante? Aventureiro pobre, branco, que migrou para o Brasil à procura do enriquecimento e de mudança de *status*?

Seguindo as reflexões de Fanon (2008), podemos sustentar que aquela mulher via no marido branco de olhos azuis a sua salvação. Aquele marido permitia à mulher "limpar a barriga"; quer dizer, vir a ter uma descendência menos preta que ela. Entretanto, o que me marcou e ainda marca é que a tragédia daqueles meninos, expulsos dos seus lares por terem a cor da pele preta, é, na realidade, o reflexo da tragédia maior que assola um país: o Brasil.

Se algumas famílias acabam "jogando" os seus filhos de cor preta para as periferias das periferias, em muitas outras famílias, os filhos de cor preta foram aqueles que nunca conseguiam deslanchar na vida. Paralelamente às pesquisas sobre os meninos de rua em Salvador, e depois no Rio de Janeiro, passei a conversar com alguns colegas afro-brasileiros sobre o tema. Grande parte deles tinha, na própria família, os conhecidos cujos pais detestavam o filho de cor preta. Filho sempre tratado de diversas formas humilhantes, chegando a ouvir o pai dizer: "você foi adotado."

O que poderia parecer uma "brincadeira" era repetido sempre, e o menino, ou a menina, passava a acreditar nisso. Em Salvador como no Rio de Janeiro, nas histórias relatadas sobre os irmãos, irmãs ou conhecidos de ambos os sexos, a vítima acabava sendo empurrada pela própria família para uma vida de autodestruição, para que os próprios pais confirmassem que a "teoria" deles sobre a cor preta era verdadeira. E a luta destes pais consistia em evitar que a filha ou o filho se casasse com uma pessoa de cor preta: "de preto ou preta, basta eu."

No caminho à escola (KALY, 2005), em Salvador como no Rio de Janeiro, quando os meninos no ponto de ônibus são de cor preta, o motorista tendia a não parar para levá-los, caso não tivesse um passageiro para descer naquele ponto. Em Salvador, quando o motorista parava, os alunos eram obrigados a passar por baixo da roleta. Para as meninas de saia, era sempre um sério problema, na medida em que não conseguiam esconder suas calcinhas. E nos períodos de chuva, muitos desses alunos chegavam em casa ou na escola com o uniforme sujo por ter de passar embaixo da roleta.[97]

De outro lado, um aluno branco não enfrentava tais atos humilhantes. Parecia que os próprios motoristas e cobradores de ônibus já acreditavam que os alunos pretos não tinham nenhuma chance na escola ou fingiam que estavam indo à escola. A cor da pele passava ou ainda passa por sinônimo de fracasso ou insucesso escolar, de mentira, de ladrão. Entretanto, o cômico disso é que a grande maioria destes motoristas e cobradores "especialistas" era composta por negros. Mas como chegaram a se autodetestar, autorrenegar e autoviolentar tanto?[98]

---

[97] Uma colega e amiga loura norte-americana demorou para entender por que cada noite, após os treinos de capoeira, os seus colegas pretos pediam sempre para ficar com eles no ponto de ônibus. Sem a presença dela, eles tinham sérias dificuldades para conseguir parar o ônibus à noite mas, com ela, rapidamente conseguiam. Para muitos motoristas, não se podia deixar aquela branca no meio de um bando de pretos. Parar implicava salvá-la dos pretos.

[98] É frequente ouvir as pessoas dizerem que os policiais que mais humilham pessoas negras são policiais negros. Mas a pergunta subjacente calada é, ao meu ver, a seguinte: "como aquele policial chegou a este ponto?" Este policial tem a certeza de que pode humilhar sem correr nenhum risco de mexer com "pessoa errada"? Certo dia, presenciei uma situação inusitada em frente ao memorial

> Que quer o homem?
> Que quer o homem negro?
> Mesmo expondo-me ao ressentimento de meus irmãos de cor, direi que o negro não é um homem.
> Há uma zona de não-ser, uma região extraordinariamente estéril e árida, uma rampa essencialmente despojada, onde um autêntico ressurgimento pode acontecer. A maioria dos negros não desfruta do benefício de realizar esta descida aos verdadeiros Infernos. (FANON, 2008, 26)

A instabilidade psicológica e psíquica provocada pelas brutalidades cotidianas faz parte da vida da esmagadora maioria dos brasileiros de ascendência africana e os transforma em eternos esfomeados por segurança. Mas esta fome, cujos impactos vão muito além do fisiológico, os coloca no mundo do medo e da insegurança constantes. Eternos solitários nas corridas para as conquistas de eternos prêmios inalcançáveis, pois a linha de chegada está sempre sendo redefinida pelo outro que a criou e detém as regras do jogo classificatórias do grau de humanidade.

Em fevereiro de 2007, a minha amiga e colega, Patrícia Santos, levou-me para conhecer a freira Raimunda na casa de repouso de freiras no bairro de Botafogo, no Rio de Janeiro. Eram só velhas freiras negras sob o cuidado de outras freiras negras oriundas da Congregação Missionárias de Jesus Crucificado — MJC. Ao che-

---

Duque de Caxias, na Av. Presidente Vargas (Rio de Janeiro). Esse monumento está sempre guardado por dois soldados. Naquele dia, um senhor de bermuda e sandálias, ao chegar em frente aos soldados, parou e falou o seguinte: "Vocês estão aqui tirando onda de merda com esta farda. Conheço vocês, depois do trabalho, são iguais a mim. Moradores de favela que apanham da polícia todos os dias." O homem afastou-se e tirou a camisa, jogando-a no chão para em seguida pisá-la, dançando. Parei como muitas outras pessoas, olhando, e eu estava temendo pelo homem. Mas os dois soldados, mesmo com muita raiva, pareciam eletrocutados pelas palavras daquele senhor com aparência de louco.

gar, fui sendo apresentado às primeiras senhoras negras sentadas, até chegar à senhora Raimunda. Ela nos convidou para entrar no quarto dela. Quando entrei, comecei a olhar as poucas fotos existentes. Quando peguei a foto dela, ela parou, retirou da minha mão e falou o seguinte: "Esta foto marca o dia em que quebrei as correntes da escravidão." Ela falou com tanta seriedade que eu pareci perder o chão. Senti necessidade de ouvir a história daquela foto. Segundo a freira Raimunda, as freiras negras eram as empregadas domésticas das suas colegas brancas e jamais podiam usar o vestido de freira fora de determinados acontecimentos. Um dia, ela usou aquele vestido para se fotografar e nunca mais tirou. Ficamos mais de duas horas ouvindo as lutas daquelas senhoras negras religiosas tidas pelas colegas brancas como inferiores.

> O Instituto das Missionárias de Jesus Crucificado surgiu na primeira metade do século XX. O preconceito com relação à raça negra era ainda muito forte, muito mais do que se manifesta hoje. As congregações religiosas masculinas e femininas não aceitavam pessoas "de cor", eufemismo para indicar afrodescendentes. Dificilmente um negro conseguia lugar em seminário diocesano ou religioso. Com as congregações religiosas femininas a dificuldade era ainda maior. Todas elas de origem europeia, não acreditavam que o Evangelho e as virtudes cristãs pudessem abrigar-se em uma cultura pagã, como era o caso das culturas africanas, cuja expressão, o candomblé, era rejeitado e condenado como coisa do demônio. Além disso, não se acreditava que o negro pudesse viver a castidade. [...] As Constituições das ordens e congregações femininas, geralmente, vedavam o acesso a jovens da raça negra. Isso permaneceu até o Vaticano II. [...] Como o Instituto das Missionárias de Jesus Crucificado é anterior ao Vaticano II, não se poderia esperar que seus fundadores, Maria Villac e Dom Barreto, tivessem uma visão profética que os levasse a superar o preconceito racial que dominava também nas estruturas e organizações da Igreja Católica. [...]

> Eu, com os meus quase noventa anos, sou do tempo dos fundadores. Eu vivi o preconceito desde os meus primeiros anos de seminário (1931-941). [...] A diferença era que, ainda naquela primeira metade do século XX, o preconceito era de parte a parte: o branco se considerava superior e só pelo fato de ser branco (tinha o complexo de superioridade), e o negro, de modo geral, tinha o complexo de inferioridade e se considerava menos inteligente, menos virtuoso e menos capaz do que o branco. (José Maria Pires, depoimento em BEOZZO, 2009, p. 18-20)

No final do relato da freira Raimunda, comecei a perceber que há muitas frentes de batalha para a conquista da dignidade e que cada uma é tão importante quanto qualquer outra. Revi a freira várias vezes. Todas as histórias dessas freiras encontram-se no livro *Tecendo memórias, gestando futuro: histórias das irmãs negras e indígena, Missionárias de Jesus Crucificado - MJC* (BEOZZO, 2009). Quando o livro foi publicado, comprei e mergulhei nele. Os relatos da freira estavam. Mas faltavam naquelas frases as emoções, os rires, as entonações da voz, o brilho dos olhos e a alegria de ter "cortado as correntes da escravidão" ao sair para fazer a foto. Faltaram o carinho e a inteligência da existência que, no quarto da Raimunda, me sufocavam ou me libertavam. Ao terminar a leitura do livro, tive a mesma sensação daquela noite quando saí do quarto dela: a história de uma família, uma sociedade, um povo, uma nação se constrói a partir das nanonarrativas. E no contexto colonial, a luta e as conquistas do colonizado é que transformam o colonizador em um ser humano. O colonizado e suas lutas é que tornam as relações sociais mais humanas num contexto colonial, proporcionando a libertação dos dois lados. A colonização transfigura pessoas, famílias, pensamentos, crenças, a linguagem, porque cega as mentes e atrofia as visões e as apreensões do mundo; quer dizer, atrofia o ser humano na sua totalidade. A colonização torna desumanas ambas as partes, torna arrogante, constrói e sedimenta a crença da superioridade, como também da inferioridade. O convencido da sua superioridade e o da sua inferioridade são igualmente doentes.

Os dados trazidos levam a pensar que o não ensino da história da África e das culturas africanas e dos afro-brasileiros foi uma arma usada pelas autoridades para aprofundar ainda mais a desintegração do brasileiro de ascendência africana, já fragilizado devido à abolição parcial da escravidão, cuja finalidade visava e ainda visa ter um total controle sobre aquela população temida.

A recusa política de permitir que os brasileiros de ascendência africana conhecessem as suas origens, as contribuições da África e dos africanos na civilização mundial era uma excelente arma ideológica. Ora, tal recusa fez e faz com que o negro ou o ser brasileiro negro seja sinônimo de ser um brasileiro inferior e condenado a viver em todos os níveis nas múltiplas periferias. Esta recusa visava, na realidade, transformá-los em brasileiros cujas histórias começam apenas com a escravização dos seus antepassados. Contexto que faz com que muitos deles tenham vergonha das suas origens e de si mesmos. Isso não visava fazer deles brasileiros plenos, mas sim pessoas fáceis de manipular e controlar na medida em que desconhecem quem são. Desta maneira, jamais poderiam posicionar-se para exigir os seus direitos, o respeito aos seus direitos, e seriam eternos complexados, eternos inseguros.

O não ensinar a história da África, dos brasileiros de ascendência africana e dos povos indígenas no Brasil, não só fragmenta a formação acadêmica; contribui, também, para reforçar e manter vivas as crenças do eterno superior e do eterno inferior, baseando-se nas ideologias estabelecidas a partir das maneiras como eram os seus antepassados. Mas é indispensável destacar que este silêncio prejudicou mentalmente todos os brasileiros, inoculou doenças nas pessoas e como curar tais doenças? Os brasileiros seguidores das religiões de matrizes africanas têm que se esconder. Mas quando o seguidor é um branco, ele é visto pela sociedade como um progressista, enquanto um negro será sempre tratado com macumbeiro, feiticeiro. Os meus alunos de religiões afro-brasileiras me falam na base da confiança que são do Candomblé.

No caso dos brasileiros de ascendência africana, foram-lhes retiradas quaisquer possibilidades de posicionamento enquanto grupo para, em conjunto, reclamar e almejar conquistas maiores, com fortes repercussões nas suas instabilidades psicológicas e psíquicas. Por isso, há uma eterna luta pelo reconhecimento e aceitação que passa a ser individual. O brasileiro é uma pessoa fragmentada psicologicamente e em constante fuga do que lhe fizeram acreditar que é o ser negro: feio, burro, sujo, inferior. Essa é a maneira ou o meio encontrado para escapar do gene de "nascença" da inferioridade do negro enquanto humano.

Por isso é que, sem se dar conta, a luta pelo reconhecimento por parte de cada um deles não visa o reconhecimento das capacidades intelectuais, morais, e sim pelo reconhecimento da sua humanidade. A procura e a necessidade desenfreada de exibir as conquistas materiais é a mesma procura pela perfeição acadêmica e profissional imaculada; portanto, não visa somente à exteriorização das capacidades da pessoa, mas sim sua luta pelo reconhecimento da sua humanidade.

Tal contexto acabou fazendo do brasileiro negro um brasileiro sem direito de cometer erros de qualquer forma. Ele passa a ver olhos espiando em todos os lugares porque boa parte da sociedade diz e acredita que ele é incapaz e está à espera do seu falso passo, do erro provando a sua inferioridade racional:[99] "Quando o negro não suja na entrada, suja na saída." Pode parecer uma simples piada, mas sabe-se que uma piada veicula uma crença ideológica, um preconceito dissimulado. Ao cometer um erro, não é a pessoa que é condenada, julgada: são os de toda a sua raça.

Um professor, sobretudo universitário, tem de se empenhar para ser excelente, tem de marcar a diferença porque ele é "uma mosca no copo de leite". O marcar a diferença não consiste, em primeiro lugar, em provar que ele é intelectualmente bem preparado, mas sim dizer: "sou uma pessoa igual a qualquer branco" porque, inconscientemente, ele sabe que já foi catalogado, nomeado como inferior ao seu colega branco. Diante dos seus colegas brancos, há sempre um mal-estar. Parece que alguns dos colegas se sentem culpados de alguma coisa mal definida. Não sabem lidar com esse colega. Na realidade, há uma incapacidade de lidar de igual para igual com um conterrâneo e colega oriundo dos grupos étnicos secularmente marginalizados e oprimidos: o negro e o índio. Muitos assuntos passam a ser evitados ou, quando são colocados em debate, há posicionamentos paternalistas que acabam predominando.

As mesmas atitudes podem ser observadas nos programas de pós-graduação onde há um ou dois alunos negros. Nem os colegas, nem os professores parecem ter sido preparados para lidar com aquele ou aquela brasileiro/a. O real problema é a incapa-

---

[99] Como disse anteriormente, a derrota da seleção brasileira na final de 1950 no Maracanã foi atribuída a um só jogador: o goleiro Barbosa. Durante os preparativos da seleção brasileira para a copa do mundo dos Estados Unidos, esse senhor, com quase 70 anos de idade, foi saudar os jogadores, como faz a grande maioria dos antigos. Foi barrado pelo diretor técnico Zagallo, dizendo que Barbosa traz má sorte, e as televisões filmaram aquele senhor voltando para casa profundamente dilacerado.

cidade de lidar com igualdade com aquele aluno negro, pois inconscientemente suas capacidades intelectuais e a sua moralidade são sempre questionadas. O que não se consegue ver é que aquele mal-estar, ou o paternalismo, oculta muito mais um problema que não diz respeito àquele professor colega negro ou aquele aluno da pós-graduação negro, mas sim a um problema que diz respeito à sociedade brasileira, à nação brasileira.

Ele é sutilmente lembrado de que não pode reclamar, fazer perguntas embaraçosas. Na graduação, a situação é pior, porque o aluno negro fica calado não por falar pouco, mas por medo e insegurança. Ou é tristemente barulhento e visto como o palhaço da turma. A luta dele não consiste em ser um bom aluno, mas em "ter bons amigos". É preciso entender aqui por amigos, ser aceito por um grupo social que confirma a sua humanidade. A afirmação: "Tenho amigos brancos" para aquele aluno ou aquela aluna negra é a confirmação do que é uma pessoa.[100] Muitos negros já viram o mundo deles ruir ao descobrir que não foram convidados para o casamento daquele "amigo" ou daquela "amiga".

A crença na inferioridade do negro vem persistindo desde os tempos da escravidão e ao longo dos processos colonialistas na África. Mas é bom destacar que intelectuais negros, no Novo Mundo primeiro, e na África depois, vêm questionando estas ideologias, como no caso de Firmin (1885, p. 230, tradução do autor).

> Se a ciência, diante da qual estou acostumado a me inclinar, me desvenda enfim, a palavra cabalística ou o fio escondido que se precisa ter para forçar a natureza a falar [...] escutarei desconcertado, mas

---

[100] Não estou dizendo que não pode haver uma boa amizade entre uma pessoa negra e uma branca. Uma amizade nasce sem que se consiga explicar como nasceu.

> me resignarei. Mas se apesar da minha maior vontade, torna-se impossível apreender estes mistérios da antropologia, se tal como uma cortesã caprichosa que escondeu todos os seus favores, para fazer deles uma auréola em torno da testa iluminada dos Morton, Renan, Broca, Carus, Quatrefaces, Buchner, Gobineau, toda a falange feliz e orgulhosa que proclama que o negro foi destinado a servir e estar abaixo do branco, eu teria o direito de responder a esta antropologia mentirosa: Não, você não é uma ciência.

Publicado pela primeira vez em 1885 em Paris, o sumário do livro de Antenor Firmin (*L'égalité des races humaines*) revela que o mesmo é composto por análises das contribuições da África e dos africanos à civilização universal. O autor conseguiu posicionar-se desta forma por nunca ter dúvida das suas origens e de quem ele é neste mundo. Além do profundo conhecimento de história da África, ele era um exímio conhecedor das ideologias ocidentais sobre a inferioridade do negro, da história do seu país e do seu povo, da República do Haiti. Mas a leitura do seu livro deixa claro que, sem o domínio da história da África e dos povos africanos e de ascendência africana, ficaria quase impossível a Firmin conseguir, ainda no século XIX, realizar tamanha façanha de desconstrução das verdades "científicas" bem assentadas.

A persistência das ideologias sobre a inferioridade (negação, dúvida da sua humanidade) do afro nos seus respectivos países no Novo Mundo transformou o afro-brasileiro em eterno atleta rumo a uma linha de chegada eternamente inalcançável. Ora, esta linha de chegada foi criada pelo outro que também estabeleceu e ditou as normas que definem, classificam e hierarquizam o ser humano e a sua humanidade. Então, minha salvação enquanto afro, sub-humano, encontra-se nas mãos do outro. Mas ao saber quem sou eu, não seria possível apreender que a linha de salvação encontra-se em mim? O afro não a encontra porque foi o outro quem a definiu e classificou, e fez e fará dele um refém eterno, um brinquedo em suas mãos? Mas como a encontrar se estiver tão *desmembrado* a ponto de não ter mais força para juntar os cacos? E quando tem a força para juntá-los, o faz a partir da concepção do outro.

O brasileiro negro, como o brasileiro branco, estão ambos perdidos, ambos doentes. O negro luta para reverter a sua situação de marginalização, enquanto o branco acredita que a sua salvação encontra-se na ostentação do seu pertencimento ao mundo ocidental; quer dizer o mundo da eterna superioridade, da total perfeição, da beleza, da inteligência; em sumo do mundo cujos eleitos têm direito a ter direitos. Ele acredita que o caminho mais curto para resolver seus problemas identitários consiste a se autodeclarar cegamente, orgulhosamente ocidental, mas é também o meio para poder ideologicamente preservar seus seculares privilégios.

Considerações finais

A civilização mundial é o somatório de diversos processos civilizatórios decorrentes das engenhosidades de diversas sociedades em diversas partes do mundo. Ao longo da história da humanidade, houve intercâmbios, empréstimos e múltiplas formas de mestiçagens. Entretanto, os contatos iniciados no século XV entre os europeus e os africanos vão proporcionar mudanças drásticas cujos impactos negativos continuam assolando o negro em qualquer parte do mundo. Sua luta gira em torno do resgate da sua humanidade, que lhe foi negada e ainda continua sendo negada ou colocada em dúvida; quer dizer, suas capacidades enquanto ser humano: inteligência, capacidades, moralidade, ética, suas variadas formas de beleza e a luta pela conquista da cidadania. Mas cada conquista obtida pelos afro contribui sempre para curar as doenças de todos os envolvidos pelo processo colonial. A luta negra é a mesma pois se trata de uma comunidade vítima da opressão e da marginalização. Ora, uma das ferramentas para o resgate da sua humanidade, da sua cidadania passa em grande parte pelo conhecimento profundo da história da África, como também dos africanos ao longo da história da humanidade.

Ao falar da história da África e dos africanos no Brasil, a primeira ideia consiste em falar do tráfico atlântico. Tal postura ideológica acaba silenciando o surgimento do ser humano na África e seus movimentos migratórios para povoar diversas partes do mundo. Isso quer dizer que a primeira diáspora africana foi voluntária, e foi ela que deu início aos povoamentos e árvores genealógicas dos chamados hoje de "brancos", "negros", "asiáticos"... Silenciar esta primeira diáspora constitui uma monumental contribuição para reforçar e consolidar as falsificações ideológicas, históricas e humanas. O trabalho de silenciamento consiste em fazer acreditar que o Egito faraônico não se encontra na África.

Nesse sentido, a contribuição da África e dos africanos é pensada a partir do tráfico atlântico nos planos da culinária, de aspectos culturais etc. É importante esclarecer que tomamos como aspectos culturais tudo aquilo que é lúdico. As contribuições culturais, políticas, filosóficas, tecnológicas e sociais estão ocultadas: os conhecimentos tecnológicos, as técnicas agrícolas, a mineração, a rizicultura. A vida cotidiana vai revelando que as lutas dos negros estão ainda se fazendo necessárias.

Ensinar a história da África e dos africanos no Brasil, a dos brasileiros de ascendência africana e a dos povos indígenas visa, na realidade, proporcionar mecanismos para que cada brasileiro possa iniciar um passo em direção a ele mesmo primeiro e depois em direção ao outro para construir uma sociedade cujo ser humano seria a principal preocupação. E nesse encontro, possa dar mais um passo para os processos de reconciliação consigo e um processo de reconciliação nacional. A dignidade humana, a inteligência, a beleza não se mediriam a partir do grau da tonalidade da cor da pele mas sim pelo fato de ser um cidadão.

A escrita escolar da história da África e dos afro-brasileiros: entre leis e resoluções

Warley da Costa

Um currículo é diferença por natureza; é pura diferença; é diferença em si. Afinal, é um território de multiplicidades de todos os tipos, de disseminação de saberes diversos, de encontros "variados", de composições "caóticas", de disseminações "perigosas", de contágios "incontroláveis", de acontecimentos "insuspeitados". Um currículo é, por natureza, rizomático, porque é território de proliferação de sentidos.

(PARAÍSO, 2005)

Nas últimas décadas no Brasil, particularmente sob o efeito da construção dos Parâmetros Curriculares Nacionais (PCNs), os debates em torno do pluralismo cultural e multiculturalismo ganharam espaço no campo educacional. O caráter universal do conhecimento escolar foi colocado em xeque diante da valorização de saberes particulares associados às reivindicações de grupos étnicos ou sociais considerados "minorias", identificadas por fatores relativos a classe social, gênero, cor, sexualidade, religião, idade, entre outros. O tema transversal *pluralismo cultural*, incluído nesse documento curricular, trouxe à tona questionamentos sobre o fazer docente diante do reconhecimento da diversidade cultural legitimado pelo próprio documento: "É sabido que, apresentando heterogeneidade notável em sua composição populacional, o Brasil desconhece a si mesmo. [...] Historicamente, registra-se dificuldade para se lidar com a temática do preconceito e da discriminação racial/étnica." (BRASIL, 1997, p. 20)

Ao mesmo tempo, as demandas políticas da luta do movimento negro no Brasil, por mudanças para maior visibilidade e legitimidade dos grupos "oprimidos e derrotados", intensificadas a partir da década de 1980, abriram espaço para as discussões sobre as ações afirmativas e os direitos de reparação, para as populações afrodescendentes. Apesar de, desde a década de 1950, o Estado ter assumido iniciativas em relação a essas populações, como a Lei Afonso Arinos em 1951,[101] foi a partir desse período, especialmente com a Constituição de 1988, que essas reivindicações ganharam fôlego. A Carta delegava ao Estado o compromisso de proteção " às manifestações das culturas populares, indígenas e afro-brasileiras, e das de outros grupos participantes de processo civilizatório nacional." (Art. 215 da Constituição Federal). Desde então, o Estado passou a agir diretamente propondo ações políticas sobre a questão, como a concessão de direito à terra aos descendentes de escravos e a implementação de políticas educacionais e culturais especiais como a política de cotas raciais nas universidades. Nos anos 2000, durante os governos de Fernando Henrique e Lula, foram sancionadas várias leis[102] fruto das reivindicações do movimento negro e que se referiam aos direitos de reparação dessas populações. No âmbito da educação, a Lei 10.639 de 2003, sancionada pelo Presidente Lula, tor-

---

[101] A Lei Afonso Arinos (Lei nº 1.390) tornou o preconceito racial, contravenção penal.

[102] O Decreto 3.551 de 2000, instituiu o patrimônio cultural e imaterial a partir da valorização da cultura afro-brasileira, o Decreto 4.228 de 2002 instituiu o Programa Nacional de Ações Afirmativas. O Decreto 4.887 de 2003 regularizava o direito à terra dos descendentes de escravos.

nou obrigatório o ensino da história da África e dos afro-brasileiros nos currículos de educação básica.[103]

Decerto, a inclusão desses conteúdos escolares no currículo já se constituía como orientação em documentos curriculares que antecedem a Lei 10.639/2003, referidos anteriormente. Uma vez "garantida" a sua inclusão em 2003, ocorreu então ampla mobilização de diferentes esferas sociais visando a efetivação de reformulações nos currículos escolares. Esse movimento teve como desdobramento a elaboração das *Diretrizes curriculares nacionais para a educação das relações étnico-raciais e para o ensino de história e cultura afro-brasiliera e africana,*[104] a criação de cursos para professores em serviço; além de propostas de alteração das grades curriculares nas universidades.

No que tange ao ensino de História, a obrigatoriedade da inclusão da história da África, da cultura afro-brasileira e da cultura indígena no currículo levantou algumas polêmicas entre os sujeitos envolvidos nos fazeres desta esfera social: Como incluir os novos conteúdos? Uma vez incorporados, quais os conteúdos que se deve excluir? Que história ensinar? Como ensinar a história da África sem ter recebido a formação necessária? Qual é o papel dos profissionais da História (professores/pesquisadores) em meio a tais mudanças? Que fluxos de sentido de tempo perpassam essas histórias na medida em que diferentes leituras de passado são mobiliza-

---

[103] Esta Lei sofreu alterações em 2008 quando a Lei 11.645 estabeleceu a obrigatoriedade da introdução da "história e cultura afro-brasileira e indígena".

[104] Diante da implementação da Lei 10.639 foram definidos os seguintes pareceres e resoluções: Parecer nº. 03/2004 do Conselho Nacional de Educação, estabeleceu Diretrizes Curriculares Nacionais para a Educação das Relações Etnicorraciais e para o Ensino de História e Cultura Afro-Brasileira e Africana, e a Resolução, nº. 1, de 17 de junho de 2004, o Parecer CNE/ CP nº. 03,datado de 10 de março de 2004, indicando os conteúdos a serem incluídos e também as modificações nos currículos escolares; a Resolução CNE/CP nº.1 detalhou os direitos e as obrigações dos entes federados perante a implementação da 10.639.

das? Esses, entre outros questionamentos, são comuns na escola e nas pesquisas.[105] Desse modo, a História escolar tomou para si a responsabilidade de levar à frente esse desafio, visto que lida com a questão da identidade, diferença e memória no seu dia a dia.

No que tange às políticas de currículo, a formulação de resoluções e documentos como *Diretrizes curriculares nacionais* trouxe à tona lutas hegemônicas envolvendo vários agentes sociais e políticos pró ou contra as ações afirmativas e de direito à reparação. A polêmica que inicialmente foi travada em torno das políticas de cotas na Universidade se estendeu ao Ensino Básico. Esses textos, como orientação e texto curricular que tramita na esfera escolar, se configuram como importante lócus de circulação de diferentes discursos historiográficos e pedagógicos. Neste sentido, reconheço a presença de diferentes discursos que investem de forma diversa sobre sentidos de raça, cultura e "negro", que se articulam discursivamente produzindo interlocuções de diferentes matrizes teóricas em contextos históricos particulares.

Essa questão, que emerge no âmbito do currículo de História, revela as tensões entre as demandas do presente e as "raízes" do passado, o embate entre a história nacional e a história dos grupos que reivindicam maior visibilidade neste espaço enunciativo.

Assim, diante das questões levantadas inicialmente, proponho-me a analisar nesse contexto discursivo criador/ receptor/ publicizador desses saberes, os documentos elaborados no nível da noosfera (CHEVALLARD, 2009) para fins de implementação deste "conteúdo escolar" (trechos da LDBEN, Lei 10.639, Lei 11645, Resoluções do CNE de 2010 e as *Diretrizes curriculares nacionais para a educação étnico-raciais e para o ensino da história e cultura afro-brasileira* de 2004) os sentidos de negro. Nos primeiros documentos, leis e resoluções, analiso como as narra-

[105] Ver OLIVEIRA (2010) e SANTOS (2010).

tivas de negro, localizadas em uma cadeia equivalencial, foram se fechando temporariamente em busca de hegemonia, nesses horizontes textuais ao longo do tempo. Este investimento tem como base algumas noções da teoria do discurso de Laclau e Mouffe (2004) que considero férteis para o debate em torno dos processos de identificação e produção da diferença.

Quanto às Diretrizes Curriculares Nacionais/2004, à luz da epistemologia social escolar, apoiada na teoria da transposição didática (CHEVALLARD, 2009), faço uma breve leitura das marcas identitárias e historiográficas que perpassam esse texto, que como uma ação da noosfera fazem a mediação entre as demandas políticas do movimento social e as políticas de currículo no Brasil no trabalho de "transformação" desses saberes. A escolha deste último documento, as Diretrizes Nacionais Curriculares de 2004, justifica-se por ele constituir-se como o primeiro documento orientador "oficial" das práticas e conteúdos exigidos por lei. Além disso, a sua elaboração contou com a participação de professores/militantes do próprio movimento e professores da escola pública.

Desse modo, a questão central que busco desenvolver neste artigo é: como fluxos de sentidos de negro, acionados pelos movimentos sociais e implementados pelas políticas curriculares, contribuem para o processo de reelaboração didática desse conhecimento escolar? Pretendo, assim, compreender como os sentidos em torno dos significantes "identidade negra", "negro", "racismo" têm sido desenvolvidos neste contexto discursivo específico: o currículo de História.

Um diálogo com a teoria do discurso

Como aporte teórico para esta análise me apropriei de alguns conceitos da teoria do discurso de Laclau e Mouffe (2004) que serão apresentados brevemente a seguir. Um primeiro aspecto que considero potencialmente fértil é a concepção de discurso defendida por esses autores, na medida em que se propõem a superar uma visão meramente representacional da linguagem tão comum nos trabalhos que abordam o conhecimento escolar. A concepção de discurso dos autores parte do entendimento de que o significado se define por sistemas particulares de diferenças, para eles, "algo é o que é somente por meio de suas relações diferenciais com algo diferente."(LACLAU; MOUFFE, 2004, p. 92). Para Laclau, o discurso não se reduz à linguagem, ele abarca o conjunto da vida humana significativa, práticas econômicas, políticas e linguísticas, o que é concebido como realidade, depende da significação discursiva desses objetos em determinados contextos e ações.

Vejamos a definição de discurso na voz do próprio cientista político argentino:

> Por discurso, como já precisei em várias outras ocasiões, eu não entendo algo limitado aos domínios da fala e da escrita, mas um conjunto de elementos nos quais as relações desempenham um papel constitutivo. Isso significa que estes elementos não pré-existem ao complexo relacional mas se constituem por meio dele. (LACLAU; MOUFFE, 2004, p. 86)

Assim, os autores, apesar de não negar a existência de objetos fora do discurso, defendem que não existe distinção entre práticas discursivas e não discursivas, ou mais ainda, que nada tem sentido a não ser no interior de um discurso.

Um segundo aspecto relevante defendido pelos autores é o conceito de prática articulatória entre elementos diferentes em disputa no campo da discursividade. Esses elementos são estancados por articulações hegemônicas provisórias que fecham o campo discursivo que se constrói em torno de significantes provisórios. Neste sentido, a prática articulatória operando com a lógica da equivalência e a lógica da diferença garante a produção de diferentes discursos em disputa no campo da discursividade. O "social" passa a corresponder assim a um sistema de diferenciação permanente e indefinida, um amplo campo da discursividade no qual se travam as lutas hegemônicas pela fixação de sentidos. A heterogeneidade passa a ser vista como constituinte do social, ele mesmo resultado de práticas articulatórias entre elementos diferentes (LACLAU, 1996).

Podemos dizer que uma identidade discursiva, para se fixar e se constituir como tal, necessita antes se diferenciar em relação a outras. Assim, o sentido de práticas articulatórias extrapola a ideia de identidade plenamente constituída pela oposição em relação ao diferendo. Ao contrário, "pressupõe igualmente o questionamento do binarismo dicotômico que tende a confundir diferença com negação e oposição" (GABRIEL, 2010, p. 11). Assim, os sistemas de significação são constituídos por diferenças e diferimentos infinitos, a estabilização temporária resultaria num fechamento deste sistema.

A afirmação de Macedo é elucidativa em relação a essa questão: os fluxos são estancados por articulações hegemônicas provisórias, que fecham o campo discursivo que se constrói em torno de significantes instáveis. Assim, poderíamos definir a identidade como uma estabilização temporária produzida em lutas hegemônicas, por um corte de fluxos de sentidos. (MACEDO; COSTA, 2008)

Neste quadro teórico, entendemos a diferença como sistema discursivo, como deslocamento e não como binarismo dicotômico, ou seja, a diferença reduzida ao que não é.

Dessa forma, esta concepção teórica é fecunda para se pensar os desafios que envolvem o campo da epistemologia escolar, especialmente as discussões sobre a produção, circulação e consumo do conhecimento histórico escolar como abordaremos a seguir.

A reelaboração didática dos saberes escolares: as contribuições da teoria da transposição didática para o debate

A questão da especificidade epistemológica do conhecimento histórico escolar ganhou corpo como objeto de pesquisa para o campo do ensino de História, aquecendo os debates entre os pesquisadores das áreas da Educação e da História. A apropriação dos estudos que giram em torno da compreensão do processo de construção dos saberes curriculares, com base na epistemologia social escolar[106] (DEVELAY, 1988, 1995; CHEVALLARD, 2009; MONTEIRO, 2002; GABRIEL, 2003, 2006) para o ensino de História, emergiu neste período como uma contribuição importante. A defesa de um conhecimento escolar com especificidades próprias, constituído com um relativo grau de autonomia, que o diferencia do saber de referência socialmente legitimado, marcou inúmeras pesquisas nesse campo de conhecimento no Brasil (MONTEIRO, 2002, 2007; GABRIEL, 2003, 2006; LEITE, 2007; LOPES, 2008).

Para a sustentação da argumentação a favor da existência de um saber histórico escolar diferenciado, assim como a amplia-

---

[106] A epistemologia escolar se refere aos processos de construção de saberes que circulam na escola, considerando a especificidade de suas condições de produção, transmissão e circulação.

ção do conceito de epistemologia, busquei na linha de pesquisa desenvolvida por Chevallard[107] o conceito de transposição didática para se pensar a complexidade do papel desempenhado pelos saberes no processo de reelaboração didática à luz de uma abordagem discursiva. Compreendo que os processos de transposição didática se constituem como processos discursivos em meio a disputas por fixações de sentidos hegemônicos de saberes considerados escolares (ou não).

O conceito de transposição didática defendido por esse autor, mesmo situando-se na área da Didática da Matemática, tornou-se referência para se pensar o ensino de outras disciplinas. Deste modo, importa considerar as contribuições teóricas do autor para pensar os questionamentos suscitados pela abordagem da epistemologia social escolar visando compreender a relação do saber escolar, com os seus saberes de referência, imbricados no jogo político, por sua legitimação. Assim, interessa trazer as tensões que envolvem os sentidos de objetivação, de busca do que é "verdadeiro" e "legítimo" como conhecimento escolar entre os processos de significação para fixar sentidos de conhecimento escolar.

Um primeiro aspecto das teorizações chevallardianas a ser destacado está relacionado à aposta do autor na diferenciação entre os saberes, atribuindo assim um lugar particular ao conhecimento escolar. Para o teórico, para que um determinado saber possa ser ensinado, torna-se necessário estabelecer um distanciamento entre os demais saberes que lhe servem de refe-

---

[107] Vale ressaltar que Chevallard (2009) foi lido e estudado a partir de seu livro de referência, *La transposicion didáctica: del saber sábio al saber enseñado*. Para a compreensão da potencialidade da categoria "transposição didática" no quadro teórico de Chevallard, faz-se necessário, em primeiro lugar, compreendê-lo como uma produção discursiva, no bojo dos debates no campo da Matemática, na década de 1980, que emergiu no contexto de disputas de sentidos na Didática das Matemáticas na França nesse período.

rência, em especial o saber acadêmico. O saber acadêmico, ao deixar de ser visto como a única forma de inteligibilidade de leitura do mundo, permite que o saber escolar adquira uma vida própria, relativamente autônoma. Apesar da ênfase da produção chevallardiana recair sobre a centralidade do saber acadêmico, como referência para a reelaboração do saber escolar, o conceito de transposição para esse autor não se limita a simples transferência de um saber acadêmico para um saber ensinado.

Outros aspectos a ressaltar são as adaptações e mudanças por que passam os saberes no processo de transposição didática. Considero significativa a reflexão sobre o processo de "transformação" do saber a ser ensinado, em objeto de ensino, elaborada pelo autor.[108]

Esses mecanismos abordados pelo autor estão associados à necessidade de uma forma de legitimação/objetivação/ sentidos de verdade dos saberes escolares, pois segundo Chevallard (2009, p. 87),

> Os saberes envelhecem, se gastam, porque se distanciam sobremaneira dos novos saberes produzidos no campo acadêmico, [...] ou porque não atendem aos novos pactos de poder instituídos, ou já são do pleno domínio do senso comum, perdendo legitimidade para o ensino escolar — "desgaste moral". Para restabelecer sua legitimidade, um novo fluxo de saber acadêmico se impõe e a dinâmica da transposição didática se restabelece para reelaborar novos saberes a ensinar e ensinados.

A argumentação do autor abre brechas para o reconhecimento da dimensão discursiva na problemática da reelaboração de

---

[108] Para maior aprofundamento sobre os mecanismos e transformações dos saber a ser ensinado consultar MONTEIRO (2007), GABRIEL (2003), COSTA (2012).

saberes. O que implica em pensar que os saberes escolares ou em sua versão acadêmica, em processo dinâmico de reelaboração, necessitam fixar novos fluxos de cientificidade ante a efetuação da transposição didática.

Chevallard analisa o trabalho de transposição didática em dois planos: o trabalho de transposição interna, na sala de aula/escola, e o trabalho de transposição externa, na noosfera, sem deixar de considerar o entorno social onde está inserido esse sistema.

Para esse autor, a noosfera "evidencia a emergência de instituições dos saberes" (CHEVALLARD, 2009, p. 214), ou seja, é a interface entre a sociedade e as esferas de produção de saberes. (leis de ensino, currículo oficial, política do livro didático) configurando-se como um espaço de conflito. "É o lugar onde se designa o saber-a-ensinar, onde se processa uma seleção dos saberes que podem e/ou devem ser ensinados. É a instância que se preocupa com as questões relativas à transposição externa e à normalização dos saberes." (GABRIEL, 2003, p.185). Esta é a esfera na qual se pensa o processo de didatização, ela age "como um filtro entre o sistema de ensino e a sociedade em geral" (idem). Apesar desse espaço determinar o que se deve ensinar, ele não pode ser visto como único e exclusivo reprodutor da política oficial, ou seja, como algo imposto de cima para baixo.

Desse modo, para sua própria sobrevivência, ele, o conhecimento escolar, prescindiria de uma forma de compatibilidade com os grupos de interesse da sociedade. Ele também necessita de renovação, na medida em que se torna desatualizado. Nessa dinâmica, que não se limita ao campo educacional, há a interferência de vários agentes sociais. Para o autor, "Essa camada exterior do sistema didático se compõe [...] de toda uma gama de elementos, desde o professor, [...] passando pelo militante ativo, indo até o matemático conhecido, que se preocupa com as questões do ensino, ou à administração [...]" (GABRIEL, 2009,

p. 167). Um dos agentes, o professor, pode influenciar na elaboração e seleção dos saberes a serem ensinados através de contribuições para a elaboração de bases curriculares ou, ainda, sobre os conteúdos dos livros didáticos na medida em que pode decidir sobre a sua escolha, exercendo uma relativa influência sobre os conhecimentos por eles veiculados. Do ponto de vista desse estudo, que investiga os sentidos de "negro" nos documentos curriculares, identifico a interferência de alguns atores sociais, os militantes do Movimento Negro, sobre esse espaço de transposição externa. A pressão exercida por esses grupos possibilitou a inclusão no currículo do ensino da história da África e dos afro-brasileiros, implementado por lei (10.639) e regulamentada pelas Diretrizes Curriculares do Ensino Básico no Brasil a partir de 2003.

Entre Leis e resoluções: a introdução do ensino de história da África e dos afro-brasileiros nos currículos de História

No âmbito da educação, a Lei 10.639 de 2003 alterou o artigo 26 da LDBEN estabelecendo em 2004 as *Diretrizes Curriculares Nacionais para a Educação das Relações Étnico-raciais e para o Ensino de História e Cultura Afro-Brasileira*. Em 2008, como alteração da primeira, a Lei 11.645 incluiu no mesmo artigo da LBDEN o texto "história e cultura afro-brasileira e indígena". Em 2010 as resoluções CNE/CEB de números 4 e 7 reafirmaram a legitimidade dos "conteúdos programáticos" referentes à história e cultura afro-brasileira e dos povos indígenas brasileiros referenciados pelas leis anteriores. Dito isto, e em meio às disputas por sentidos de negro nos processos de significação nos currículos escolares, cabe situar o debate acerca das políticas de currículo, que são permeadas por relações de poder quando se trata de pensar o processo de seleção, organização e consumo dos conteúdos escolares.

A obrigatoriedade do ensino de história da África trazida pela citada lei trouxe à tona uma mobilização do campo educacional fazendo emergir diferentes tensões e problemáticas afetando a sociedade como um todo. Tanto o ensino básico quanto o ensino superior foram mobilizados em busca de novas políticas educacionais mais condizentes com as demandas atuais. Algumas instituições de ensino superior também se mobilizaram nesse sentido, oferecendo cursos em nível de pós-graduação.[109] O currículo escolar, visto então como um terreno fértil para a proliferação dessas demandas do nosso tempo, configurou-se como palco de lutas hegemônicas que refletiram, nas práticas articulatórias dos agentes envolvidos, nos embates de narrativas que mobilizaram sentidos de saberes escolares, temporais e identitários.

Em meio a essas tensões, um eixo de questionamentos se apresenta como desafio para a escola e para o currículo de História: que saberes de referência são mobilizados para tornar a história da cultura africana e afro brasileira ensináveis? No caso específico da produção desse conhecimento histórico escolar, como se situa a produção acadêmica, uma vez que, neste caso, ela não se constituiu inicialmente como campo de referência? Quais as matrizes históriográficas acionadas para a escrita da história da África e dos afro-brasileiros? Uma vez a escola pública e as universidades mobilizadas para a incorporação deste conhecimento histórico, quais são os fluxos de sentidos de "negro" que são mobilizados visando conquistar legitimidade como tal? Como equalizar a crítica antiessencialista no que tange ao ensi-

[109] Como exemplo dessa inciativa destaca-se o curso de História da África do Centro de Estudos Afroasiáticos da Universidade Cândido Mendes, RJ.

no da cultura negra e indígena e a sua introdução como conteúdo a ser incluído objetivamente em meio a outros conteúdos?

Assim, tendo como base documentos como leis, resoluções e diretrizes, que como uma ação da noosfera, foram elaborados para a implementação desses conteúdos escolares, problematizo as estratégias discursivas para a enunciação das demandas dos grupos afrodescendentes que buscam afirmar uma identidade negra fixada por reivindicações essencialistas norteadas por um passado comum a fim de desestabilizar os discursos hegemônicos nesses horizontes textuais.

Dessa forma, os textos curriculares podem ser entendidos e problematizados como narrativas que produzem significados em disputa no meio político. No caso dos contextos discursivos em pauta nesta seção, os corpos dos textos privilegiados para esta análise, estão permeados por narrativas étnico-raciais e por narrativas nacionais. Tais narrativas podem prestar-se a evocar os mitos da origem nacional/racial que legitimem o poder dos grupos raciais, ditos subalternizados, em detrimento dos dominantes, dos grupos raciais considerados hegemônicos na sociedade.

Nesse sentido, as narrativas identitárias constituem-se como práticas discursivas poderosas, uma vez que o conhecimento incorporado pelo e no currículo acerca das reivindicações desses grupos, está associado ao processo de significação e identificação produzidos pelos/as estudantes afetados pelo currículo de História. Todavia, é importante ressaltar que o trabalho de significação e identificação pela fixação de sentidos de negro no currículo escolar, tem o caráter contingencial, pois os significados "transportados" por essas narrativas curriculares não são, definitivamente, fixos. Em meio a uma cadeia equivalencial, esses significados se fixam provisoriamente em uma cadeia da diferença. Há algo de subversão ao que é hegemônico para que essa narrativa se universalize. Dito de outro modo, através das narrativas curriculares, as identidades são constituídas e significadas tanto quanto são questionadas, contestadas e disputadas em meio à complexidade do social. E, a partir do processo de significação e de lutas políticas em voga no texto curricular, é possível compreender os processos de reelaboração didática nesses documentos.

No recorte privilegiado para este artigo, são infinitas as questões que envolvem múltiplos olhares na elaboração das narrativas históricas escolares, passando do âmbito social ao currículo escolar em que estão em disputa diversos agentes sociais. Como adverte Lopes (2006, p. 38):

> [...] são múltiplos os produtores de textos e discursos - governos, meio acadêmico, práticas escolares, mercado editorial, grupos sociais os mais diversos e suas interpenetrações -, com poderes assimétricos, são múltiplos os sentidos e significados em disputa.

No artigo citado, a autora questiona a concepção de que o Estado centralmente produz políticas de currículo e defende o papel das comunidades epistêmicas na circulação de discursos que produzem essas políticas. Além das comunidades epistêmicas, "O movimento didático mobiliza sujeitos que atuam, fora da escola, em espaços institucionais de decisões e controle onde são produzidas políticas de currículo." (MORAES, 2012). No caso das lutas pelas narrativas de negro nos currículos escolares, os movimentos sociais ocupam um lugar igualmente importante.

No bojo dessas considerações, em torno do processo de didatização de saberes, é possível pensar, à luz da epistemologia social escolar, as lutas pelas narrativas mestras da História ensinada com o foco na história dos afro-brasileiros e nas "raízes" africanas. Neste caso específico, em que leis e resoluções foram acionadas no trabalho de seleção do conhecimento escolar, o conceito de noosfera desenvolvido por Chevallard em sua teoria da transposição didática é pertinente. Esta instância de didatização, lócus de conflito e de negociação se situa no plano do trabalho externo de transposição didática. De acordo com Gabriel (2003, p. 184), "a noosfera é o lugar por excelência, onde se buscam soluções para equacionar a tensão entre a necessidade de adequação interna e compatibilidade externa, inerente ao sistema de saberes, capaz de assegurar a especificidade do saber escolar."

Considero, nesta pesquisa, que o trabalho de transposição didática, apesar de permanente, acelera-se e intensifica-se no momento da transposição em que estão em jogo as disputas pela legitimação dos saberes escolares associados ao ensino de história da África e dos afro-brasileiros. Nesse caso, a noosfera é o "filtro", o centro operacional, que assume a responsabilidade de estabelecer a compatibilidade entre a escola e os saberes de referência, aqui designados pelo apelo do próprio movimento social. Ao mesmo tempo, ao realizar o trabalho de transposição didática a partir das leis, regulamentações e diretrizes para o ensino desses conteúdos, como "zona de intermediação", a noosfera mobiliza também fluxos de sentidos de cientificidade na academia, ainda em processo de elaboração, em meio a uma crise disciplinar. Assim, a necessidade de reconhecimento e legitimidade dos saberes escolares da história da África e dos afro brasileiros, selecionados e organizados no âmbito da noosfera, esperam legitimidade da academia e dos movimentos sociais. Ela realiza um trabalho permanente de transposição no sistema de ensino, agindo com mais intensidade nos momentos de crise do regime moderno de historicidade.

A disciplina escolar História constitui-se como alvo de disputas por sentidos no âmbito da noosfera, ela mobiliza também lutas que extrapolam o campo acadêmico, possuindo imbricações com questões políticas e sociais mais amplas envolvendo aspectos epistemológicos e axiológicos. No caso dos conteúdos históricos em questão, a disputa pela sua reafirmação como conteúdos escolares na atualidade, são manifestações de lutas hegemônicas pelo controle social recontextualizadas nos currículos escolares, em meio ao incontornável processo de transposição didática.

Assim, neste primeiro plano, analiso trechos das leis e resoluções que garantiram a implementação dos conteúdos históricos acima referidos, procurando perceber como os sentidos de negro foram, aos poucos, sendo reafirmados pelas ditas portarias e resoluções.

Abaixo, reproduzo os artigos 26 e 26-A da Lei 9394/1996 original e suas alterações após as leis 10.639/2003 e 11645/2008, seguidos do artigo 79-B acrescido na Lei de 2003.

> Art. 26. Os currículos do ensino fundamental e médio devem ter uma base nacional comum, a ser complementada, em cada sistema de ensino e estabelecimento escolar, por uma parte diversificada, exigida pelas características regionais e locais da sociedade, da cultura, da economia e da clientela.
>
> § 1º Os currículos a que se refere o *caput* devem abranger, obrigatoriamente, o estudo da língua portuguesa e da matemática, o conhecimento do mundo físico e natural e da realidade social e política, especialmente do Brasil.
>
> ~~§ 2º O ensino da arte constituirá componente curricular obrigatório, nos diversos níveis da educação básica, de forma a promover o desenvolvimento cultural dos alunos.~~
>
> § 2º O ensino da arte, especialmente em suas expressões regionais, constituirá componente curricular obrigatório nos diversos níveis da educação básica, de forma a promover o desenvolvimento cultural dos alunos. (Redação dada pela Lei nº 12.287, de 2010)
>
> ~~§ 3º A educação física, integrada à proposta pedagógica da escola, é componente curricular da Educação Básica, ajustando-se às faixas etárias e às condições da população escolar, sendo facultativa nos cursos noturnos.~~

~~§ 3º A educação física, integrada à proposta pedagógica da escola, é componente curricular obrigatório da Educação Básica, ajustando-se às faixas etárias e às condições da população escolar, sendo facultativa nos cursos noturnos. (Redação dada pela Lei nº 10.328, de 12.12.2001)~~

§ 3º A educação física, integrada à proposta pedagógica da escola, é componente curricular obrigatório da educação básica, sendo sua prática facultativa ao aluno: (Redação dada pela Lei nº 10.793, de 1º.12.2003)

I - que cumpra jornada de trabalho igual ou superior a seis horas; (Incluído pela Lei nº 10.793, de 1º.12.2003)

II - maior de trinta anos de idade; (Incluído pela Lei nº 10.793, de 1º.12.2003)

III - que estiver prestando serviço militar inicial ou que, em situação similar, estiver obrigado à prática da educação física; (Incluído pela Lei nº 10.793, de 1º.12.2003)

IV - amparado pelo Decreto-Lei n° 1.044, de 21 de outubro de 1969; (Incluído pela Lei nº 10.793, de 1º.12.2003)

V - (VETADO) (Incluído pela Lei nº 10.793, de 1º.12.2003)

VI - que tenha prole. (Incluído pela Lei nº 10.793, de 1º.12.2003)

~~*§ 4º O ensino da História do Brasil levará em conta as contribuições das diferentes culturas e etnias para a formação do povo brasileiro, especialmente das matrizes indígena, africana e europeia.*~~

§ 5º Na parte diversificada do currículo será incluído, obrigatoriamente, a partir da quinta série, o ensino de pelo menos uma língua estrangeira moderna, cuja escolha ficará a cargo da comunidade escolar, dentro das possibilidades da instituição.

§ 6º A música deverá ser conteúdo obrigatório, mas não exclusivo, do componente curricular de que trata o § 2º deste artigo. (Incluído pela Lei nº 11.769, de 2008)

§ 7º Os currículos do ensino fundamental e médio devem incluir os princípios da proteção e defesa civil e a educação ambiental de forma integrada aos conteúdos obrigatórios. (Incluído pela Lei nº 12.608, de 2012)

~~Art. 26-A. Nos estabelecimentos de ensino fundamental e médio, oficiais e particulares, torna-se obrigatório o ensino sobre História e Cultura Afro-Brasileira.(Incluído pela Lei nº 10.639, de 9.1.2003)~~

~~§ 1º O conteúdo programático a que se refere o **caput** deste artigo incluirá o estudo da História da África e dos Africanos, a luta dos negros no Brasil, a cultura negra brasileira e o negro na formação da sociedade nacional, resgatando a contribuição do povo negro nas áreas social, econômica e política pertinentes à História do Brasil. (Incluído pela Lei nº 10.639, de 9.1.2003)~~

~~§ 2º Os conteúdos referentes à História e Cultura Afro-Brasileira serão ministrados no âmbito de todo o currículo escolar, em especial nas áreas de Educação Artística e de Literatura e História Brasileiras. (Incluído pela Lei nº 10.639, de 9.1.2003)~~

~~§ 3º (VETADO) (Incluído pela Lei nº 10.639, de 9.1.2003)~~

Art. 26-A. Nos estabelecimentos de ensino fundamental e de ensino médio, públicos e privados, torna-se obrigatório o estudo da história e cultura afro-brasileira e indígena. (Redação dada pela Lei nº 11.645, de 2008).

§ 1º O conteúdo programático a que se refere este artigo incluirá diversos aspectos da história e da cultura que caracterizam a formação da população brasileira, a partir desses dois grupos étnicos, tais como o estudo da história da África e dos africanos, a luta dos negros e dos povos indígenas no Brasil, a cultura negra e indígena brasileira e o negro e o índio na formação da sociedade nacional, resgatando as suas contribuições nas áreas social, econômica e política, pertinentes à história do Brasil. (Redação dada pela Lei nº 11.645, de 2008).

§ 2º Os conteúdos referentes à história e cultura afro-brasileira e dos povos indígenas brasileiros serão ministrados no âmbito de todo o currículo escolar, em especial nas áreas de educação artística e de literatura e história brasileiras. (Redação dada pela Lei nº 11.645, de 2008).

Art. 79-B – O calendário escolar incluirá o dia 20 de novembro como "Dia Nacional da Consciência Negra".

Os artigos da Lei 9.394/96, acima relacionados, como superfície textual, podem ser percebidos como resultado de lutas políticas em que as disputas pelas memórias e identidades, no âmbito da História como objeto de ensino, buscam validar e legitimar os conhecimentos como escolares. As alterações e transformações sofridas pelos parágrafos dos artigos da lei, podem ser lidos em dois planos: como um processo de reelaboração didática em que esses conteúdos são "adaptados" no processo de transposição didática, ou ainda como um processo de significação e identificação inerente aos conteúdos históricos, quer como objeto de pesquisa, quer como objeto de ensino. No caso dos conteúdos validados a partir desses instrumentos normativos, comparando-se o artigo 26 original, com o artigo 26-A (incluído pela Lei 10.639/2003), pode-se afirmar que no primeiro, em seu parágrafo 4º, fluxos de sentido da formação do estado nacional, tradicionalmente atribuída às matrizes indígena, africana e europeia posicionam-se, supostamente, em equilíbrio. Entretanto, o acréscimo do artigo 26-A, incluindo os conteúdos programáticos referentes às duas primeiras matrizes asseguradas por lei, deixa implícita a ideia de que as narrativas mestras eurocêntricas exerciam, até então, uma hegemonia em relação às outras duas. A ideia das três raças constitutivas da identidade nacional pressupõe a existência de uma cultura brasileira mestiça, sem conflitos ou hierarquias. Dito dessa forma, haveria uma convivência harmoniosa "entre" as culturas, o que encobriria o silêncio sobre a desigualdade e a discriminação racial reproduzida desde cedo no ambiente escolar.

Nestes trechos, os conteúdos de história e cultura desses grupos "subalternizados" (BHABHA, 1998) em meio a uma política curricular de enunciação de demandas historicamente reivindicadas pelos próprios grupos culturais são assegurados e legitimados nessa esfera de "problematização", a noosfera.

Nas duas resoluções abaixo, parece-me que o esforço em reafirmar os fluxos de sentido das culturas negra e indígena é assegurado ao legitimar e "rememorar" as duas leis que incluíram os conteúdos.

Resolução CNE/CEB nº 4, de 13 de julho de 2010:

> Art. 14. A base nacional comum na Educação Básica constitui-se de conhecimentos, saberes e valores produzidos culturalmente, expressos nas políticas públicas e gerados nas instituições produtoras do conhecimento científico e tecnológico; no mundo do trabalho; no desenvolvimento das linguagens; nas atividades desportivas e corporais; na produção artística; nas formas diversas de exercício da cidadania; e nos movimentos sociais.
>
> § 1º Integram a base nacional comum:
>
> a) a Língua Portuguesa;
>
> b) a Matemática;
>
> c) o conhecimento do mundo físico, natural, da realidade social e política, *especialmente do Brasil, incluindo-se o estudo da História e das Culturas Afro-Brasileira e Indígena,*
>
> d) a Arte, em suas diferentes formas de expressão, incluindo-se a música;
>
> e) a Educação Física;
>
> f) o Ensino Religioso.

Resolução CNE/CEB nº 7, de 14 de dezembro de 2010:

> Art. 15— § 2º O ensino de História do Brasil levará em conta as contribuições das diferentes culturas e etnias para a formação do povo brasileiro, especialmente das matrizes indígena, africana e europeia (art. 26, § 4º, da Lei nº 9.394/96).
>
> §3º A história e as culturas indígena e afro-brasileira, presentes, obrigatoriamente, nos conteúdos desenvolvidos no âmbito de todo o currículo escolar e, em especial, no ensino de Arte, Literatura e História do Brasil, assim como a História da África, deverão assegu-

> rar o conhecimento e o reconhecimento desses povos para a constituição da nação (*conforme art. 26-A da Lei nº 9.394/96, alterado pela Lei nº 11.645/2008*). Sua inclusão possibilita ampliar o leque de referências culturais de toda a população escolar e contribui para a mudança das suas concepções de mundo, transformando os conhecimentos comuns veiculados pelo currículo e contribuindo para a construção de identidades mais plurais e solidárias. [grifo meu]

A primeira resolução de 2010, ao enfatizar *o estudo da história e das culturas afro-brasileira e indígena* na letra c, sobre a realidade "social e política" que integra a base nacional curricular, valoriza e legitima esse saber como escolar atribuindo-lhe um lugar de destaque em relação à história das culturas não afro-brasileiras e não-indígenas.

A segunda resolução de 2010 reafirma o 4º parágrafo do artigo 26 original da LDBEN e, em seu parágrafo 3º, retoma a temática da cultura afro-brasileira e indígena, fazendo alusão ao caráter obrigatório das duas leis. Acentua também que a inclusão desses conteúdos amplia o leque cultural de "toda a população escolar".

Assim, ao incluir como obrigatório o estudo das culturas indígenas nos currículos escolares, é possível perceber que as demandas dos povos indígenas e do movimento negro foram articuladas e autorizadas pela força de uma lei, como demandas equivalentes (práticas articulatórias). Percebe-se, diante dos reajustes e reelaborações do texto do saber que nos interessa para esse estudo, que essas mudanças normativas assumiram proporções mais amplas e institucionais. Com efeito, a partir desses documentos, torna-se possível apreender o movimento da transposição com maior intensidade, de forma normativa no nível da noosfera.

Como argumenta Chevallard, esse trabalho de transposição torna-se mais intenso em momentos de crises disciplinares, quando novos "fluxos de saberes" são indispensáveis. Esse trabalho de transposição tem continuidade na medida em que é acolhido na esfera do ensino propriamente dita. No caso dos conteúdos em foco, esta "crise disciplinar" da história ensinada ocorre em razão da inadequação dos conteúdos atuais, norteados por uma matriz europeia, frente às demandas sociais do nosso presente. A entrada das narrativas históricas dos grupos "subalternizados" nas narrativas da História do Brasil exigiu um trabalho mais intensivo da noosfera. Desse modo, essas "alterações" curriculares nos pareceres e resoluções visam justamente oferecer subsídios para superar a crise do ensino vivida no cotidiano escolar na atualidade, oferecendo aos professores um melhor texto de saber, mais atualizado com as questões do nosso tempo. É nessa perspectiva que as reformas curriculares tendem a selecionar, absorver e reelaborar os saberes produzidos nas esferas de produção com o intuito de oferecer e legitimar o que pode ser dito e oferecido na forma de "saber a ensinar". (GABRIEL, 2003, p. 191)

Em um segundo plano, analiso, a partir das problematizações aqui expostas, as narrativas do documento *Diretrizes curriculares nacionais para a educação das relações étnico-raciais e para o ensino de história e cultura afro-brasileira* que considero férteis para o debate em torno dos processos de identificação e produção da diferença como proposta nesse estudo. Entendo o texto das Diretrizes como um documento que traduz o trabalho da transposição didática da noosfera, como espaço enunciativo de discursos híbridos. Isto me permite identificar sentidos de "negro", expressos nas diferentes matrizes historiográficas, em disputa no texto privilegiado.

A regulamentação da Lei, através das Diretrizes Nacionais Curriculares, na esfera federal, mobilizou a sociedade para a discussão em torno de questões relacionadas às políticas de currículo, incluindo então a história e cultura afro-brasileira. A

Lei, apesar de não ser a primeira ação implementada neste sentido[110], trouxe à tona vários questionamentos colocando em xeque o currículo de História nos diferentes níveis de ensino e a formação dos profissionais que atuam na área. A elaboração das Diretrizes constituiu-se como uma importante estratégia pedagógica com o intuito de levar à escola, pela primeira vez, o debate acerca das relações raciais no Brasil. Até então, esse assunto era tratado de forma superficial (pelos PCNs, LDBEN ou livros didáticos) ou, mesmo, silenciado pela ideia da existência de um Brasil mestiço reforçado pelo mito da democracia racial. A formulação do documento mobilizou lutas hegemônicas envolvendo vários agentes sociais e políticos pró ou contra as ações afirmativas e de direito à reparação. A polêmica que, inicialmente, estava sendo travada em torno das políticas de cotas na Universidade, se estendeu ao Ensino Básico com a aprovação da Lei e do Parecer. O texto das Diretrizes foi alvo de críticas e controvérsias protagonizadas até mesmo por especialistas favoráveis à sua implementação. Como sublinha Abreu (2009, p.188) "a crítica recaiu sobre a oscilação entre uma perspectiva plura-

[110] A Constituição do Estado da Bahia foi a primeira a incluir a determinação da inclusão de disciplinas sobre a história dos negros no Brasil e a história do continente africano na Educação Básica. A seguir, foram promulgadas: a Lei Orgânica do Município de Belo Horizonte (MG), de 21 de março de 1990 (Art. 182, VI); a Lei n. 6.889, do Município de Porto Alegre (RS), de 5 de setembro de 1991 (Art. 1ºao Art.7º); a lei n. 7.685, do Município de Belém (PA), de 17 de janeiro de 1994 (Art. 1º ao Art. 6º); Lei n. 2.221, do Município de Aracaju (SE), de 30 de novembro de 1994 (Art. 1º ao Art. 7º); Lei n. 2.251, do Município de Aracaju (SE), 31 de março de 1995 (Art. 1º ao Art. 9º); Lei n. 11.973, do Município de São Paulo (SP), de 4 de janeiro de 1996 (Art. 1º ao Art. 5º); Lei n. 2.639, do Município de Teresina (PI), de 16 de março de 1998 (Art. 1º ao Art. 4º); Lei n. 1.187, do Distrito Federal (DF), de 13 de setembro de 1996 (Art.1º e Art. 2º) (SANTOS, Sales Augusto. A lei n. 10.693/03 como fruto da luta antirracista do movimento negro. In: **Educação antirracista: caminhos abertos pela Lei Federal 10.639/03.** Brasília/DF: Secad/MEC, 2005. p. 26-32).

lista e historicamente construída das identificações raciais, e outra naturalizada e essencialista na construção de quem seria 'branco' ou 'negro'." Segundo a autora, os críticos dessa vertente enfatizaram ainda o caráter revanchista do documento.

Nesse sentido, este texto, como orientação e texto curricular que circula na esfera escolar, configura-se como importante lócus de imbricação de discursos historiográficos e pedagógicos. Assim, reconheço a presença de diferentes discursos que investem de forma narrativa sobre sentidos de raça, cultura e "negro", que se articulam discursivamente produzindo interlocuções de diferentes matrizes teóricas em contextos históricos particulares, mobilizando sentidos de passados e futuros.

Ao analisar os sentidos de "negro", que circulam nesse texto, como as marcas discursivas das lutas hegemônicas travadas em torno do processo de significação e identificação, é possível identificar diferentes fluxos culturais em hibridação no texto curricular em questão. O texto em foco revela a produção de discursos em disputa no campo do currículo que, para emergirem, necessitam, ao mesmo tempo, se constituirem em uma identidade e se diferenciarem em relação a outras.

Sobre a finalidade e a elaboração desse texto curricular, vale destacar que o parecer, destinado aos estabelecimentos de ensino, administradores dos sistemas de ensino e professores, além das famílias dos estudantes (BRASIL, 2012, p.10), foi elaborado a partir de consulta feita ao Movimento Negro, Conselhos Estaduais e Municipais e professores que desenvolvem trabalhos acerca da questão racial. Vale lembrar que como um elemento da noosfera, esse horizonte textual abarca o trabalho de transposição didática no exercício de transformação desse conhecimento como objeto de ensino e foi pautado nas políticas de reparações, de reconhecimento e valorização de ações afirmativas que devem ser implementadas pelo Estado.

> A demanda por reparações visa que o Estado e a sociedade tomem medidas para ressarcir os descendentes de africanos negros, dos danos psicológicos, materiais, sociais, políticos e educacionais sofridos sob o regime escravista, bem como em virtude das políticas explícitas ou tácitas de branqueamento da população. (BRASIL, 2012, p.11)

O trecho do documento, em destaque acima, aponta que as demandas políticas reivindicadas pelos grupos consultados trouxeram à tona antigas e novas configurações de lutas hegemônicas referenciadas no passado, apresentando-se assim como um terreno de disputas entre diferentes memórias coletivas. Os estudantes e os estabelecimentos de ensino, aos quais o documento é direcionado, são chamados a se posicionarem e a se identificarem com determinadas demandas do seu presente, tendo como base um passado legitimado como "comum".

Nesse sentido, o emprego do termo "raça" no documento é um caso exemplar: o termo foi ressignificado pelo Movimento Negro que, em várias situações, o utiliza com um sentido político e de valorização do legado deixado pelos africanos ou ainda:

> [...] é utilizado com frequência nas relações sociais brasileiras, para informar como determinadas características físicas, como cor de pele, tipo de cabelo, entre outras influenciaram e interferem e até mesmo determinam o destino e o lugar social dos sujeitos no interior da sociedade brasileira. (BRASIL, 2012, p. 13)

Nota-se que a legitimação da identidade envolve uma forma de autenticação (WOODWARD, 2004) que, em princípio, é feita por um grupo cultural em questão (2004, p. 25). No caso, vê-se o Movimento Negro operando com memórias resgatadas do passado que se hibridizam com novos fluxos que se articulam no presente. Isto implica pensar em não definir essa identidade pela sua positividade plena, mas sim pela sua incompletude. Assim, é possível perceber, algumas estratégias culturais que envolvem lógicas temporais e identitárias em meio a lutas hegemônicas recontextualizadas nesses textos curriculares.

Mesmo favorável à implementação das Diretrizes, destaco a fragilidade do documento ao apresentar uma perspectiva naturalizada e essencialista na construção de quem seria "negro" e "não negro" em uma reconfiguração narrativa do movimento negro. Esse fluxo de sentidos conduz à

> compreensão de que a sociedade é formada por pessoas que pertencem a grupos étnicos-raciais distintos, que possuem cultura e história próprias, igualmente valiosas e que em conjunto constroem a nação brasileira, sua história. (BRASIL, 2012, p. 18)

Ou ainda, "ao diálogo, via fundamental para entendimento *entre diferentes*, com a finalidade de negociações, tendo em vista objetivos comuns, visando a uma sociedade justa." (BRASIL, 2012, p. 19, grifo meu)

Os dois fragmentos acima sinalizam para a perspectiva dicotômica que atravessa o texto em sua totalidade, em uma perspectiva essencialista, mas que é passível de ser mobilizada na atualidade. Assim sendo, concordo com Hall (2000, p. 345) quando afirma que:

> O momento essencializante é fraco porque naturaliza e des-historiciza a diferença, confunde o que é histórico e cultural, com o que é natural e biológico e genético. No momento em que o significante "negro" é arrancado do seu encaixe histórico, cultural e político, e é alojado em uma categoria racial biologicamente construída, valorizamos, pela sua inversão, a própria base do racismo que estamos tentando desconstruir.

Mesmo considerando como uma estratégia cultural legítima a autenticação do "negro", na abordagem discursiva aqui privilegiada, considero pertinentes as críticas que recaem sobre essa perspectiva, visto que alguns aspectos relativos aos processos de identificação e diferenciação poderiam ter sido abordados nessa esfera de problematização, nos currículos do ensino básico, tais como as trocas e os processos de hibridização das culturas e a possibilidade de culturas singulares afro-brasileiras.

É possível observar que há neste texto a presença de diferentes matrizes historiográficas na produção de narrativas acerca do "negro", ou seja, as matrizes imbricadas com fluxos tradicionais de saberes conduzindo a uma história dos acontecimentos e do culto ao herói e à história da cultura, traduzida na ideia de "negro herói", por exemplo. Essa hibridização de diferentes matrizes teóricas faz parte das condições de produção desses discursos e tem sido vista por pesquisadores do campo do ensino de História como uma especificidade do conhecimento escolar dessa área disciplinar.

O destaque para a atuação dos africanos e seus descendentes em episódios da história do Brasil em diferentes áreas do conhecimento e em diferentes períodos históricos (Zumbi, Luiz Gama, João Cândido, Milton Santos, entre outros) traduz o investimento no retorno de uma matriz historiográfica pautada nos grandes vultos da História e que foi duramente criticada no movimento de renovação historiográfica dos anos 1980. Percebe-se, por exemplo, que ao destacar a imagem de Zumbi dos Palmares como o herói da resistência ou como sujeitos "donos de seu destino", há a mobilização de matrizes historiográficas ditas tradicionais, nas quais é valorizada a figura do herói, do indivíduo em detrimento dos coletivos sociais como força de transformação. Ao trazer de volta a história "exemplar", registram-se fluxos de sentidos associados ao antigo regime de historicidade vinculado à *Historia Magistrae* na qual, o passado, como luz da verdade, serve como uma orientação para uma ação futura.

A valorização do passado é vista também a partir do apelo à história das grandes civilizações com o objetivo de positivar a história africana: faz menção aos "núbios e aos egípcios que contribuíram decisivamente para o desenvolvimento da humanidade; às civilizações e organizações políticas pré-coloniais como os reinos do Mali, do Congo e do Zimbabwe" (HALL, 2000, p. 22). Nestes exemplos, os fluxos de sentido de temporalidade estão imbricados com a construção discursiva das marcas identitárias junto aos agentes sociais que atuam no ensino básico. O retorno às grandes civilizações africanas tem como referência os estudos das grandes civilizações europeias, tal como são formuladas as abordagens historiográficas tradicionalmente. Observa-se, nesse caso, que a atribuição de sentidos ao significante "negro" se faz em meio à hibridização de diferentes discursos historiográficos recontextualizados e reatualizados no processo de produção dos textos didáticos.

Decerto, uma vez a História percebida como uma ciência social que mantém estreita relação com a memória, torna-se, o seu ensino, um lócus de produção de diferentes marcas identitárias. Desse modo, as Diretrizes investem em fluxos culturais associados a uma abordagem historiográfica em que o sentido de "negro" como "sujeito da história" se faz presente com o intuito de positivar a ação desses grupos: como a evocação do "papel dos anciãos e dos *griots* como guardiães da memória histórica." (HALL, 2000, p. 21-22), como uma necessidade de rememoração, de conservação do passado.

Esses discursos tendem a reforçar e subverter simultaneamente posições hegemônicas do sentido de negro em disputa neste texto curricular. Vimos que as matrizes historiográficas presentes nesta análise investem em sentidos que reatualizam processos de homogeneização do "negro" ou da "cultura negra", reforçando sentidos essencializantes que apostam na produção de identidades fixas apresentando supostamente, na perspectiva do quadro teórico aqui privilegiado, fraquezas de ordem conceitual e política. Mas não podem ser vistas como um elemento negativo, pois permitem a produção de narrativas subversivas ao que está posto, capazes de deslocar as relações de poder hegemônicas.

Com efeito, a leitura desse texto curricular, através do qual se impõe a norma do que é e o que não é considerado válido e politicamente correto ou permitido se ensinar, contribui fecundamente para o recorte aqui privilegiado. Com ele é possível perceber que a voz predominante no discurso representador, não é exclusivamente das academias de História nem da Educação. O texto, inserido nas políticas curriculares do Estado, investe na política de ações afirmativas do governo federal em meio às pressões do movimento negro nacional e em meio às pressões dos organismos neoliberais internacionais de combate à pobreza.

Assim, as reformulações curriculares que tratam da inclusão dos conteúdos relativos à história da África e dos afro-brasileiros nos currículos escolares, em foco neste texto, emergem em meio a uma crise deflagrada no ensino de História, no período aqui considerado, e que pode ser entendida como uma crise de hegemonia na formação discursiva da matriz da historiografia escolar.

Educação e diversidade: uma análise da trajetória da escola industrial de Carapira, Moçambique (1964-1975)

Patricia Teixeira Santos

No ensaio intitulado *A educação de uma criança sob o protetorado britânico*, de 1993, traduzido e publicado pela Companhia das Letras,[111] Chinua Achebe (2012), consagrado escritor nigeriano, conhecido mundialmente pela sua obra *O mundo se despedaça* e por toda a sua militância política em torno de Biafra, fez uma avaliação do que chamou do caminho do meio-termo.

Neste ensaio, Achebe assinalou que o colonialismo foi um sistema hierarquizante que reificou as sociedades africanas e mostrou o quanto o exercício intelectual e crítico para se distanciar da experiência colonial foi fundamental para a construção dos processos de independência política.

No entanto, os encontros entre colonizadores e colonizados ocorreram em dinâmicas extremamente complexas, marcadas por relações de interdependência, que se evidenciavam em instituições fortes criadas pelo estado colonial, do qual ele destacou as missões e as escolas.

---

[111] Com relação a este ensaio, registro o meu grande agradecimento ao Professor Jaime Rodrigues (UNIFESP) que de forma inteligente e 'iluminada', me sugeriu e me passou esse importante texto de Achebe.

Locais de ensino da 'civilização', da ordem e da hierarquia de populações, as escolas tiveram um papel chave na construção da administração colonial e dos estatutos dos 'nativos', dentro do Império britânico. No entanto, para além e, ao mesmo tempo, em conjunto com esse papel, as trajetórias de vida dos professores e o relacionamento professor-aluno, trouxeram aspectos que permitem ver a escola como um local único de encontro e produção de sínteses e alternativas, que, na dinâmica do cotidiano escolar, ultrapassavam as legislações de segregação e de distância formal entre *professor-colonizador e aluno-colonizado.*

Esses espaços ultrapassados produziram experiências que levaram a modificações de vida e de inserção num mundo mais amplo, tanto da parte dos professores quanto dos alunos.

No longo, porém importante trecho abaixo, Achebe (2012, p. 31-32) fez uma provocativa avaliação do que foi o encontro de alguns professores e alunos do liceu onde fez o ensino médio em Umahia:

> O que tentei sugerir neste ensaio que vai caminhando de modo errante é a força da imprevisibilidade na vida humana. Eu poderia ter me detido nas duras humilhações do domínio colonial ou nos dramáticos protestos contra ele. Mas também sou fascinado pelo meio-termo, esse terreno intermediário do qual já falei, onde o espírito humano reluta em reduzir a sua humanidade. Isso se encontra principalmente no campo do colonizado, mas de vez em quando também nas fileiras do colonizador.
>
> O reverendo Robert Fisher era um espírito assim. Tecnicamente, pertencia ao campo do colonizador. Mas tal foi a visão e a paixão que trouxe à sua tarefa de criar uma nova escola em Umahia, que, quando, um bispado lhe foi oferecido no decurso de seu trabalho, ele recusou. Anos depois, tentou fazer pouco dessa decisão, dizendo

que de qualquer maneira não seria um bom bispo. Mas não foi esse motivo. A insígnia que ele trouxe para Umahia foram duas tochas, uma negra e uma branca, brilhando juntas em silêncio. Uma geração depois, um professor australiano acrescentou sob essa divisa um lema em latim *"In unum luceant"* "Que brilhem juntos".

E havia William Simpson, professor de matemática, que ficaria muito surpreso se alguém lhe dissesse, lá nos anos 1940, que ele estava preparando o terreno para o início da moderna literatura africana. Ou mesmo aquele estranho inglês J. M. Stuart Young, que optou por abandonar o sistema colonialista em Onitsha e entrar em concorrência contra sua própria gente, com gigantescas companhias comerciais europeias. Sua ambição de abrir o comércio aos negociantes africanos talvez parecesse quixotesca na época, mas o povo de Onitsha o admirava; quando morreu, fizeram-lhe um grandioso enterro tradicional.

Pessoas como essas estenderam as mãos sob a severa divisão imposta pelo colonialismo e tocaram muitos de nós do outro lado. Mas, o mais importante, muito mais importante mesmo, é que ainda que essas mãos não tivessem se estendido até nós, ainda assim teríamos sobrevivido às tribulações coloniais, como já havíamos sobrevivido a tantas outras, através dos milênios. Contudo, o fato de eles terem realmente estendido as mãos constitui uma grandiosa história humana.

O processo educativo na história colonial sempre suscitou a discussão de qual currículo e, portanto, quais relações de poder se esperava impor sobre a juventude e a diversidade das populações coloniais, consideradas 'súditos'. No entanto, esse processo correu também numa mesma conjuntura histórica onde se propôs o ensino e a educação das 'massas'. Assim, autoridades ligadas ao ensino e à produção do livro didático para as crianças 'periféricas' e 'não brancas', compartilhavam de um mesmo ambiente, onde o imperativo era ordenar e hierarquizar tudo o que não estava no 'centro'. Assim, crianças das periferias do campo e das indústrias na Europa e catecúmenos e alunos não brancos da Ásia e da África, começam a aprender um vocabulário escolar comum de hierarquia e de inserção subalterna nas margens dos impérios coloniais.

Os missionários e muitos professores que ensinavam nas escolas coloniais eram provenientes de grupos periféricos e eram destinados a educar crianças e jovens periféricos. Na pesquisa que realizei sobre o ensino artesanal no Sudão e em Carapira, Moçambique, boa parte dos professores eram órfãos ou provenientes de famílias operárias, viveram a infância durante a Segunda Guerra Mundial na Itália e os mesmos elencavam e ensinavam conteúdos que acreditavam ser 'universais' para a aceitação e enquadramento na hierarquia social.

Nos depoimentos recolhidos em janeiro de 2012 na *Bibliotheca Comboniana* em Verona, essa projeção dos antigos missionários, que se viam como periféricos nas suas próprias sociedades, foi fundamental para motivar a própria criação, do ponto de vista dos anseios individuais, da escola artesanal de Carapira, em 1964 no norte de Moçambique, dentro da Missão que tinha o mesmo nome.

Sobre ainda os conteúdos ensinados, havia a compreensão de que as epistemologias do mundo colonial não existiam *a priori* e isso, ao mesmo tempo que provocava angústias, levava à produção de currículos, que eram focados na própria experiência do docente do que significava ser o sucesso escolar e de enquadramento e aceitação social.

Tal fato foi percebido com grande perspicácia por Achebe (2012, p. 31) no confronto com o seu professor, no seu já citado ensaio:

> No meu último ano em Ibadan, certa vez tive a oportunidade de conversar com o professor Welch sobre um dos muitos desentendi-

> mentos que os alunos começavam a ter com o colégio. Na época ele era o vice-diretor. Um tanto exasperado, ele me disse: " Pode ser que não sejamos capazes de ensinar o que vocês querem ou mesmo o que vocês precisam. Só podemos ensinar o que nós sabemos".
> Mesmo exasperado, James Welch continuou calmo e sensato. Que mais pode fazer um professor honesto e consciencioso senão ensinar aquilo que sabe? Os professores de verdade que tive na vida eram pessoas que não sabiam, necessariamente quais seriam minhas necessidades futuras, mas ainda assim seguiam em frente com boa-fé e entusiasmo, transmitindo-me o que sabiam e deixando que eu escolhesse o que poderia utilizar em minha busca de tudo que me fosse favorável. Como o colonialismo era essencialmente uma negação da dignidade humana e do valor do ser humano, seu programa de educação não poderia ser um modelo de perfeição. Contudo, o que é grandioso no ser humano é a nossa capacidade de enfrentar e vencer a adversidade, não nos deixando definir por ela, nos recusando a ser apenas seu agente ou vítima.

Os saberes escolares coloniais foram se consolidando a partir de uma agenda política que começou a ser construída no final da Primeira Guerra Mundial, a partir do Tratado de Versalhes, onde já se constatava que a introdução do trabalho forçado na África e na Ásia, apresentava características e condições 'análogas' à escravidão. Diante disso, como forma de corrigir os 'desvios' e de se garantir o progresso civilizacional, as metrópoles deveriam investir no desenvolvimento das escolas artesanais e técnicas para garantir a elevação 'racial dos africanos', através da educação para o trabalho.

Diante disso, as missões cristãs aumentaram, nos anos 30 do século XX, o número de escolas artesanais e técnicas, o que corresponde às exigências administrativas das metrópoles coloniais e respondia também a um imperativo de necessidade de estabilização da presença missionária cristã. Nas áreas islamizadas na África, tais escolas representavam uma relativa consolidação cristã, face às restrições ao proselitismo missionário imposto por acordos e pelo próprio direito costumeiro dessas sociedades.

Além disso, a criação dessas escolas respondia a um temor de que chegassem à África as contestações socialistas que poderiam tornar os *trabalhadores-súditos, em proletariado-revolucionário.*

Tais preocupações nas áreas missionárias católicas já eram orientadas, desde o final do século XIX, pelo documento pontifício *Rerum novarum* (LEÃO XIII, 2004, p. 20-21) que propõe uma perspectiva católica ultramontana da mediação da relação entre trabalhadores e patrões, buscando com isso a própria regulação do mundo:

> O primeiro princípio a pôr em evidência, é que o homem deve aceitar com paciência a sua condição: é impossível que na sociedade civil todos sejam elevados ao mesmo nível. É, sem dúvida, isto que o que desejam os socialistas; mas contra a natureza todos os esforços são vãos. Foi ela, realmente, que estabeleceu entre os homens diferenças tão multíplices como profundas; diferenças de inteligência, de talento, de habilidade, de saúde, de força; diferenças necessárias, de onde nasce espontaneamente a desigualdade de condições. Esta desigualdade, por outro lado, reverte em proveito de todos, tanto da sociedade como dos indivíduos; porque a vida social requer um organismo muito variado e funções muito diversas, e o que leva precisamente os homens a partilharem estas funções é, principalmente, a diferença de suas respectivas condições.
>
> Pelo que diz respeito ao trabalho em particular, o homem, mesmo no estado de inocência, não era destinado a viver na ociosidade mas, ao que a vontade teria abraçado livremente como exercício agradável, a

> necessidade lhe acrescentou, depois do pecado, o sentimento da dor e o impôs como uma expiação: " a terra será maldita por tua causa; é pelo trabalho que tirarás com que alimentar-te todos os dias da vida"(Gn 3,17). O mesmo se dá com todas as outras calamidades que caíram sobre o homem: neste mundo estas calamidades não terão fim nem tréguas, porque os funestos frutos do pecado são amargos, acres, acerbos, e acompanham necessariamente o homem até o derradeiro suspiro. Sim, a dor e o sofrimento são o apanágio da humanidade, e os homens poderão ensaiar tudo, tudo tentar para os banir; mas não o conseguirão nunca, por mais recursos que o empreguem e por maiores forças que para isso se desenvolvam. Se há quem, atribuindo-se o poder de fazê-lo, prometa ao pobre uma vida isenta de sofrimentos e de trabalhos, toda de repouso e de perpétuos gozos, certamente engana o povo e lhes prepara laços, onde se ocultam para o futuro, calamidades mais terríveis que o presente. O melhor partido consiste em ver as coisas tais quais são, e, como dissemos, em procurar um remédio que possa aliviar os nossos males.

A educação para o trabalho se constitui no século XX para as missões católicas como consolidadora de hierarquias e organizadora dos mundos, do periférico, do centro, do rural, do urbano, do colonial e da metrópole. O corpo da criança era visto como algo que deveria ser compelido na sua energia juvenil para o ardor para o trabalho, o respeito ao espírito do Império colonial, na sua condição de súdito e de ser civilizado, através do labor e do casamento monogâmico.

As missões e suas escolas eram consideradas a marca civilizacional do progresso social que as missões católicas buscaram associar à sua dinâmica de atuação na África, consagrando a presença física em ambientes onde o proselitismo se tornava progressivamente restrito, por conta das dificuldades da imposição do controle colonial nos anos da Segunda Guerra Mundial.

Tal fato pode ser percebido no relato de 1957, da Revista Missionária Além Mar, da instalação das missões dos Missionários Combonianos do Coração de Jesus, em Nampula, norte do atual Moçambique.

> Ao chegarem às missões de Nampula, em 1947, os primeiros Combonianos encontraram poucas dezenas de cristãos, todos europeus. Conforme as estatísticas de 1957, a população total confiada aos nossos missionários na mesma diocese é de 388.335 habitantes, dos quais 4.240 são católicos, 127.673 são muçulmanos e 256.422 são pagãos. Em 1957 eram administrados 1.221 batismos, 1.065 crismas e 92 matrimônios. Os catecúmenos são em 2.380, os alunos das escolas são 17.512, os catequistas 142. Os missionários são poucos: 14 padres e 8 irmãos auxiliares. Foi aberta em Mueria uma escola para catequistas e em Carapira uma escola de artes e ofícios, de quatro repartições: carpintaria, mecânica, sapataria e alfaiataria. Os pretos do interior estão muito bem dispostos para receberem o Evangelho. É pena que não haja mais obreiros para a abundante colheita. Jovem leitor, a África clama por ti![112]

No entanto, na dinâmica das ações educacionais missionárias católicas, havia uma distinção do que deveria ser a educação para o trabalho e, nesse aspecto, essa distinção é atravessada completamente pelas próprias interpretações das diferentes sociedades missionárias do que deveria ser o equilíbrio e a hierarquia social e econômica numa sociedade de classes.

Essa leitura vivenciada no universo das metrópoles, levará para as colônias a distinção entre liceus e escolas de formação

---

[112] Revista Além Mar, Lisboa-Portugal, ano II, n. 17, novembro-dezembro 1957.

da administração colonial e as escolas artesanais e, a partir dos anos 50 do século XX, as escolas de artes e ofícios.

Essas diferentes escolas foram criadas de acordo com os enquadramentos que as diferentes populações dos espaços coloniais tinham dentro das hierarquias dos súditos. No entanto, era um princípio consagrado desde o final da Primeira Guerra Mundial de que a educação era a forma primordial de inserção dos espaços periféricos na ordem civilizatória. O trabalho destituído da formação e capacitação técnica, era visto como degradado e 'análogo à escravidão'.

No entanto, o conteúdo ensinado era variado e organizado de acordo com o que se esperava, do ponto de vista da exploração econômica, da diversidade étnica e cultural dos povos coloniais.

Por exemplo, consagrou-se um princípio nas áreas missionárias com uma forte presença do Islã local, de que o saber os capacitava para as funções medianas, da administração, contabilidade e do Direito, uma vez que do ponto de vista racialista do desenvolvimento técnico, os muçulmanos eram vistos como intermediários entre a civilização e a barbárie e, por isso, poderiam ser aqueles que poderiam exercer as funções medianas de administração do controle de populações e do fisco. Além disso, reconhecia-se que o Islã possuía, em relação às demais populações consideradas 'nativas', um discurso moralizante e civilizador que o fazia se aproximar da moralidade cristã, por mais que os missionários relutassem em reconhecer tal fato na lógica do discurso civilizador e catequético.

Ao lidar com as especificidades dos povos não brancos e das crianças das periferias da metrópoles, buscando conduzir a uma universalidade da inserção de toda a humanidade na esfera católica, o editorial da Revista Além Mar, de fevereiro de 1957, exaltava a integração e o ordenamento de povos, através da educação e das diferentes escolas que atendiam as diversidades étnicas e culturais de populações e enquadramentos econômicos e políticos. A fraternidade cristã aprendida na escola nasceria da profunda compreensão do aprendizado do próprio papel social e do seu especifico enquadramento na ordem local e internacional do Pós Segunda Guerra Mundial. Assim as crianças das periferias do mundo poderiam se reconhecer no mesmo *status*, social, enquanto futura mão de obra trabalhadora, mas manteriam ao mesmo tempo, a ' devida' distância dentro do estatuto cultural e civilizacional de acordo com a sua origem social nas colônias e nas metrópoles.

Educar a catolicidade: é este o fim que se propõe o Centro de Educação Missionária, nascido na Itália em 1942. Em setembro passado, o Centro realizou o seu II Congresso Nacional com a participação de eminentes personalidades e 300 professores. É este o seu lema: "Das escolas da Itália às escolas de todo o mundo". Para unir o mundo é preciso juntar os espíritos nos conhecimentos e na estima recíproca. O que não podem fazer os grandes, podem realizá-lo os meninos e os rapazes, aqueles que dirigirão a história de amanhã.

Na abundante documentação que o CEM juntou nos seus 15 anos de vida, encontramos três cartas que são como a síntese da sua atividade. Na primeira, um menino japonês escreve aos seus amigos na Itália "agora que temos aprendido a conhecer-nos e amar-nos, não poderemos mais, quando adultos, fazer-nos a guerra"; na segunda, alguns meninos italianos explicam aos pequenos muçulmanos do Cairo o sentido das festas cristãs; na última, um aluno da quarta classe comunica que se tornará um missionário.

Por iniciativa dum diretor escolar de Piacenza, alguns meninos escreveram aos embaixadores italianos espalhados no mundo, pedindo uma documentação sobre os costumes exóticos de vários países. A imprensa, interessada pelos embaixadores, deu realce à inciativa dos alunos de Piacenza, publicando a sua pequena carta e uma foto que os apresenta com a sua professora escrutando mapas.

A professora conclui: "tive a alegria de colher um belo fruto: dois dos meus alunos, mesmo entre os que nunca suporia, entraram nas missões."[113]

A Escola Industrial de Carapira, em Moçambique, foi criada inicialmente como escola artesanal no ano de 1964 pelo Irmão Giovanni Grazian, que ao chegar em Moçambique muda o nome para João e assim o mesmo é conhecido até os dias de hoje.

As motivações que o levaram a criar a escola se entrecruzam com a sua própria historia de infância e juventude, na periferia da Itália no contexto da Segunda Guerra Mundial. A experiência da orfandade e da necessidade de auxiliar os familiares, levaram a que o aprendizado do oficio de marceneiro se tornasse de fundamental importância, pois o qualificava futuramente para ser aceito no quadro das instituições religiosas para ser religioso missionário.

O desenvolvimento da habilidade manual o levou também ao aprendizado técnico na escola industrial e a desenvolver também a criação de máquinas e projetos de produção. Quando chegou a Carapira em 1964, na qualidade de religioso consagrado para auxiliar na parte da oficina mecânica da missão, a diversidade das populações que encontrou foram reduzidas a uma experiência que o marcou para sempre. Ele via padres portugueses da diocese de Nampula maltratarem jovens catecúmenos porque não sabiam habilidades das artes e ofícios, atribuindo essa dificuldade ao fato de não serem brancos.

A cena dos maltratos o marcou de tal forma que ele começou a ensinar o ofício de mecânico para os jovens e outras habilidades da carpintaria e marcenaria. Debaixo de uma árvore frondo-

---

113 Editorial. Revista Além Mar, Lisboa-Portugal, ano II, n. 8, fevereiro de 1957.

sa da missão de Carapira, o jovem Irmão Grazian começou a sua escola, segundo ele.

Depoimentos sobre os maltratos dos religiosos portugueses são comuns não só nos relatos dos padres italianos, como também dos missionários franceses e espanhóis. A presença de colonos brancos portugueses tornava a aceitação de missionários não portugueses difícil, na medida em que os mesmos poderiam ser encarados como inimigos do Império e poderiam ser uma ameaça à ordem colonial.

Ir. Grazian começou a articulação com associações europeias que apoiavam as missões e as cooperativas de trabalhadores, que doavam recursos e maquinários para a nascente escola industrial. Operários, donos de empresas, pequenos comerciantes, famílias católicas faziam parte deste circuito de apoiadores, e todos eram congregados em torno da ideia do labor cristianizado para a homogeneidade social, o êxito da evangelização e para o progresso moral, visto como diretamente ligado à aprendizagem do processo civilizador nas aulas e no trabalho nas oficinas de Carapira.

A trajetória do religioso se transforma e se identifica profundamente com os caminhos da própria escola. O êxito dos alunos e a referência que se tornou em educação industrial para o país, tornaram professor, equipe docente e alunos célebres em todo o país. Contudo, o fim do domínio colonial exigiu dos missionários e suas obras um importante posicionamento político que foi chave para a permanência da Igreja Católica em Moçambique, no Pós Independência.

A Escola foi palco de ações importantes no início dos anos 1970, como a reunião eclesial que elaborou e publicou o documento denominado *Imperativo de consciência*, que resultou na expulsão dos missionários combonianos e do bispo de Nampula, D. Manuel Vieira Pinto, acusados de serem traidores de Portugal, pela PIDE.

O Concilio Vaticano II, à luz do fim dos sistemas coloniais e da necessária revisão da ação missionária, focando a diversidade étnica e cultural dos povos e as conjunturas políticas locais e globais, estabeleceu os passos fundamentais para a reorganização desta atividade, face à emergência das novas nações africanas:

> A diversidade de situações pode vir da própria Igreja, dos vários povos em sua grande multiplicidade, dos grupos humanos e das pessoas a que se dirige a missão. Apesar de dispor da totalidade e da plenitude dos meios de salvação, a Igreja nem sempre ou simultaneamente recorre a todos. Sua ação é gradual e progressiva, num esforço de ir aos poucos realizando o desígnio divino. Acontece mesmo que às vezes, depois de brilhantes começos, experimenta dolorosos retrocessos ou passa por longos estágios de incompletude e de insuficiência. Pessoas, grupos humanos e populações, por sua vez, não são senão progressiva e lentamente influenciados e compenetrados pela plenitude católica. Os instrumentos de ação devem levá-los em conta e se adaptarem a essas diversas situações e condições. (VATICANO II, 1998, p. 405)

Após o *25 de abril*, os missionários retomaram a escola que passou a introduzir, na concepção de artes e ofícios, o ensino do teatro, da poesia e da música. Na parte industrial e técnica, alunos e professores criaram máquinas e experiências na parte de mecânica, mobília e automobilismo, que em muitos aspectos eram influenciadas pelas experiências italianas de ensino técnico profissionalizante para juventude órfã e filhos de operários do pós Segunda Guerra Mundial, na Europa.

Esse entrecruzamento de olhares e experiências, em torno do eixo comum do trabalho, favoreceu, nos anos 1970, que em torno da escola de Carapira se estruturassem as experiências das comunidades eclesiais de base e de associativismo de ex-alunos e trabalhadores, sob a leitura teológica que igualava antigos professores e alunos, na categoria de pobre, tornada especial e destacada como preferencial na Teologia da Libertação em Moçambique.

Esse capital comum, que congregou alunos e professores em torno da visão de que ambos eram pobres, vai trazer, para o discurso e a prática cotidiana da escola, a diversidade étnica e cultural dos alunos como um valor que deveria ser positivado e compreendido na universalidade da experiência humana de serem 'pobres e trabalhadores.'

Como 'pobres,' os alunos trariam para a escola, pelo recorte do olhar teológico e missionário, a experiência da reverência aos ancestrais, dos valores comunitários e agregadores, e potencializariam sua essência divina, que não poderia mais ser obliterada pelo sistema colonial falido e tampouco pela vitória da orientação da FRELIMO no sentido da reeducação socialista de Moçambique.

O 'homem novo' da experiência revolucionária da FRELIMO seria alguém que nasce na diversidade mas que opta pela universalidade da fraternidade socialista, e que identifica, nos valores do proletariado revolucionário e do campo, os princípios que poderiam congregar a comunidade politica. As particularidades religiosas das diferentes populações estariam num segundo plano, face à 'religião cívica' inaugurada com a vitória da FRELIMO em 1975.

Diante disso, os projetos de reeducação revolucionária da FRELIMO e do 'homem novo,' encontraram forte resistência nas áreas missionárias. No caso comboniano, a Teologia da Libertação e sua experiência nas comunidades eclesiais de base, alicerçada no êxito da escola industrial de Carapira, propunha um comunitarismo alternativo, colaborador com o 'novo Moçambique,' que valorizaria o mundo rural, as *machambas* (as roças), mas que colocava a Igreja Católica num papel importante de construção dessa nova sociedade política, mediando a releitura dos cultos tradicionais e colocando as condições de convívio e de construção do contrato social, em termos cristãos-católicos. Ao lado do 'homem novo', se colocava o 'cristão em busca de libertação' que sob a égide da leitura cristã das línguas e das tradições, trazia, para o palco das negociações e da construção da ordem política, as experiências religiosas e as cosmogonias tradicionais.

Nos textos do Concílio Vaticano II, encontram-se fundamentos para essa própria forma de atuação dos Combonianos na sociedade moçambicana:

> A atividade missionária resulta na articulação da atividade missionária com a natureza humana, com todas as suas aspirações. Ao manifestar Cristo, a Igreja revela automaticamente aos seres humanos a plena verdade sobre sua vocação, pois Cristo é o princípio e o modelo da humanidade renovada, imbuída do amor fraterno, da sinceridade e do espírito de paz aos quais aspiram todos os seres humanos. Cristo e a Igreja, que o testemunha ao pregar o Evangelho, transcendem todas as particularidades étnicas e nacionais. Não são estranhos a ninguém e a nada. (VATICANO II, 1998, p. 408-409)

Em Nampula, foi criada nos anos 1980 a COSICAM, que é a associação dos ex-alunos da Escola de Carapira. Baseada nas formas de associativismo dos trabalhadores italianos do pós Segunda Guerra Mundial, e fortemente apoiada pelo fundador da escola, essa associação continuava o trabalho de manutenção da fé cristã nos alunos recém-egressos da instituição e garantia formas de inserção no mercado de trabalho, proporcionando uma autonomia relativa para esses formandos e para a própria continuidade da ação da escola.

Diversos ex-alunos tiveram trajetória profissional em grandes indústrias em Moçambique e também na Comunidade Europeia, em muitos casos, com a ajuda do Ir. Grazian. Estes jovens, além da formação na escola, mantiveram um importante vínculo com a instituição e com o fundador, fato que também contribui para a manutenção da instituição como uma referência importante de educação em Nampula e para todo o país.[114]

Nos anos 1990 a direção da escola foi estatizada, mas continuou com a participação e cooperação dos missionários combonianos, na administração da mesma. Tal fenômeno também ocorrera em outras instituições escolares de todo país, ao longo dos anos 1980.

Essa relação de administração da escola foi inicialmente difícil para os missionários. No entanto, a excelência da escola e o fato da mesma se tornar uma referência para outras instituições do gênero, a colocaram numa posição especial no cenário educacional moçambicano e contribuiu para referendar a presença e a co-divisão da administração da mesma com os religiosos. O texto final do Concílio Vaticano II fora redigido no contexto dos anos 1960, onde diversas escolas católicas em outras regiões da Africa e na Ásia haviam sido nacionalizadas. Diante dessa questão, a orientação do concílio para esta situação, contribuiu também para a adequação da direção compartilhada da Escola de Carapira, quando a mesma foi nacionalizada:

> Ao se reunirem na Igreja, " os fiéis não se diferenciam das outras pessoas nem pelo governo a que estão sujeitos, nem pela língua, nem pelas instituições políticas." Vivem por isso para Deus e para Cristo, segundo as maneiras de ser e os costumes honestos do seu próprio povo. Como bons cidadãos, cultivam o amor da pátria, verdadeiro e eficaz, mas evitam absolutamente o nacionalismo exacerbado e o desprezo de outras raças, empenhados que estão na pro-

[114] Sobre a importância dos movimentos de estudantes e associações de ex-alunos na Africa, ver numa perspectiva transregional: BOAHEN, 1993.

moção do amor universal para com todos os seres humanos (VATICANO II, 1998, p. 416).

Dessa forma, as instituições escolares católicas, como Carapira, construíram a mediação que lhes favoreceu permanecer dentro das novas configurações nacionais africanas e fazer uma releitura cristã e própria das tradições locais e do universo cosmogônico, fato que, em contrapartida, não passou despercebido para intelectuais como Eduardo Medeiros, professor da Universidade Pedagógica, que fez na sua obra uma importante crítica sobre a supervalorização do estudos dos ritos de passagem dos diferentes povos de Moçambique, na retórica tanto de instituições escolares, quanto de organismos do estado, a partir da sua pesquisa do universo Macua e Lòmné:

> O meu interesse nesses anos 1980 pelo estudo desta temática antropológica, já tão estudada noutras paragens africanas, prendeu-se ao fato de na época ser recorrente, na esfera do poder moçambicano em via de se adaptar às novas realidades impostas pela guerra civil e pela economia-mundo, e também por algumas ONGs caridosas, acreditar que os "ritos de iniciação fazendo parte da cultura do povo eram ainda o principal veículo de transmissão de valores, morais e cívicos para as novas gerações." Esta evocação subitamente positivista continuava a pertencer aos lugares-comuns e era pronunciada sem qualquer contextualização histórica e sem um conhecimento sócio-antropológico aprofundado desses ritos. (MEDEIROS, 2007. p. 21-22)

As críticas de Medeiros somaram-se a diversas outras sobre a essencialização do mundo tradicional e foram importantes também para fazer refletir sobre os processos da era da guerra civil de reeducação, onde o passado tradicional também era lido por uma perspectiva marcada por tensões sobre o lugar da diversidade cultural num estado socialista.

A 'aventura da escola e do ensino técnico', remete-nos para uma discussão historiográfica mais do que necessária sobre o que significa a autonomia tecnológica e industrial para as diferentes nações africanas, o papel da educação nesse setor e a construção do currículo que lide com as diversidades étnico-culturais, numa perspectiva dinâmica, que perceba as transformações políticas e os papéis das instituições tradicionais, as de origem colonial e pós-colonial, num campo de tensões onde o social tem o papel fundamental de ressignificar todos os dados das experiências, atribuindo diversos sentidos históricos e políticos que precisam ser levados em conta, por mais desafiante que seja para os limites e possibilidades da História e das demais ciências sociais.

As fotos reproduzidas a seguir são doação do ex-diretor da Escola Industrial de Carapira, Ir. Giovanni Grazian, à autora, ao centro de estudos africanos da Universidade do Porto e ao Archivio Comboniano — Roma.

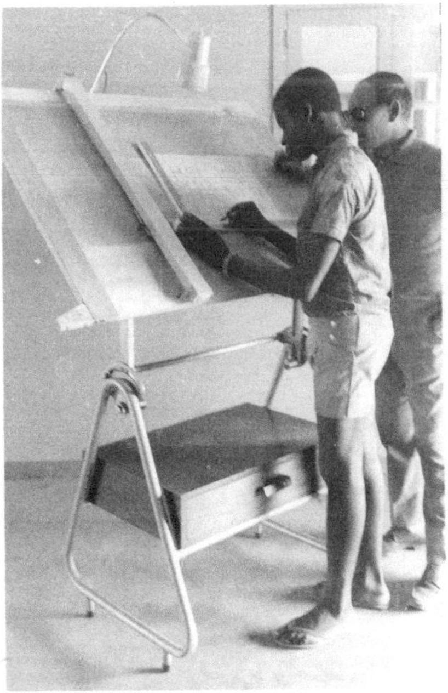

1— Aula de desenho com Ir. Grazian, Carapira, 1973

2— Teatro em Carapira, 1973

3— Vista da escola de Carapira, 2007

4— Vista da escola de Carapira, 2007

Uma outra história possível? O saber histórico escolar na perspectiva intercultural

Cinthia Monteiro de Araujo

"Não há nenhuma garantia de que um mundo melhor seja possível e muito menos de que todos os que não desistiram de lutar por ele o concebam do mesmo modo"

Boaventura de Sousa Santos

Na Porto Alegre de 2001 foi proclamada a certeza de que *um outro mundo é possível.*[115] Esse lema, reproduzido tantas vezes e em tantos outros lugares e contextos, reafirma o compromisso com um processo permanente de busca e construção de alternativas à hegemonia de um determinado modelo de organização social.[116] No entanto, como nos chama atenção Boa-

---

[115] Foi neste ano que a cidade de Porto Alegre sediou o Fórum Social Mundial, a primeira de uma sequência histórica de edições desse que se converteu em um dos mais importantes movimentos sociais da contemporaneidade. Sobre o Fórum Social Mundial ver, entre outros, SANTOS, 2005.

[116] Em sua Carta de Princípios, o Fórum Social Mundial (FSM) define como alternativa ações que "[...] contrapõem-se a um processo de globalização comandado pelas grandes corporações multinacionais e pelos governos e instituições internacionais a serviço de seus interesses, com a cumplicidade de governos nacionais. Elas visam fazer prevalecer, como uma nova etapa da história do mundo, uma globalização solidária que respeite os direitos humanos universais, bem como os de tod@s @s cidadãos e cidadãs em todas as nações e o meio ambiente, apoiada em sistemas e instituições internacionais democráticos a serviço da justiça social, da igualdade e da soberania dos povos". (Fórum Social Mundial, Carta de Princípios. Disponível em: <http://www.forumsocialmundial.org.br>. Acesso em: 25 jul 2011).

ventura de Sousa Santos no trecho em epígrafe, além da falibilidade daquilo que é apenas possível, não há garantias de que cheguemos ao consenso aceitável sobre um único projeto de alternativa. Dessa feita, alternativa, diversidade e possibilidade se articulam aqui de forma a montar o cenário adequado para o desenvolvimento das ideias que pretendo apresentar.

A alternativa em questão aqui se opõe a um modelo de representação da sociedade que se consolidou no âmbito do saber histórico escolar. Nesse texto, a possibilidade de construção de uma outra história é pensada a partir da reflexão sobre uma certa tradição no campo do ensino de História que traz, na minha análise, relações de colonialidade expressas através de marcas da modernidade. Nesse contexto, pensar uma alternativa não traz consigo o imperativo de uma proposta universal, ao contrário disso, exige o tratamento da diversidade por meio da constituição de diálogos interculturais.

Ensino de História: tradição e colonialidade

Pensar na construção de uma outra história possível no campo do ensino requer confrontar com um modelo que constituiu-se como tradição. Se, por um lado, as propostas político-pedagógicas para o ensino de História sofreram mudanças importantes na década de 1980, a partir de um movimento crítico em relação ao papel da disciplina na construção de cidadãos, por outro lado, a seleção e organização de conteúdos, apresentadas nas mesmas propostas, não parecem ter sofrido impactos significativos (FONSECA 1993, 2003; ABUD, 2007). De maneira mais ou menos geral, as propostas mantêm um padrão cronológico linear de organização dos conteúdos, onde prevalece uma concepção de tempo eurocêntrica como única possibilidade de organizar o processo histórico. Ainda que, no final da década de 1980 e no início da década seguinte, tenham surgido propostas que apresentassem formulações alternativas,[117] a sólida tradição escolar, que se apoia na utilização da cronologia quadripartite de origem francesa, não foi rompida.

Essa tradição é percebida com força na forma de organização curricular presente nos livros didáticos de História. Pesquisas que tiveram como campo empírico as coleções didáticas aprovadas pelo Programa Nacional do Livro Didático (PNLD) mostram a hegemonia desse modelo.

Kátia Abud (2007) analisa as 17 coleções aprovadas pelo PNLD em 2002. Nesses livros, a periodização cronológica tradicional que divide a História em quatro partes - Antiga, Média, Moderna e Contemporânea - tem o papel de eixo organizador dos conteúdos. Além disso, ela observa que 13 coleções iniciam os estudos pelos primórdios da história do homem, período muitas vezes chamado de "pré-história", e 14 dedicam quase dois volumes - do total de quatro - ao estudo da Antiguidade e da Idade Média. Por consequência, há uma secundarização e simplificação dos conteúdos de história do Brasil, que só aparecem - na maior parte dos casos - inseridos no contexto dos primeiros contatos com povos e terras desconhecidas por parte da Europa, período da história geralmente chamado de "grandes descobertas". Segundo a autora, a articulação entre os conteúdos das chamadas história geral e história do Brasil se dá apenas na forma de uma sobreposição cronológica. Essa tendência se repete nas coleções aprovadas pelo PNLD 2005.

---

[117] Em 1986 foi elaborada pela Secretaria da Educação do Estado de São Paulo uma proposta de organização de conteúdos por intermédio de uma história temática; e em 1990, na gestão de Paulo Freire na Secretaria Municipal de Educação de São Paulo, foi apresentada uma proposta que tinha por base uma concepção de história fundamentada nos temas geradores (BITTENCOURT, 2007).

Sônia Miranda e Regina Luca (2004), que fizeram estudo sobre esse processo de avaliação, identificaram que 76% das obras avaliadas positivamente enquadram-se na categoria chamada de história integrada, abordagem que organiza os conteúdos da chamada História Geral - ou ainda em alguns casos, História da Civilização Ocidental - de forma articulada à História do Brasil e à História da América.

Em outra pesquisa, Caimi (2009) analisa a organização curricular dos conteúdos nos livros didáticos de História aprovados pela edição 2008 do programa. Nesse trabalho, a autora aponta para algumas pequenas mudanças nessa tendência, mas ainda verifica a predominância da mesma configuração cronológica de disposição dos conteúdos, caracterizada, em geral, por uma temporalidade linear. O Guia de Livros Didáticos do PNLD 2008 apresenta as 19 coleções avaliadas em blocos que as classificam em função da forma de organização dos conteúdos. Sendo assim, o documento exibe quatro coleções no bloco História Temática, sete coleções no bloco História Integrada, sete no História Intercalada e uma coleção no bloco História Convencional. Com exceção do primeiro bloco, que é caracterizado pela organização temática, os outros três caracterizam-se por uma organização cronológica dos conteúdos. Segundo a autora, há uma década já se via a crescente valorização de abordagens que buscam a articulação entre os contextos mundial, nacional, regional e local numa perspectiva mais globalizante das estruturas sociais, econômicas, políticas e culturais; por outro lado, a presença de 74% das ocorrências nas categorias História Integrada e História Intercalada indica que a busca por essa articulação não consegue romper com a perspectiva cronológica.

Caimi (2009, p. 7) considera que as coleções didáticas classificadas nessas categorias

> [...] partem da mesma intencionalidade: apresentar o conhecimento histórico da história geral, da América e do Brasil numa sucessão cronológica crescente de períodos históricos. O que as diferencia, grosso modo, é a maior ou menor capacidade de estabelecerem relações para que os acontecimentos/fatos sejam articulados com um todo que ocorre simultaneamente, demonstrando que há implicações em seu conjunto.

Na, então, mais recente edição do programa para o ensino fundamental, PNLD 2011, as 16 coleções aprovadas são apresentadas a partir da análise de quatro grandes eixos: manual do professor, metodologia da História, metodologia do ensino/aprendizagem e tratamento da temática indígena e africana. No quesito Metodologia da História foram analisados dois aspectos: perspectiva curricular e tratamento temporal. Quanto à perspectiva curricular dominante, as obras foram classificadas em dois grupos. Aquelas que optam pela organização dos conteúdos a partir da perspectiva da história integrada representam 94% do universo avaliado, enquanto apenas uma coleção se organiza a partir de uma proposta de história temática. Segundo o Guia de Livros Didáticos do PNLD 2011, a estrutura de organização curricular dominante "pauta-se pela evocação da cronologia de base europeia integrando-a, quando possível, à abordagem dos temas relativos à história brasileira, africana e americana." (CAIMI, 2009, p.17)

Para Miranda e Luca (2004, p.139), essa perspectiva está ancorada em uma visão eurocêntrica do tempo e do processo histórico.

> Prioriza-se, desse modo, a compreensão do processo histórico global, tendo por eixo condutor uma perspectiva de tempo cronológica e sucessiva, definida a partir da evolução europeia. Integram-se, a partir desse epicentro, as demais culturas não europeias pelo viés cronológico.

A permanência desse modelo para o ensino de História, que se mantém dominante desde o século XIX, parece-me revelar bem mais do que uma característica própria da epistemologia do saber histórico escolar. A tradição cronológica linear na organização dos conteúdos indica, na minha opinião, relações de colonialidade que aí subsistem.

Afirmar a presença de relações de colonialidade no ensino de História significa lançar mão do repertório teórico desenvolvido recentemente por um grupo de intelectuais que, segundo Damián Pachón Soto, representa uma nova perspectiva filosófica na América Latina (PACHÓN SOTO, 2007). De uma forma geral, é possível afirmar que a proposta desse grupo envolve a utopia de construir alternativas à modernidade eurocêntrica, tanto no que se refere ao seu projeto de sociedade, quanto às suas propostas epistemológicas: para esse grupo, a construção de alternativas implica necessariamente uma discussão crítica à centralidade ocidental nos processos de produção do conhecimento. É nesse âmbito que se constitui o conceito de colonialidade.

Walter Mignolo (2003) distingue o colonialismo, vigente no período colonial na América Latina, da ideia de colonialidade. O termo colonialismo refere-se ao conjunto de relações políticas e econômicas nas quais a soberania de um povo está submetida ao poder de outro povo ou nação. Por sua vez, a colonialidade se refere a um padrão de poder que surge como resultado do colonialismo moderno, mas que não está limitado a ele. Refere-se a formas de trabalho, de conhecimento, de autoridade, de relações sociales que se articulam entre si.

> Así, pues, aunque el colonialismo precede a la colonialidad, la colonialidad sobrevive al colonialismo. La misma se mantiene viva en manuales de aprendizaje, en el criterio para el buen trabajo académico, en la cultura, el sentido común, en la auto-imagen de los pueblos, en las as-

> piraciones de los sujetos, y en tantos otros aspectos de nuestra experiencia moderna. En un sentido, respiramos la colonialidad en la modernidad cotidianamente (QUIJANO, Apud PACHÓN SOTO, 2007, p. 2).

Considerando a centralidade da dimensão epistêmica dessa perspectiva, defendo que a tradição dominante no ensino de História expressa relações de colonialidade através de marcas da modernidade próprias ao conhecimento histórico e ainda presentes no saber histórico escolar.

A História como disciplina escolar autônoma surgiu na Europa nos fins do século XIX, imbricada nos movimentos de laicização da sociedade e de constituição das nações modernas. Entre nós o processo se deu de forma bastante semelhante. O estabelecimento da História como disciplina se dá a partir da criação do Instituto Histórico e Geográfico Brasileiro (IHGB) e a marca elitista do lugar privilegiado da produção historiográfica no Brasil tem relação direta com os saberes aí construídos, pois, apesar do fim dos laços coloniais de dominação política, permanece na elite imperial a aspiração à modernidade europeia (GUIMARÃES, 1988). Nesse sentido, Quijano aponta para uma dimensão importante da colonialidade, que é aquela que se refere ao fascínio provocado pelo imaginário europeu, aquele que conferia *status* e dava acesso ao poder colonial.

> La cultura europea se convirtió en una seducción; daba acceso al poder. Después de todo, más allá de la represión, el instrumento principal de todo poder es la seducción. La europeización cultural se convirtió en una aspiración. Era um modo de participar en el poder colonial (QUIJANO, Apud CASTRO-GOMÉZ, 2005, p. 63)

A disciplinarização da História está, dessa forma, diretamente relacionada com o que Santos (2006) chama de processo de redução da multiplicidade de mundos e de tempos operado pela razão ocidental. Conforme o autor, a compreensão do mundo tem relações diretas com as concepções de tempo e de temporalidade, e a tradição científica e filosófica ocidental que se tornou dominante impôs, através daquilo que ele chama de indolência da Razão, uma única concepção de tempo e de história, reduzindo assim as possibilidades de inteligibilidade do mundo.

Segundo Koselleck (2006), como marca da modernidade, desde o século XVIII o termo "história" passa a ser usado como coletivo singular, num fenômeno que não apenas promove a convergência de dois significados (fato e representação) num único significante, mas também passa a designar "a sequência unificada dos eventos que constituem a marcha da humanidade" (JASMIN, 2006, p. 11). Para Santos (2006), é a indolência da Razão metonímica[118] - "que se reivindica como a única forma de racionalidade" (p. 95) - que faz da história ocidental modelo e parâmetro para a experiência social de todos os povos, pois prevalece aí a ideia de totalidade homogênea onde as partes não têm existência fora da relação com o todo. Uma única lógica organiza o movimento do todo e das partes e, dessa forma, "nenhuma das partes pode ser pensada fora da relação com a totalidade" (Idem, p. 98). Essa totalidade passa a ser inteligível a partir da filosofia da História, que trata da sua singularidade por meio da noção de progresso, a partir da qual a História é "com-

[118] A partir do projeto *A reinvenção da emancipação*, realizado em seis países, Santos tem encabeçado um movimento que chama de crítica à razão indolente na defesa de uma razão cosmopolita e contra o desperdício da experiência (ver a Coleção *Para um novo senso comum: a ciência, o direito e a política na transição paradigmática*). A Razão metonímica é uma das formas de indolência da razão ocidental e, ao lado da Razão proléptica, será um dos principais alvos de crítica do autor.

preendida singularmente como um todo unitário" (KOSSELECK, 2006, p. 55). Esse todo, que inclui toda a humanidade em um único processo temporal, é capaz de apreender "o passado, o presente e o futuro como uma totalidade dotada de sentido previamente definido" (JASMIN, 2006, p. 11).

Essa transformação implica numa "verdadeira revolução nas maneiras de se conceber a vida em geral, de imaginar o que nela é possível ou não, assim como o que dela se deve esperar" (Idem, Ibidem). Bem como o que existe, o que é legítimo e o que é válido.

O processo de redução da diversidade de mundos e tempos ao lado da singularização da concepção de História estabelece uma relação bastante característica com a diversidade. A ideia de totalidade homogênea e singular expressa na noção de progresso, central para a concepção moderna de História, cria assimetrias históricas capazes de promover a não existência da diferença.

A construção de um discurso sobre a história humana onde os povos colonizados pela Europa aparecem em patamares mais baixos numa escala de desenvolvimento humano, que tem como fim último (*telos*) a economia de mercado, a epistemologia científica e as instituições políticas modernas, pode ser considerada uma das principais marcas da ciência moderna. Esse discurso tem por base a concepção de natureza humana enquanto algo transcendental, com independência de qualquer variável cultural e subjetiva, daí a necessidade da ciência dessa natureza se localizar num ponto de onde se pode obter uma visão totalizante e objetiva.[119] Assim, as ciências humanas no século XVIII susten-

[119] Este lugar é o que Castro-Goméz (2005) chamou de "ponto zero". A ideia de ponto zero refere-se ao imaginário que permite a um observador do mundo social se colocar numa plataforma neutra de observação, que não pode ser observada de nenhum outro ponto, ou seja, aquele que observa do ponto zero é capaz de emitir um ponto de vista sobre o qual não é possível emitir qualquer outro ponto de vista.

taram racionalmente a tese de que as sociedades são diferentes; isso se deve a uma simultaneidade que não corresponde a uma contemporaneidade histórica, já que estão localizadas em tempos diferentes segundo a linha do progresso inexorável.

Esse movimento é o que Santos chama de monocultura do tempo linear, um dos modos de produção da não-existência operados pela razão metonímica.[120] Além de dar sentido e direção únicos à História, através desse movimento todas as outras concepções de tempo são construídas como inexistentes, pois a concepção linear produz a não-contemporaneidade que revela as assimetrias dos tempos históricos, e nessas assimetrias se escondem hierarquias dominadas por quem estabelece qual fração reduzida do simultâneo é considerada como contemporâneo.

A crítica a essa concepção de História já foi feita pela própria historiografia. Foi o historicismo alemão que pela primeira vez revelou uma relação entre a 'objetividade' dos fatos e um lugar, o lugar do sujeito. O historiador, sujeito posicionado que olha o mundo a partir de um sistema de referências, imprime no seu fazer um determinado sentido orientado por um conjunto de 'decisões filosóficas' que lhe é próprio (CERTEAU, 1982). Conforme Chartier (2009), as dimensões retórica e narrativa da História são, num movimento fundacional, perspicazmente evidenciadas por Paul Veyne, Hayden White e Michel de Certeau. Esse último denunciou a "escrita conquistadora" - e por que não dizer colonizadora? - do discurso histórico ao apresentar a alegoria desenhada por Jan Van der Straet para a *Americae decu-*

---

[120] Para Santos (2006) a razão metonímica é uma das formas de indolência da razão ocidental e se caracteriza pela reivindicação que faz como "*única forma de racionalidade e, por conseguinte, não se aplica a descobrir outros tipos de racionalidades*" (p. 95), dessa maneira ignora que é parte e se denomina como todo, assemelhando-se a uma modalidade da figura de linguagem que lhe dá nome.

ma pars de Jean-Théodore de Bry como representação de uma nova fase na escrita[121] ocidental. Para esse autor, a América, corpo a ser escrito, é transformada em página em branco onde o colonizador escreve a história ocidental, é a "colonização do corpo pelo discurso do poder" (CHARTIER, 2009, p. 9). A historiografia contemporânea, entre rupturas e desconstruções, recompôs o sentido da História a partir das questões suscitadas pela pluralidade dos modelos interpretativos, incorporando contribuições importantes de filósofos como Paul Ricoeur e Michel Foucault (DOSSE, 2001).

No entanto, me parece que as marcas da modernidade ainda se manifestam com força no ensino de História, em decorrência da permanência de uma tradição escolar que não foi superada. A constituição da História como disciplina da escola secundária no Brasil se dá com a criação do Colégio Pedro II, no mesmo contexto da fundação do IHGB. As duas instituições nascidas em 1838 tinham a mesma incumbência, colaborar para a consolidação do Estado Nacional e para a construção de uma identidade nacional.

Inspirada pelo pensamento científico, a elite brasileira, responsável pelo processo de construção do discurso identitário, inseriu a nação no fluxo do desenvolvimento moderno - desenvolvimento, progresso, modernização são algumas das formas de expressão do sentido e da direção da História atribuídos pela concepção de tempo linear. Nesse contexto, duas tendências se cruzavam na constituição da disciplina escolar História. Ao mesmo tempo em que se buscava revelar a identidade e a autonomia da nação recém-formada através da recuperação do seu passado, também se pretendia inserir a história da jovem nação

[121] Certeau explora a polissemia da palavra *écriture*, que pode significar escrita, escritura e, eventualmente, Escritura, referindo-se ao texto da revelação judaico-cristã (1982).

na história da civilização ocidental cristã, sociedade exemplar na trajetória em direção ao progresso.

Isto implicava que a construção da identidade não poderia significar uma ruptura com os colonizadores, cuja imagem era de civilizadores. Ao contrário buscava-se salientar as relações entre a antiga colônia portuguesa e a Europa. (ABUD, 2007, p. 109)

Sendo assim, num processo muito próprio ao caso brasileiro, a construção da ideia de nação não se assenta sobre uma oposição à antiga metrópole portuguesa; ao contrário, a nova nação se reconhece enquanto continuadora da tarefa civilizatória iniciada pela colonização.[122]

Para cumprir essas duas tendências, os currículos para o ensino de História do Colégio Pedro II contemplavam a História Pátria, que mostrava a genealogia do novo país, e a História da Civilização, que buscava inserir o Brasil na civilização europeia como fruto da cultura europeia transplantada para os trópicos. Por isso, os programas e textos didáticos procuravam apresentar de forma positiva todos os movimentos históricos que indicavam a implantação dos padrões culturais europeus, o que de fato implicava na expansão da dominação colonial portuguesa. Se a História passa a ser fundamental para a formação de uma identidade comum, a do cidadão nacional, a gestação de um projeto nacional para uma sociedade marcada pelo trabalho escravo e pela existência de populações indígenas envolvia dificuldades específicas. A fisionomia esboçada para a nação brasileira, e que a historiografia do IHGB cuidará de reforçar, visa a produzir uma homogeneização da visão de Brasil no interior das elites brasileiras. Para isso, constrói a imagem de um passado vivido sem conflitos e contradições, marcado pela contribuição harmoniosa de

[122] A tarefa civilizatória é entendida aqui como a adequação da cultura nativa e colonial aos padrões europeus de desenvolvimento, com vistas a fazer a história nacional alcançar a contemporaneidade moderna.

todas as classes e raças para a construção do bem comum, a nação e a cultura nacionais. Por consequência, a opção clara por uma proposta de formação de uma consciência nacional a partir da afirmação da unidade em seus três pilares fundamentais - territorial e administrativa, cultural e linguística e étnica - implicou na subordinação de inúmeras culturas, em prol da homogeneização em torno de um padrão branco, ocidental e civilizatório.

Em diálogo com a historiografia acadêmica, a historiografia escolar caminhou criticamente na direção de romper com essa perspectiva etnocêntrica (BITTENCOURT, 2007). No entanto, a centralidade epistêmica europeia impressa na permanência da cronologia linear como eixo articulador do saber histórico escolar continua contribuindo para a construção da inexistência de uma multiplicidade de mundos, tempos e saberes, reforçando a monocultura do tempo e do saber.

Diálogos interculturais como uma alternativa possível para o ensino de história

Não é novidade afirmar que a educação e a escola têm servido como agentes da relação desigual entre culturas, contribuindo para a manutenção e difusão de determinados saberes em detrimento de outros. No campo do currículo, é antiga a discussão em torno dos conteúdos culturais que aí são negados e silenciados. Não é raro perceber a ausência de muitas vozes na maioria dos currículos, em contrapartida à arrasadora presença da cultura ocidental. É possível perceber aí sinais de outro movimento da razão metonímica, a monocultura do saber e do rigor do saber. Segundo Santos (2006) esse é o modo mais poderoso de produção da inexistência: ao transformar a ciência moderna como cânone exclusivo de produção de conhecimento, tudo que não é por ele reconhecido ou legitimado é declarado como inexistente.

No que se refere à educação escolar, Jurjo Torres Santomé defende que não é possível recuperar essas ausências através de propostas curriculares que prevêem lições ou unidades didáticas isoladas destinadas ao estudo dessas culturas negadas.

> A instituição escolar deve ser entendida não apenas como o lugar onde se realiza a reconstrução do conhecimento, mas, além disso, como um lugar onde se reflete criticamente acerca das implicações políticas desse conhecimento (SANTOMÉ, 1995, p. 176).

No âmbito do pensamento histórico, acredito que refletir sobre essas implicações políticas exige o reconhecimento das relações de colonialidade, marca de nascença do ensino de História, ainda presentes no saber histórico escolar. A predominância das concepções monoculturais de tempo linear e de saber características da razão metonímica no ensino de História, faz-me admitir esse como um modelo que vem mantendo-se como tradição no campo da produção do saber histórico escolar, ao mesmo tempo em que me impele a buscar alternativas a ele.

Estou certa de que uma "outra história é possível", mas aqui quero propor-me o desafio de pensar essa História de um outro lugar, outro lugar epistemológico que não aquele do "ponto zero" da hegemonia do ponto de vista da razão ocidental, dispensando especial atenção à subalternização cultural e epistêmica das culturas não-europeias promovidas pelas relações de colonialidade e pela redução da multiplicidade de tempos e saberes. Um lugar de onde se possa lançar uma perspectiva intercultural. Diante disso, parece-me fundamental identificar propostas que sejam capazes de trazer alternativas não apenas de conteúdos culturais, mas também, e principalmente, de posições epistemológicas das narrativas. O rompimento radical com aquela tradição reivindica, portanto, a instauração de diálogos interculturais capazes de promover uma ecologia de tempos e saberes.

Sendo assim, parece-me bastante apropriado defender aqui a perspectiva da educação intercultural, entendida como projeto político, social, ético e epistêmico, como lugar de enunciação dessas alternativas. Essa concepção de educação intercultural se insere na compreensão de multiculturalismo interativo,[123] "propõe um multiculturalismo aberto e interativo, que acentua a interculturalidade" (CANDAU, 2009, p. 165). A característica básica da interculturalidade é a sua opção deliberada pela promoção da interação entre diferentes grupos culturais. Essa característica coloca essa abordagem em oposição direta àquelas, que, por um lado, não valorizam a explicitação das diferenças e, por outro lado, incentivam perspectivas essencialistas de afirmação de identidades.[124] O multiculturalismo interativo

---

[123] Diante da polissemia do termo, Candau (2009) defende a necessidade de sua adjetivação. Nesse sentido, a autora destaca três perspectivas: o multiculturalismo assimilacionista, o multiculturalismo diferencialista ou monoculturalismo plural, e o multiculturalismo interativo ou interculturalidade.

[124] Segundo Candau, o multiculturalismo assimilacionista tem por base a perspectiva descritiva de que vivemos em sociedades multiculturais onde não há oportunidades iguais para todos os grupos sócio-culturais. Diante disso, numa perspectiva prescritiva, defende a integração dos grupos privados de direitos e reconhecimento de modo assimilacionista, ou seja, de modo a promover sua inclusão na estrutura cultural dominante. Por sua vez, o multiculturalismo diferencialista - ou monocultura plural - tem por base a crítica ao projeto assimilacionista por considerar que sua perspectiva nega a diferença. Em oposição, enfatiza o reconhecimento das diferenças e a garantia de espaços para a sua expressão. Ao mesmo tempo em que se defende o acesso a direitos também se pleiteia a formação de comunidades culturais com organização própria visando a manutenção de suas matrizes culturais. "*Algumas das posições nessa linha terminam por ter uma visão estática e essencialista da formação das identidades culturais*" (CANDAU, 2009, p.165). Segundo a autora, essas duas abordagens são as mais comuns nas sociedades em que vivemos, muitas vezes convivendo em meio a tensões e conflitos.

> concebe as culturas em contínuo processo de elaboração, de construção e reconstrução. Certamente cada cultura tem suas raízes, mas estas raízes são históricas e dinâmicas. Não fixam as pessoas em determinado padrão cultural (CANDAU, 2009, p. 165)

Esse ponto de vista apoia-se na consideração de que os processos de hibridização cultural são elementos fundamentais nas dinâmicas dos diferentes grupos sócio-culturais, mobilizando identidades abertas, em constante construção.

Segundo Catherine Walsh (2009), a diversidade cultural tem estado no centro das atenções tanto no âmbito acadêmico quanto político. Não são poucas as reformas educativas e/ou constitucionais que reconhecem o caráter multiétnico e plurilinguístico dos países e introduzem políticas específicas para as chamadas minorias.[125] A autora não nega que essa presença reflete o processo de lutas dos movimentos sociais por reconhecimento e direitos, mas em sua opinião, essa tendência, observada em toda a América Latina, também precisa ser problematizada no contexto da colonialidade. Esse conceito é mobilizado aqui por Walsh para apoiar a argumentação de que o reconhecimento da diversidade e a promoção da inclusão são reflexos de uma reacomodação do projeto hegemônico dentro dos desígnios do capitalismo global.

Para Walsh (2009), esse discurso em defesa da diversidade que vem se mostrando cada vez mais comum pode ser considerado, em alguns casos, como um discurso neoliberal multiculturalista ou um neoliberalismo étnico. Walsh cita Slavoj Zizek para apoiar

---

[125] No Brasil essa tendência pode ser observada na criação de diferentes setores da administração pública voltados para o atendimento das minorias. Em nível Federal com lugar hierárquico equivalente aos Ministérios podemos destacar a Secretaria Especial de Políticas de Promoção da Igualdade Racial e a Secretaria Especial de Políticas para Mulheres.

sua tese, afirmando que este defende que a lógica multicultural do capitalismo multinacional neutraliza e ressignifica a diferença na medida em que a incorpora. Ao sustentar e incorporar a diferença dentro da ordem nacional, essa lógica promove a inclusão com o fim de reduzir os conflitos. Essa estratégia é chamada por Fidel Tubino (2005) de interculturalidade funcional, e se configura como uma nova estratégia de dominação e controle.

Em oposição a essa lógica, a autora defende, ao lado de Tubino, a perspectiva da interculturalidade crítica. Para definir essa concepção, afirma que a interculturalidade crítica parte do problema do poder, questionando seus padrões e dispositivos que mantêm a desigualdade, e afirma que suas raízes ancoradas nos movimentos sociais ajudam a localizar essa perspectiva no contexto da contra-hegemonia. A interculturalidade crítica se dirige em busca da transformação social capaz de alterar estruturas, instituições e relações sociais, tanto no que se refere às esferas políticas, sociais e culturais, como com relação às dimensões do saber e do ser. Dessa maneira, afirma que a interculturalidade crítica

> se preocupa também com a exclusão, negação e subordinação ontológica e epistêmico-cognitiva dos grupos e sujeitos racializados; com as práticas – de desumanização e de subordinação de conhecimentos – que privilegiam alguns sobre outros, 'naturalizando' a diferença e ocultando as desigualdades que se estruturam e se mantêm em seu interior. Mas, e adicionalmente, se preocupa com os seres de resistência, insurgência e oposição, os que persistem, apesar da desumanização e subordinação (WALSH, 2009, p.23)

Para Mato (2009, p. 80-81), o problema do reconhecimento e valorização dos modos de produção de saberes historicamente subordinados e invisibilizados

> [...] não se enfrenta com a celebração folklorizante, nem com a 'nacionalização' de ritos, danças e costumes destas populações, incorporando-os às festividades, monumentos e rituais de Estado. Resolver essa profunda e antiga fissura histórica que atravessa nossas sociedades demanda em primeiro lugar reconhecer sua existência e a dos conflitos associados a ela, não só em nível nacional e macropolítico mas também em cada um dos espaços microssociais, e talvez de maneira especialmente importante, nas experiências sócio-educativas.

É possível afirmar que as abordagens do multiculturalismo que estão na base de diferentes propostas políticas impactam de maneiras específicas as práticas sócio-educativas. Segundo Candau (2009), o multiculturalismo assimilacionista promove uma política de universalização da educação sem colocar em questão o caráter monocultural do sistema educacional. Para essa autora

> [...] Essa posição defende o projeto de construir uma cultura comum e, em nome dele, deslegitima dialetos, saberes, línguas, crenças, valores 'diferentes', pertencentes aos grupos subordinados, considerados inferiores, explícita ou implicitamente (CANDAU, 2009, p. 164).

Por sua vez, a perspectiva diferencialista do multiculturalismo tende a apoiar propostas que tenham por objetivo defender, reforçar ou reconstruir identidades culturais subordinadas. Em geral, essas propostas geram políticas direcionadas a grupos específicos, tais como algumas propostas de educação indígena ou afrodescendentes. Esse tipo de proposta, apesar de defender as diferenças e denunciar a hierarquização dos saberes, tem suas possibilidades limitadas pela abrangência restrita de suas ações e por não favorecer a interação entre matrizes culturais distintas. Acredito que o caráter pluricultural das sociedades latino-americanas, oriundo de sua formação sócio-histórica, exige a ampliação da reflexão sobre elas no sentido de estudar e compreender essas sociedades em sua diversidade de interpretações das experiências humanas. Daí se tornar cada vez mais imperiosa a necessidade de investimento no diálogo intercultural, tanto no âmbito da produção de conhecimentos quanto das práticas sócio-educativas, que precisam estar

> [...] alimentadas por uma sensibilidade intercultural, o que supõe, entre outras coisas, que cada um de nós cultive e promova valores de curiosidade profunda, respeito e valorização das visões de mundo, valores e interesses e saberes dos demais (MATO, 2009, p. 89)

Nessa direção, volto a defender a perspectiva da interculturalidade crítica para apoiar práticas sócio-educativas. Conforme Vera Candau (2009, p. 166),

> A perspectiva intercultural que defendo quer promover uma educação para o reconhecimento do 'outro', para o diálogo entre os diferentes grupos sociais e culturais. Uma educação para a negociação cultural, que enfrenta os conflitos provocados pela assimetria de poder entre os diferentes grupos sócio-culturais nas nossas sociedades e é capaz de favorecer a construção de um projeto comum, pelo qual as diferenças sejam dialeticamente integradas.

Dessa forma, a educação intercultural oferece centralidade à relação entre sujeitos - individuais e coletivos -, buscando uma produção plural de sentidos a partir da compreensão de que na relação se estabelecem outras subjetividades e outras políticas de verdade (AZIBEIRO; FLEURI, 2008). E assim, passa a ser entendida não apenas como um diálogo entre culturas, mas principalmente como possibilidade de realizar projetos políticos conjuntos que possam transformar a sociedade e a história (PACHÓN

SOTO, 2007, p. 19). Considerando a possibilidade de construção de uma alternativa ao modelo hegemônico, sua tarefa, portanto

> [...] não é adaptar, ou mesmo simplesmente possibilitar a mútua compreensão das linguagens. É, antes, possibilitar a emergência dos múltiplos significados, provocando a reflexão sobre os seus fluxos e cristalizações e os jogos de poder aí implicados. [...] A finalidade é a invenção da possível transformação de relações hierarquizadas e excludentes em relações de reciprocidade e de inclusão; de saberes fragmentados e disciplinarizados, em saberes que busquem, além das distinções, as interconexões, a desestabilização de dicotomias, substituindo bifurcações hierárquicas por redes de diferenças cruzadas, múltiplas e fluidas (AZIBEIRO; FLEURI, 2008, p. 7)

É no âmbito dessa concepção de educação que acredito ser possível construir a tradução em substituição à tradição no ensino de História. Segundo Santos (2006, p. 123), "a tradução é o procedimento que permite criar inteligibilidade recíproca entre as experiências do mundo, tanto as disponíveis como as possíveis". Para operar essa tradução, Santos propõe como método uma sociologia das ausências e uma sociologia das emergências. Para esse autor, "o que não existe é, na verdade, ativamente produzido como não existente" (Idem, p. 102). A sociologia das ausências, proposta por Santos, quer identificar o âmbito de produção dessas inexistências para que as experiências produzidas como ausentes possam ser libertadas dessas relações e passem a ser consideradas como alternativas às experiências hegemônicas a partir da discussão de sua credibilidade. São vários os modos de produção da não-existência, ou seja, de desqualificação ou invisibilização daquilo que não cabe na totalidade da razão metonímica, como, por exemplo, a monocultura do tempo linear, marca moderna do saber histórico escolar. Por sua vez, a sociologia das emergências atua sobre o Ainda-Não, sobre o que existe apenas como tendência em suas dimensões de potência (capacidade) e potencialidade (possibilidade), através do movimento de ampliação simbólica[126] de saberes, práticas e agentes. Ampliação simbólica é uma atenção excessiva às "dimensões da sociedade enquanto sinais ou pistas" (SANTOS, 2006, p. 120) que se opera por dois procedimentos: tornar menos parcial o nosso conhecimento das condições do possível, conhecendo melhor o que nas realidades investigadas faz delas pistas ou sinais; e tornar menos parciais as condições do possível, fortalecendo essas pistas ou sinais.

Nesse trabalho, por fim, defendo a aplicação da sociologia das ausências e da sociologia das emergências como estratégia de reflexão no campo do ensino de História na busca por pistas e sinais de uma outra história possível. Segundo Ernst Bloch, "o possível é o mais incerto, o mais ignorado conceito na filosofia ocidental", mas "só o possível permite revelar a totalidade inesgotável do mundo" (SANTOS, 2006, p. 116). Acredito, pois, que o saber histórico escolar constituído numa perspectiva intercultural crítica pode contribuir para alimentar o sonho e a luta daqueles que ainda acreditam que um mundo melhor seja possível.

[126] Segundo Santos (2006, p. 120), "A amplificação simbólica operada pela sociologia das emergências visa analisar numa dada prática, experiência ou forma de saber o que nela existe apenas como tendência ou possibilidade futura. [...] Identifica sinais, pistas ou traços de possibilidades futuras em tudo o que existe."

O "outro" como elemento incontornável na produção do conhecimento histórico

Carmen Teresa Gabriel

> Pois em definitivo o outro é objeto da história, de maneira incontornável. Ele talvez tenha estado menos no centro da pesquisa histórica quando a história focalizava mais o acontecimento, ou quando ela era uma história política ou diplomática. Ele ocupa um lugar mais central devido às novas preocupações como o estudo das representações ou como o interesse em relação à subjetividade do outro passado. Dito de outra forma, quando o outro não é de forma explícita o centro do pensamento epistemológico histórico, uma concepção do outro, da relação com o outro está, apesar de tudo, presente e em ação. (DALONGEVILLE, 2001, p.92, tradução livre).

Os debates em torno da temática "diversidade cultural e suas implicações para o ensino de História no Brasil" vêm ganhando fôlego desde a segunda metade dos anos 1990, abrindo caminhos teóricos e metodológicos para se pensar a questão da produção da identidade e da diferença no âmbito dessa disciplina escolar.

Com efeito, o ensino de História vem sendo intensamente interpelado — seja no plano das políticas curriculares, por meio da produção de textos oficiais como os PCNs, seja no plano epistemológico, com o aprofundamento do diálogo dos campos da História e da Educação com os estudos de cultura, seja no plano dos movimentos sociais como os movimentos negro e/ou indígena que explicitam suas demandas de reconhecimento e de redistribuição do conhecimento à escola pública, seja, por fim, no plano jurídico, com a aprovação em 2003 da Lei n.10.639 que introduziu a obrigatoriedade do estudo da história da cultura afro-brasileira e africana na educação básica, bem como seu complemento em 2008, estendendo essa obrigatoriedade às especificidades das culturas indígenas - não podendo assim, ficar imune a essas discussões.

Mas, para além dos ares de nosso tempo, não é de hoje que o ensino de História se debate com questões de identidade e diferença. E isso por duas razões. A primeira está vinculada à emergência da disciplina História no século XIX, que passa a desempenhar um papel importante na definição das fronteiras identitárias relacionadas ao pertencimento a uma cultura comum que estaria na base da construção e consolidação dos Estados Nacionais. A segunda diz respeito à especificidade do pensamento histórico que, como afirma Dalongeville na citação que serve de epígrafe a esse texto, estabelece uma relação incontornável com o outro no processo de produção desse conhecimento.

O objetivo desse texto é entrar nesse debate tendo como foco a segunda razão, presente no argumento de Dalongeville (2001). Pensar a articulação entre ensino de História e a questão da alteridade como elemento estruturante do conhecimento histórico, nos remete, todavia, a um deslocamento de enfoque nas pesquisas em ensino de História cujo objeto consiste na análise da interface currículo de História — diversidade cultural. Tenho trabalhado com a hipótese (GABRIEL, 2011, 2012a) que o potencial político do ensino de História em meio às políticas de diferença em nossa contemporaneidade pode ser melhor explorado quando consideramos o currículo de História não apenas como um lócus no qual se travam as lutas entre os processos de significação /identificação mobilizados pelas demandas de diferença,[127] mas sobretudo quando ele passa a ser visto como condição de possibilidade das mesmas. Isso significa não pensar a democratização do currículo de História apenas em termos da incorporação de novos conteúdos e simultaneamente, nesse mesmo movimento, reconhecer que o jogo político mobilizado por essas demandas exige, também, outro tipo de enfrentamento.

Na perspectiva teórica aqui defendida, a diferença como constituinte do social extrapola o sentido que a fixa como uma marca de pertencimento identitária e, como tal, tornada objeto de reivindicação política ou de discriminação social/racial. Entendo que a garantia da irrupção da diferença na escola não é uma questão de aceitação ou rejeição, por parte dessa instituição, da diversidade e pluralidade cultural. Ela é condição da sua existência como espaço político democrático. Essa perspectiva me autoriza a considerar, como já explicitado, que é importante, mas não suficiente, incorporar no currículo de História conteúdos até então ausentes nos bancos da escola. O que está em jogo é operar com esse currículo como espaço-tempo híbrido produtor de identidades narrativas nas quais a questão do "Outro" não continue mal colocada, como nos alerta Irigaray (2002), ao se referir à questão da alteridade no pensamento moderno:

> [...] o outro é sempre o outro do mesmo, o outro do próprio sujeito e não um outro sujeito a ele irredutível e de dignidade equivalente. Isto

---

127 Expressão utilizada para nomear o conjunto de reinvindicações formuladas no seio de movimentos sociais presentes no cenário político contemporâneo e que estão relacionadas à questão de pertencimentos identitários. Entendo que essas demandas ganham força quando articuladas com as demandas de igualdade que já há mais tempo vêm interpelando as escolas da Educação Básica. Neste texto porém, em função do recorte, a ênfase está posta na questão da diferença.

> significa que ainda não existiu realmente o outro para o sujeito filosófico, e mais geralmente o sujeito cultural e político, nesta tradição.

Para sustentar essa hipótese organizei esse texto em duas partes. Na primeira procuro sintetizar o quadro teórico no qual ela foi formulada, destacando o binômio tempo-espaço como um conceito chave para sustentar minha argumentação. Na segunda apresento alguns exemplos dos efeitos desse deslocamento do foco aqui proposto na reflexão sobre a urgência e pertinência da inclusão nos currículos de História das questões culturais que envolvem as disputas identitárias.

Espaço-tempo como elementos indissociáveis e produtores da diferença.

> Se o tempo se revela como mudança, então o espaço se revela como interação. Neste sentido, o espaço é a dimensão *social* não no sentido da sociabilidade exclusivamente humana, mas no sentido do envolvimento dentro de uma multiplicidade. Trata-se da esfera da produção contínua e da reconfiguração da heterogeneidade, sob todas as suas formas - diversidade, subordinação, interesses conflitantes. À medida que o debate se desenvolve, o que começa a ser focalizado é o que isso deve trazer à tona: uma política relacional para um espaço relacional (MASSEY, 2008, p. 97-98).

As argumentações a seguir e que estão na base da hipótese anteriormente formulada serão aqui desenvolvidas de forma articulada, em torno de duas afirmações que expressam a forma escolhida, neste texto, para entrar no debate sobre ensino de História e diversidade cultural. A primeira afirmação diz respeito à relação entre conhecimento histórico e as políticas de identidade e de diferença ; a segunda está relacionada às fronteiras que definem o que é e o que não "história" ou "conhecimento histórico" trazendo a tona o binômio espaço-tempo.

Como já explicitado, a questão identitária, em particular a relacionada à identidade nacional, faz parte da trajetória dessa disciplina escolar desde o século XIX. Estudos como os de Nicole Aillieu (1995) ou de Circe Bittencourt (1990, 2003) que se debruçam sobre a história da disciplina História vêm apontando a estreita articulação entre a emergência dos Estados Nacionais e a instauração dessa área do conhecimento como disciplina acadêmica e/ou escolar em diferentes países. No Brasil e em período mais recente, pesquisas, tanto do campo da História como do ensino de História, têm defendido a ampliação do debate identitário no âmbito dessa área de conhecimento, por meio da incorporação nos currículos das "demandas de diferença" formuladas no seio dos diversos movimentos sociais presentes no cenário político contemporâneo. Não é por caso que, desde a década de 1990, temáticas como "pluralismo cultural", "multiculturalismo", "identidades plurais" são objetos de debate nas políticas educacionais, e pautam as mais diversas propostas curriculares oficiais, bem como as políticas de avaliação dos livros didáticos de História.

Neste texto, embora reconheça as contribuições valiosas desses estudos, proponho explorar essa questão por um outro ângulo de ataque. Para tal, torna-se necessário, em um primeiro momento, reorientar o foco da discussão da categoria "identidade" para a da "diferença". Em seguida analisar as implicações desse deslocamento para a fixação do sentido do binômio espaço-tempo, aqui percebido como um significante que exerce a função discursiva definidora do sentido do conhecimento histórico.

Defendo que este deslocamento oferece subsídios teóricos e políticos para avançar na relação entre o ensino de História e a problemática da diversidade. A defesa de uma política da diferença significa situar a análise em um horizonte epistêmico de crítica radical às perspectivas essencialistas de leitura do mundo. Desse modo, este artigo se filia às pesquisas do campo das ciências sociais (LACLAU & MOUFFE, 2004; LACLAU, 2005; MARCHART, 2009; BURITY 2008, 2010; HOWARTH, 2005) que priorizam as abordagens discursivas pós-fundacionais.[128]

Nessas teorizações, a ideia de sistema relacional se radicaliza na medida em que afirma a impossibilidade do fechamento de sentido em torno de qualquer centro.[129] Desse modo, essa abordagem opera com uma teoria do discurso que sustenta a heterogeneidade como constituinte do social, reafirmando que os elementos que configuram o social não preexistem, mas se constituem por meio dele. Afirmar, pois, que o "ser" das coisas deste mundo é relacional, pressupõe reconhecer que nenhum ato de significação é possível fora de um sistema de diferenças. Afinal, como afirma Laclau: "algo é o que é somente por meio de suas relações diferenciais com algo diferente" (LACLAU, 2005, p. 92).

A compreensão desse argumento é importante para evitar alguns equívocos. Não se trata de buscar um sentido último, mais verdadeiro ou oculto das palavras articuladas em um texto

---

[128] Em diálogo com Olivier Marchat (2009), entendo por essa expressão "uma constante interrogação das figuras metafísicas fundacionais, tais como a totalidade, a universalidade, a essência e o fundamento" (MARCHART, 2009, p.14, tradução livre). Importa sublinhar que a perspectiva de ver e ler o mundo pós-fundacional aqui defendida, como nos alerta esse mesmo autor, não se confunde com um antifundacionalismo, por meio do qual caberia um "tudo vale". O que está sendo problematizado não é a possibilidade de operar com fundamentos mas sim o seu estatuto ontológico.

[129] O termo "centro" é utilizado nesse quadro teórico para nomear qualquer figura metafisica fundacional como por exemplo: essência, Deus, consciência, razão.

quando analisamos algum discurso. O desafio é justamente ficarmos no nível das palavras, reconhecendo, ao mesmo tempo, que ao fazê-lo não se está só com as palavras. Afinal, como afirma Burity (2008), se não há ação social sem significação, toda significação está inserida - ainda que de forma instável e provisória - em um discurso, isto é, na materialidade do dito.

Além disso e de forma paradoxal, não há possibilidade de significação sem algum fechamento, ainda que provisório e contingencial. Como sustenta teoricamente Laclau: "a totalidade é condição de significação", para em seguida afirmar que no entanto, nos encontramos

> [...] na situação paradoxal de que aquilo que constitui a condição de possibilidade de um sistema significativo, seus limites, é também aquilo que constitui sua condição de impossibilidade, um bloqueio na expansão contínua do processo de significação (LACLAU, 2005, p.71, tradução livre)

Reconhecer pois, no jogo político, a condição de fechamento do social implica em valorizar, na nossa análise, as categorias "fronteira" e "limite radical" como territórios de lutas políticas, isto é, de lutas por significação. Isso me permite olhar para o espaço-tempo de fronteira chamado currículo de História como um sistema incompleto cujos limites estão sob forte pressão em nosso presente. E no mesmo movimento, considerar o binômio espaço-tempo como constituintes desse currículo.

Importa sublinhar que esse "algo que é" e pelo qual lutamos e nos identificamos nos remete, nesse quadro teórico, à problemática da definição, redimensionando o sentido do significante identidade. Não se trata apenas de operar como o sentido de identidade que associa esse termo a pertencimentos e lealdades culturais a determinados grupos. Na perspectiva aqui privilegiada, o termo identidade diz respeito também à dimensão ontológica dos sujeitos e objetos, dos sonhos e pedras desse mundo.

Essa pontuação é crucial para a reflexão aqui proposta na medida em que, se por um lado meus argumentos mobilizam os dois sentidos de identidade anteriormente mencionados, de outro ele inverte, ou melhor, descentra o foco que vem prevalecendo nos debates sobre essa temática. Identidade como pertencimento cultural decerto está no centro das discussões acerca das articulações possíveis e disponíveis entre ensino de História e diversidade cultural e é entendida no jogo político como uma categoria fecunda na formulação e sustentação das demandas de diferença.

No entanto, o deslocamento proposto a partir do diálogo com as teorizações de discurso pós-fundacional, ao trazer para o centro dos debates a questão da definição, reorienta a reflexão e permite questionamentos que mobilizam o sentido ontológico da identidade, nos colocando frente à complexa tarefa de nomear o que queremos explicar, analisar. Neste caso "diversidade cultural" e "currículo de história". Tal tarefa implica em propor uma chave de leitura por meio da qual a definição do primeiro termo contribui para pensar o segundo em uma perspectiva não essencialista.

Nesse horizonte teórico, o uso de termos como "diferença" e "diversidade" não são sinônimos nem tampouco são percebidos como unidades diferenciais articuladas em uma mesma cadeia de equivalência que fixa o sentido de identidades plurais. Nessa perspectiva, diferença é condição de pensamento, é instituinte do social/político, definido como um sistema heterogêneo. Os processos de identificação são processos de homogeneização e hegemonização em meio a essa diferença. Quando fixamos termos como "cultura negra", "cultura indígena", "cultura ocidental", "homem", "mulher", "homossexual", entre outros, estamos operando com práticas articulatórias que, ao mobilizarem lógicas de equivalência e lógicas de diferença em contextos específicos, universalizam os sentidos desses significantes. Afinal como afirma Hall (2000, p. 109):

> É precisamente porque as identidades são construídas dentro e não fora do discurso que nós precisamos compreendê-las como produzidas em locais históricos e institucionais específicos, no interior de formações e práticas discursivas específicas, por estratégias e iniciativas específicas. Além disso, elas emergem no interior do jogo de modalidades específicas de poder e são, assim, mais o produto da marcação da diferença e da exclusão do que o signo de uma unidade idêntica, naturalmente constituída, de uma “identidade” em seu significado tradicional — isto é, uma mesmidade que tudo inclui, uma identidade sem costuras, inteiriça, sem diferenciação interna.”

Nesse jogo político procedemos, pela lógica de equivalência, a uma operação de homogeneização, de apagamento das diferenças que são necessárias, mas não suficientes, para a efetivação dos processos de identificação/significação. Como argumenta Laclau (1996), para que essas identidades possam ser definidas/fixadas, ainda que provisoriamente e contingencialmente, é preciso estancar o fluxo de significações por meio das articulações infinitamente possíveis das unidades diferenciais em circulação. É justamente com essa função de corte radical, de limite, de ruptura que, nesses processos de definição, a lógica da diferença intervém, expelindo para fora da cadeia equivalencial, unidades diferenciais-outras que como “exterior constitutivo” ameaçam e simultaneamente constituem as identidades fixadas.

Desse modo, é possível entender as disputas identitárias entre grupos culturalmente diferenciados como lutas entre processos de identificação/significação com o objetivo de definir e legitimar marcas identitárias em determinados contextos, que como tais produzem necessariamente um outro antagônico que tende a variar em função dos contextos e interesses em jogo. Ao invés de considerarmos como frente de luta o reconhecimento de "outros" por um "nós", como se esses "nós" e "outros" estivessem definidos previamente, a política da diferença opera com a afirmação de que a fronteira entre esses termos é provisória, instável, e contingencial, sendo pois, em permanência, disputada.

Isso implica também em operar com um sentido de outro que não o fixa como se fosse uma identidade plena, engessada, enraizada, à espera de ser reconhecido em espaços nos quais foi historicamente rejeitado. Nem "fonte de todos os males", nem "sujeitos plenos de uma marca cultural", nem tampouco um "alguém a tolerar" (DUSCHATZKY; SKLIAR, 2001) mas um outro "sujeito a ele irredutível e de dignidade equivalente" de que nos fala Irigaray (2002). Em termos de uma política da diferença e parafraseando Chantal Mouffe (2003), um outro incontornável que em função do contexto e do jogo político pode ser posicionado como "adversário" e logo como uma unidade diferencial que participa de uma cadeia de equivalência ou como "inimigo" que é percebido como antagônico produzido por meio da lógica da diferença.

Essa abordagem nos coloca - pesquisadores e professores dessa disciplina — frente a um duplo desafio: compreender os mecanismos acionados nas disputas identitárias que ocorrem na fronteira e interpretar como essas disputas e fronteiras são incorporadas na cultura escolar, em particular nos currículos de História. Isso implica, por exemplo, compreender que um currículo não inclui ou rejeita as diferenças /diversidades culturais, mas ele é diferença.

Como espaço-tempo de fronteiras culturais (MACEDO, 2006), os currículos de História priorizam em suas fixações alguns processos de identificação em detrimentos de outros, estabelecendo, por exemplo, fronteiras para o sentido de conhecimento histórico escolar validado e legitimado para ser ensinado-aprendido nas escolas da Educação Básica. Com o objetivo de sustentar a hipótese anteriormente mencionada, interessa-me, mais particularmente, neste texto, problematizar as fronteiras que definem os sentidos de História. Cabe assim perguntar-nos: em que sentidos de História investir quando se trata de construir um currículo da diferença?

Esse tipo de questionamento, ao operar com a dimensão ontológica da identidade, nos remete à questão das fronteiras definidoras de conhecimento histórico. Em trabalho recente (GABRIEL, 2012b) defendo que o binômio espaço-tempo participa dessa disputa, contribuindo para o fechamento provisório do sentido de História em relação a outras área do conhecimento. Entre os critérios mobilizados para reconhecimento da legitimidade do adjetivo histórico que qualifica múltiplos significantes, como por exemplo - "conhecimento", "realidade", "contexto" —, encontram-se sentidos de temporalidade e de espacialidade que se articulam em uma cadeia de equivalência e simultaneamente produzem um outro significante não-histórico, exercendo a função discursiva de corte radical indispensável em qualquer processo de significação. Para a sustentação desse argumento cabe ainda explicitar os sentidos de temporalidade e de espacialidade que por sua vez são mobilizados e fixados nesse processo. Considerando a temática central deste texto, trata-se de destacar entre os infinitos possíveis fluxos de sentidos passíveis de definirem esses dois termos, aqueles que permitem explorar a hipótese aqui defendida acerca da interface ensino de história / diversidade cultural, alteridade/ensino de história, ou ainda ensino de história/política da diferença.

Não é por acaso que a reflexão temporal, em particular no que ela permite compreender as formas de uso do passado em nosso presente, tem sido mobilizada, nas lutas de significação que giram em torno da questão identitária. As reivindicações de muitos dos movimentos sociais no nosso cenário político contemporâneo tendem a fazer apelo às raízes históricas na defesa de seus interesses e demandas, colocando os debates no terreno das lutas entre as diferentes memórias que disputam o preenchimento do sentido do significante "nacional". Articulada a essa reflexão no e com o tempo, as querelas identitárias também fazem uso de noções como a de "territorialidade" e, desse modo, operam com o significante espaço para satisfazer e/ou negar as demandas de diferença. Sem dúvida, a ideia e defesa de pertencimento a espaços e tempos comuns subsidiam muitas dessas reivindicações.

O movimento teórico aqui proposto, implica em explorar o potencial heurístico do binômio espaço-tempo tal como mobilizado pelas perspectivas pós-fundacionais nos processos de significação do termo currículo para pensar particularmente o currículo de História. Nesse quadro de significação, espaço e tempo são fixados como elementos indissociáveis produtores da diferença, isto é, na perspectiva da teorização do discurso, produtores do social/político, como apresentado anteriormente. Essa definição é uma em meio a outras possíveis e está longe de ser ainda hegemônica nas pesquisas sobre ensino de História.

Quando utilizamos termos como "realidade(s) histórica(s)" para nomear o mundo em que vivemos, ou quando nos referimos a algo como sendo "historicamente construído", embora estejamos mobilizando processos de significação em torno da definição do binômio espaço-tempo, ainda são poucos os estudos que enfrentam, do ponto de vista teórico, o lugar ocupado pelas temporalidades e espacialidades na construção do conhecimento histórico reelaborado didaticamente para ser ensinado. Como falar de historicidade sem a mobilização de sentidos de tempo e espaço? Ou dito de outra forma: como definir historicidade sem fixarmos sentidos para a nossa experiência temporal e espacial?

Para tal, uma reorientação de enfoque se impõe nas pesquisas da área. Ao invés de centrarmos sobre os desafios do aprendizado das coordenadas tempo-espaço, investirmos na compreensão, em meio ao processo de ensino-aprendizagem de História, dos processos de significação/identificação de tempo e espaço mobilizados por alunos/as e professores/as dessa disciplina, ao atribuírem sentidos às experiências temporais e espaciais individuais e coletivas.

Nos limites deste texto não cabe explorar com profundidade as implicações pedagógicas de um tal enfoque. Limito-me assim, a evidenciar e justificar a escolha de algumas interlocuções teóricas no campo da História e da Geografia[130] que se apresentam promissoras para posteriores análises mais consistentes.

No caso do campo da História refiro-me particularmente às contribuições de Paul Ricoeur (1983) cujos conceitos, como os de "narrativa histórica" e "identidade narrativa", me parecem potentes para a abordagem aqui defendida. De modo semelhante as contribuições de Doreen Massey (2008) para a discussão de conceitos como "espacialidade" no campo da Geografia abrem pistas fecundas para a reflexão sobre a articulação de tempo e espaço nos currículos de História.

A busca dessa articulação torna-se um verdadeiro desafio para os pesquisadores da área de ensino de História. Segundo

---

[130] Essa escolha se justifica pelo fato de os termos tempo e espaço serem reivindicados pelos estudiosos desses campos como conceitos estruturantes do pensamento histórico e geográfico respectivamente.

Massey (2008), os estudos no campo da História tendem a fixar o sentido de espaço ora como o antagônico de tempo, em particular ao defini-lo como uma estrutura atemporal; ora o confundido com o tempo quando o adjetivam de "avançado", "atrasado", "em desenvolvimento". Nesta última perspectiva, as diferenças espaciais estão sendo imaginadas como sendo temporais. Como denuncia essa autora (MASSEY, 2008, p. 15):

> Esta concepção de espaço em termos temporais é um modo de conceber a diferença que é típico das grandes leituras modernistas do mundo. As histórias de progresso (da tradição à modernidade), de desenvolvimento, de modernização, a fábula marxista da evolução através dos modos de produção (feudal, capitalista, socialista, comunista) muitas de nossas histórias atuais de globalização (Massey 1999) ... todas elas compartilham de uma imaginação geográfica que se rearranja as diferenças espaciais em termos de sequência temporal. A implicação disso é que lugares não são genuinamente diferentes, na realidade eles simplesmente estão à frente ou atrás numa história: suas "diferenças" consistem apenas no lugar que eles ocupam na fila da história.

O que subjaz a esta denúncia é a impossibilidade, nessas análises, de pensar o espaço com uma identidade que o difere de tempo e que permite simultaneamente articular os sentidos desses dois conceitos de forma que o resultado dessa hibridização seja significado como produtor da diferença, logo, do social. Como pensar a ideia de espaço para além de território ou de região significados como superfícies fechadas? Como pensar limites, fronteiras que contribuem para fixar o sentido de espaço de forma a não homogeneizá-lo como uma totalidade positivada e plena?

Do mesmo modo, como pensar e representar esse tempo que nos envolve em sua vastidão sem operarmos com uma totalidade que seja percebida de forma acabada e definitiva? Como representá-lo de forma a articular simultaneamente os “fragmentos de durações” - passado, presente e futuro — e a ideia de sua “transcorrência em um fluxo único”? Ou ainda: o que entender por historicidade quando algumas garantias acerca dos sentidos atribuídos à nossa orientação temporal são gravemente abaladas em nosso presente? Quando uma história tautológica que nos oferecia uma direção predeterminada do futuro já vem sendo de muito combatida? Quando uma percepção do passado como “algo que realmente aconteceu” vem sendo problematizado?

As tentativas de respostas a essas perguntas trazem à tona a potencialidade heurística da abordagem discursiva aqui proposta. Como apresentado anteriormente, essa perspectiva autoriza perceber qualquer totalidade espacial e temporal como um sistema inacabado sempre aberto ao inesperado, a uma dose de caos. E é justamente nessa perspectiva que os autores mencionados podem contribuir para pensar o binômio tempo-espaço como elementos indissociáveis.

Para Ricoeur (1983), o tempo só se deixa dizer na forma narrativa e é por meio dessa forma que a experiência temporal se torna significativa. Dito de outra forma, a narrativa cria conexões que reinscrevem o tempo vivido no tempo cósmico. Essa hibridização de sentidos entre tempo e narrativa pode ser evidenciada, por exemplo, na afirmação abaixo deste autor:

> O tempo torna-se tempo humano na medida em que ele é articulado sobre um modo narrativo, em contrapartida, a narrativa é significativa na medida em que delineia os traços da experiência temporal. (RICOEUR, 1983, p.17, tradução livre)

Nessa perspectiva, o significado do termo “narrativa” percebida como síntese do heterogêneo de diferentes experiências temporais, sejam elas ficcionais ou históricas, oferece uma resposta satisfatória à aporia da fragmentação ao produzir uma cadeia equivalencial capaz de garantir a unicidade/totalidade do sentido de tempo histórico. Como nos aponta Arfuch (2010), leitora de Ricoeur, falar de narrativa, nessa perspectiva,

> [...] não nos remete apenas a uma disposição de acontecimentos - históricos ou ficcionais— numa ordem sequencial, a uma exercitação mimética daquilo que constituiria primariamente o registro da ação humana, com suas lógicas, personagens, tensões e alternativas, mas *à forma por excelência de estruturação, da vida,* e consequentemente, da identidade, à hipótese de que existe entre a atividade de contar uma história e o caráter temporal da experiência humana, uma correlação que não é puramente acidental mas que apresenta uma forma de necessidade "transcultural". (ARFUCH, 2010)

Reconhecer a centralidade da estrutura narrativa do conhecimento histórico torna-se uma forma de entrada nos debates sobre a articulação entre história e política da identidade/diferença, entendendo que a temporalidade é um dos elementos mobilizados pelos processos de identificação que se fazem em meio a um sistema de diferenças. Como articular o que permanece e o que se transforma em meio aos processos de identificação? Como identificar-se temporalmente a uma pertença comum? Como reconhecer-se em um passado e em um futuro? (ARFUCH, 2001, p. 5). Pensar a diferença no e com o tempo é pensar a multiplicidade de experiências temporais e de formas de narrar essas experiências. Afinal: "a temporalidade mediada pela trama se constitui desse modo tanto em condição de relato quanto em eixo modelizador da (própria) existência" (ARFUCH, 2010, p. 116)

A poética da narratividade — como se refere Paul Ricoeur à estrutura narrativa da história — ofereceria assim, a resposta "menos imperfeita" à aporia da articulação passado-presente-futuro, ao fazer emergir a categoria "identidade narrativa". Esse "frágil rebento oriundo da união da história e da ficção" (RICOEUR, 1997, p. 424) é o que permite atribuir a um sujeito (indivíduo e/ou coletividade) uma identidade específica, isto é, uma identidade que se fixa em função da forma como esse sujeito significa o seu pertencimento no tempo.

A totalidade temporal pode ser entendida como uma "trama de perspectivas cruzadas entre a expectativa do futuro, a recepção do passado e a vivência do presente" (RICOEUR, 1983, p. 359). O tempo narrado constitui, dessa forma, a mediação indispensável entre essas categorias. A assunção da ideia de totalidade, vista como "um jogo de remissões" (idem, p.178) entre expectativa (futuro), tradição(passado) e presente (intempestivo), se distancia, assim, das visões que a defendem com argumentos metafísicos que tendem a fixar o sentido de História em um registro temporal marcado por uma linearidade de direção predefinida.

A reflexão de Koselleck (1990) sobre a semântica dos tempos modernos, na qual este autor apresenta as duas categorias-chaves e meta-históricas — "espaço de experiência" e "horizonte de expectativa" —, é de fundamental importância para pensar essa totalidade temporal. Significar a unidade temporal "presente" como um espaço de tensão permanente entre "campo de experiência e horizonte de expectativa" por meio de uma mediação inacabada redimensiona o sentido de presente como demanda, colocando em evidência as dimensões de espacialidade (estrutura, sistema, limites) e de temporalidade (contingência, duração, historicidade) constitutivas da realidade social da qual somos contemporâneos.

As contribuições de autores como Paul Ricoeur e Reinhart Koselleck para a reflexão das temporalidades abrem uma porta de diálogo promissor com as teorias da espacialidade mais recentes no campo da Geografia, como as elaboradas por Massey (2008), que defendem a indissociabilidade dessas duas categorias de pensamento. Afinal termos como "campo de experiência" ou "horizonte de expectativa", que ocupam um lugar central nas argumentações desenvolvidas por ambos os autores citados, não carregam fluxos de sentidos hibridizados dos conceitos de tempo (experiência, expectativa) e de espaço (campo, horizonte)?

Nessas formulações, o sentido de espaço tende a se aproximar da forma como Massey o define, isto é, não como uma estrutura fechada, domínio da sincronia, mas como espaço aberto, produto de interações (MASSEY, 2008, p.16) Para essa autora, o espaço é justamente a esfera do encontro de diferentes trajetórias, ele encarna as complexidades e dificuldades dos entrelaçamentos ou ausência deles, ele é relacional, isto é, nas palavras da própria da autora, o espaço é "esfera da produção contínua e da reconfiguração da heterogeneidade, sob todas as suas formas – diversidade, subordinação, interesses conflitantes" (MASSEY, 2008, p. 97-98).

Como defende Massey, nessa forma de fixação de espacialidade o espaço deixa de ser entendido como o "domínio do que está morto, ou como "um corte horizontal através do tempo". Esse tipo de abordagem permite pensar não apenas a produção do espaço, mas o espaço como produtor do social, aberto e ativo. Não mais temporalizar o espaço como critica Doreen Massey, mas sim abri-lo para a multiplicidade dos tempos que em cada presente busca equacionamentos para a tensão entre passado e futuro.

Essas breves considerações me parecem suficientes para sustentar a pertinência de explorar outras saídas teóricas para pensar a interface espaço-tempo de forma a garantir as especificidades de cada um desses termos e simultaneamente a potencialidade heurística resultante da hibridização dos mesmos para a leitura do social/político. Essa aposta não é apenas uma questão de retórica quando sabemos que a busca dessas outras respostas, ao fazer avançar o debate teórico, pode contribuir para o saber/fazer docente em sua prática profissional cotidiana. A seguir apresento de forma sintética alguns desses avanços e contribuições possíveis.

Que implicações para o debate?

> Em que medida as retóricas da moda - como por exemplo aquelas que reivindicam as bondades do multiculturalismo, que pregam a tolerância e que estabelecem o início de um tempo de respeito aos outros - estão anunciando pensamentos de ruptura com relação às formas tradicionais em que a alteridade foi denominada e representada? (DUSCHATZY; SKLIAR, 2001, p. 119)

A provocação contida na pergunta formulada por Duschatzky e Skliar nos alerta sobre as possíveis armadilhas presentes nos debates sobre diversidade cultural que se filiam às perspectivas essencialistas. Dependendo das fixações de alteridade privilegiadas, as estratégias mobilizadas produzem efeitos contrários aos desejados. Muitas vezes, em nome da defesa da pluralidade cultural, tendemos a escolher frentes de luta ou mecanismos de subversão que ora reforçam as relações de poder assimétricas, ora produzem mudanças superficiais que deixam intactas as articulações hegemônicas. Entre essas armadilhas destaco as que estão direta ou indiretamente relacionadas à forma como apreendemos a tensão entre universal e particular que perpassa a discussão acerca da interface currículo de história/ diversidade cultural.

Nesta seção retomo essa discussão chamando a atenção para dois desafios cujo enfrentamento, considero, ganha em consistência teórica quando pensados na perspectiva pós-fundacional. Ambos os desafios mobilizam a questão da fixação de fronteiras como argumentado na seção anterior.

O primeiro diz respeito às estratégias mobilizadas para a apropriação da tensão universal/particular em meios às disputas identitárias reelaboradas nos currículos de História. O segundo desafio, estreitamente vinculado ao primeiro, está relacionado à questão das implicações da escolha da definição do sentido de conhecimento histórico disciplinarizado nos debates sobre a democratização do processo de produção e distribuição desse tipo de conhecimento. Trata-se de questionar menos os resultados a que chegam algumas análises produzidas no quadro teórico crítico e/ou as denúncias endereçadas ao currículo escolar do que os caminhos teóricos percorridos para alcançá-los e formulá-las.

Em termos do primeiro desafio mencionado, essa tensão tende a ser objeto de análise dos estudos pautados nas teorizações curriculares críticas que denunciam os currículos monoculturais a partir da crítica ao universalismo. De uma maneira geral, nesses estudos, os sentidos de universal e particular tendem a ser fixados em polos opostos essencializados de uma tensão onde "nós" e "outros" se posicionam como "inimigos". Desse modo, as demandas de diferenças formuladas nos movimentos sociais, são percebidas, nessas abordagens, como demandas democráticas particulares historicamente excluídas de um currículo produzido em meio às lógicas de equivalência e da diferença que investem em sentidos de universalidade essencializados e fundamentados fora do jogo da linguagem. Na maioria das vezes, as disputas se dão no campo curricular em termos de reivindicação — por parte desses grupos alienados do processo de fixação do sentido de conhecimento histórico curricularizado — para participarem da cadeia de equivalência definidora de currículo de História. A universalidade deixa de ser vista como solução e passa a ser percebida como problema a ser superado. Nesse tipo de abordagem instaura-se uma brecha irreparável entre universalidade e particularidade, negando, assim, qualquer possibilidade de se pensar em uma sociedade reconciliada.

Em diálogo com as teorizações de discurso pós-fundacional, o argumento central que defendo neste texto, está pautado na aposta que consiste em pensar as relações entre universalismo e particularismo de um outro lugar, para além de puros particularismos e/ou universalismos, que se excluem e reafirmam aporias que dificultam avançar nos debates sobre essa temática. Dito de outra forma: como evitar a esterilidade do debate universal x particular na perspectiva essencialista que não nos permite avançar para além da linguagem da denúncia? Afinal, como questiona Laclau (2011, p. 49):

> Seriam as relações entre universalismo e particularismo, simples relações de exclusão mútua? Ou se tomarmos a mesma questão pelo ângulo oposto: será que a alternativa entre objetivismo essencialista e subjetivismo transcendental esgota o leque de jogos de linguagem que podem ser feitos com o "universal"?

Ao responder justamente pela negativa a essas questões, este autor oferece uma saída teórica que me parece potente para fazer avançar a tensão entre universal e particular. Para esse autor o universal é condição impossível e necessária para pensar a construção de um currículo para uma escola democrática. A universalidade e a plenitude são inalcançáveis, mostrando-se sempre pela sua ausência. Para Laclau, o universal

> [...] é o símbolo de uma plenitude ausente e o particular só existe no movimento contraditório de afirmar uma identidade diferencial e ao mesmo tempo anulá-la por meio de sua inclusão em um meio não-diferencial. (LACLAU, 2005, p. 57)

Esse entendimento permite pensar que o sentido de universal está incessantemente sendo disputado, deixando sempre aberta a sua cadeia de equivalências. Desse modo, para Laclau (1996) é a própria relação entre universal e particular que é hegemônica, e não um possível conteúdo a ele vinculado, ainda que provisoriamente. Isso implica na necessidade de considerar a importância de manter em nossas análises a dimensão universal, mas articulá-la de modo distinto com o particular.

Esta outra percepção da relação entre universal e particular abre pistas para pensar em termos de linguagens de possibilidades a interface entre ensino/currículo de história-diversidade cultural. Ao invés de nos limitarmos a lutar pela inclusão da cultura de um outro "pleno de uma marca cultural" (DUSCHATZY; SKLIAR, 2001)[131] no currículo de História, disputar também entre as múltiplas narrativas históricas produzidas, aquelas que mobilizam processos de identificação/significação nas quais os outros no tempo e no espaço — que nos interessam colocar para dentro da cadeia de equivalência que define currículo de História

---

[131] Reconheço a pertinência dos argumentos pautados em expressões como "essencialismo estratégico" ou "fundamentos contingenciais" cunhados por estudiosos que operam na perspectiva pós-fundacional e mobilizados como estratégias discursivas nesse tipo de luta em determinados contextos discursivos. No entanto, neste texto, em função do recorte privilegiado, não desenvolverei esses argumentos.

— sejam considerados como "adversários" e não "inimigos". Isso significa, do lugar do currículo de História fazer a gestão das demandas de diferença que são endereçadas à escola de forma que se possa articular um maior números dessas demandas e simultaneamente garantir um fechamento contingencial em relação ao sentido de "escola democrática" que não descaracterize esse espaço, reafirmando-o pois, como uma instituição formadora organizada em torno de processos de ensino-aprendizagem que a colocam no campo discursivo que define "cultura escolar".

Interessa-me particularmente destacar a dimensão política que está em jogo. Refiro-me às estratégias políticas que fixam os sentidos nos quais apostamos. Entendendo que fixar sentidos é condição de luta, não se trata de impossibilitar as fixações ao reconhecer a incompletude de qualquer fixação, mas sim de valorizar o lugar de fronteira como potencialmente fértil na dinâmica política. Afinal como nos afirma Bhabha (1998, p. 20):

> O que é teoricamente inovador e politicamente crucial é a necessidade de se passar além das narrativas de subjetividades originárias e iniciais e de focalizar aqueles momentos ou processos que são produzidos na articulação de diferenças culturais. Esses "entre-lugares" fornecem o terreno para a elaboração de estratégias de subjetivação — singular ou coletiva — que dão início a novos signos de identidade e postos inovadores de colaboração e contestação, no ato de definir a própria ideia de sociedade.

A construção dos universais e particulares no ensino de História, hoje, depende das utopias que estamos querendo construir em meio a diferentes razões que entram em jogo e cujas regras se definem em função também das apostas no projeto de escola e sociedade que são feitas. Essa afirmação nos remete diretamente ao segundo desafio acima mencionado.

A recontextualização das políticas de diferença em contextos escolares, pressupõe reconhecer a presença de fluxos de sentidos oriundos de outros campos do conhecimento, na disputa pelo preenchimento do significante que ocupa o lugar de fronteira. Dito de outra forma, a gestão das demandas de diferença endereçadas ao currículo de História pressupõe enfrentar a disputa na fronteira definidora do sentido de conhecimento histórico. São muitos os processos de identificação/ significação homogeneização/ hegemonização que entram em jogo.

Na perspectiva privilegiada neste estudo, trata-se de selecionar narrativas de história do Brasil que, por exemplo, não fixem as culturas indígenas na pré-história brasileira ou que apaguem o sentido de negro, como sujeito de desejos e demandas, em particular a partir do Brasil República, quando este sujeito histórico é substituído, nos livros didáticos, pela figura do trabalhador explorado pelo sistema capitalista nascente (GABRIEL, 2012c). Ou ainda investir em narrativas que operem com a simultaneidade no tempo e a multiplicidade do espaço, permitindo, assim, a produção de identidades narrativas de brasilidade outras com as quais possa se identificar um número cada vez maior de grupos e sujeitos posicionados como brasileiros.

Lutar, por exemplo, para que as "culturas indígenas" ou "negras" sejam incorporadas e reconhecidas nos currículos de História, exige problematizar não apenas o nosso entendimento desses significantes, mas também os de história e de escola. Isso significa deslocar, mexer também nas fronteiras epistemológicas do conhecimento histórico disciplinarizado. Para tal, importa dialogar tanto com a historiografia como com as teorias da História, no sentido de melhor compreendermos os processos de reelaboração didática desse conhecimento que ocorrem em campos discursivos específicos e que trazem a marca do que interessa-nos fixar como escolar (GABRIEL; FERREIRA, 2012)

Ao invés da defesa de um currículo de História aberto às múltiplas culturas, percebidas como identidades positivas e plenas, lutar na fronteira que estabelece "o que é" e "o que não é" considerado como conhecimento histórico a ser ensinado na Educação Básica. Isso significa articular diferentes demandas de diferença em uma cadeia de equivalência que define História e simultaneamente produz um outro antagônico. A política da diferença como nos afirma Burity (2010) pressupõe pois, que

> [...] há sim, uma disputa pelo que há, pelo que está acontecendo, pelo "para onde vão as coisas". Em suma, mais do que uma guerra de interpretações, uma disputa hegemônica pelo mundo em que vivemos [...]

A aposta teórico-política que procurei sustentar nesse texto para contribuir com o debate sobre a articulação entre ensino de História e diversidade cultural, reconhece essa disputa e considera que a nossa área não pode ficar fora dela. Cabe, assim, nos perguntamos em permanência: Que outros nos interessam colocar para fora da cadeia que define um currículo de História democrático e subversivo? Sabendo todavia de antemão, que neste caso, não haverá nunca uma única resposta, mas sim disputas para fixar como universais aquelas pelas quais acreditamos que vale a pena lutar.

Referências

Apresentação

MATTOS, Hebe. O ensino de história e a luta contra a discriminação racial no Brasil. In: ABREU, Martha; SOIHET, Rachel (Orgs.). **Ensino de história**: conceitos, temáticas e metodologia. Rio de Janeiro: Casa da Palavra, 2003.

MONTEIRO, Ana Maria. Ensino de História: lugar de fronteira. In: ARIAS NETO, J.M. (Org.). **História**: guerra e paz. Londrina: ANPUH, 2007.

PEREIRA, Amilcar A. Por uma autêntica democracia racial!: os movimentos negros nas escolas e nos currículos de história. **História Hoje**, São Paulo, v. 1, n. 1, 2012. (Disponível em: <http://rhhj.anpuh.org/ojs/index.php/RHHJ/article/view/21>. Acesso em 31 ago. 2012)

SOUZA, Rosa Fátima de. Cultura escolar e currículo: aproximações e inflexões nas pesquisas históricas sobre conhecimentos e práticas escolares. In: XAVIER, Libânia Nacif et al. (Orgs.). **Escola, culturas e saberes**. Rio de Janeiro: FGV, 2005.

Algumas estratégias para o ensino de história e cultura afro-brasileira

ABREU, Alzira Alves de; BELOCH, Israel; LATTMAN-WELTMAN, Fernando. **Dicionário histórico-biográfico brasileiro** — pós-1930. Ed. rev. e atualiz. Rio de Janeiro: FGV, 2001. (Disponível em <http://www.fgv.br/CPDOC/BUSCA/Busca/BuscaConsultar.aspx>. Acesso em 3 jul. 2011)

ADICHIE, Chimamanda. **O perigo de uma história únic**a. Disponível em <http://www.ted.com/talks/lang/por_pt/chimamanda_adichie_the_danger_of_a_single_story.html>. Acesso em 3 jul. 2011.

ALBERTI, Verena. Narrativas pregnantes como 'jogos de linguagem': possibilidades da história oral à luz da teoria da linguagem de Wittgenstein. **História Oral**, Associação Brasileira de História Oral, Rio de Janeiro, v. 11, n. 1-2, p. 127-148, jan.-dez. 2008.

ALBERTI, Verena. O ensino de história na Inglaterra: conceitos e práticas. In: FERREIRA, Marieta de Moraes (Org.) **Memória e identidade nacional**. Rio de Janeiro: FGV, 2010b. (p. 81-100)

ALBERTI, Verena. Oral history interviews as historical sources in the classroom. In: **XVI Congresso Internacional de História Oral**. Between past and future: oral history, memory and meaning. Praga, República Tcheca, 7-11 jul. 2010a. (Disponível em <www.fgv.br/cpdoc>, "Produção", "Textos para download". Acesso em 2 jul. 2011)

ALBERTI, Verena; PEREIRA, Amilcar Araujo. **Histórias do movimento negro no Brasil**: depoimentos ao CPDOC. Rio de Janeiro: Pallas; CPDOC-FGV, 2007b.

ALBERTI, Verena; PEREIRA, Amilcar Araujo. Possibilidades das fontes orais: um exemplo de pesquisa. **Anos 90**, Revista do Programa de Pós-Graduação em História da Universidade Federal do Rio Grande do Sul, Porto Alegre, v. 15, n. 28, p.73-98, dez. 2008. (Disponível em <http://seer.ufrgs.br/anos90/article/view/7959/4748>, acesso em 3 jul. 2011)

ALBERTI, Verena; PEREIRA, Amilcar Araujo. Qual África? Significados da África para o movimento negro no Brasil. **Estudos Históricos**, Rio de Janeiro, Centro de Pesquisa e Documentação de História Contemporânea do Brasil da Fundação Getulio Vargas, n. 39, p.25-56, jan.-jun. 2007a. (Disponível em <http://bibliotecadigital.fgv.br/ojs/index.php/reh/article/view/1401/753>)

ALBERTI, Verena; PEREIRA, Amilcar Araujo. Racial discrimination in Brazil: interviews with leaders of the black movement. In:**IOHA 14th. International Oral History Conference**. Dancing with memory: oral history and its audiences = Bailando con la memoria: la história oral y su público. Sydney, Australia: IOHA, 2006. (Também publicado como

Discriminación racial en Brasil: líderes del movimiento negro. Historia, Antropología y Fuentes Orales. Publicacions Universitat de Barcelona, n. 37, 3a Época, p. 23-31, año 2007. Disponível em <http://cpdoc.fgv.br/producao_intelectual/arq/1566.pdf>. Acesso em 2 jul. 2011.)

ALBUQUERQUE, Manoel Maurício **Atlas histórico escolar**. 3. ed. Rio de Janeiro: Ministério da Educação e Cultura, Campanha Nacional de Material de Ensino, 1967. (Disponível em <http://pt.scribd.com/doc/40504809/atlas-historico-escolar-MEC>, acesso em 3 jul. 2011)

ALENCASTRO, Luiz Felipe de. **Parecer sobre a Arguição de Descumprimento de Preceito Fundamental**: ADPF/186, apresentada ao Supremo Tribunal Federal. Supremo Tribunal Federal, Brasília, 4/3/2010. Disponível em <http://www.stf.jus.br/portal/cms/verTexto.asp?servico=processoAudienciaPublicaAcaoAfirmativa e http://www.stf.jus.br/portal/cms/verTexto.asp?servico=processoAudienciaPublicaAcaoAfirmativa>. Acesso em 28 nov. 2010.

ANJOS, Rafael Sanzio Araújo dos. Geografia, territórios étnicos e quilombos. In: GOMES, Nilma Lino (Org.).**Tempos de lutas**: as ações afirmativas no contexto brasileiro. Brasília: Ministério da Educação, Secretaria de Educação Continuada, Alfabetização e Diversidade, 2006. p.81-103. (Disponível em <http://portal.mec.gov.br/index.php?option=com_docman&task=docdownload&gid=1113&Itemid=>. Acesso em 3 jul. 2011)

BHAVNANI, Reena; MIRZA, Heidi Safia; MEETOO, Veena. **Tackling the roots of racism**: lessons for success. Bristol: University of Bristol; The Policy Press, 2005.

BRASIL. **Lei n. 10.639, de 9 de janeiro de 2003**. Brasília: DOU, 10 jan. 2003. (altera a Lei no 9.394, de 20 de dezembro de 1996, que estabelece as diretrizes e bases da educação nacional, para incluir no currículo oficial da rede de ensino a obrigatoriedade da temática "história e cultura afro-brasileira", e dá outras providências. Disponível em <http://www.senado.gov.br/legislacao/>; acesso em 17 nov. 2008)

BRASIL. **Lei n. 11.645, de 10 de março de 2008**. Brasília: DOU, 11 mar. 2008. (Altera a Lei no 9.394, de 20 de dezembro de 1996, modificada pela Lei no 10.639, de 9 de janeiro de 2003, que estabelece as diretrizes e bases da educação nacional, para incluir no currículo oficial da rede de ensino a obrigatoriedade da temática "história e cultura afro-brasileira e indígena")

CUNHA, Maria Manuela Carneiro da (Org.). **História dos índios no Brasil**. 2. ed. São Paulo: Companhia das Letras, 1998.

FAUSTO, Boris. **História do Brasil**. 5. ed. São Paulo: Universidade de São Paulo, 1997.

GELLNER, Ernest. **Nations and nationalism**. Ithaca, NY: Cornell University, 1983.

GILLBORN, David. **Racism and education**: coincidence or conspiracy? London, Routledge, 2008.

GOMES, A. M. C.; FREIRE, A. (Orgs.). **Bancos públicos no Brasil**: a trajetória da Caixa Econômica Federal. Rio de Janeiro: FGV/CPDOC, 2011.

GRINBERG, Keila. A poupança: alternativas para a compra da alforria no Brasil (2.ª metade do século XIX). **Revista de Indias**, vol. LXXI, n. 251, p. 137-158, 2011. Disponível em <http://revistadeindias.revistas.csic.es/index.php/revistadeindias/article/view/856/928>. Acesso em 2 jul. 2011.

GROSVENOR, Ian. **Assimilating identities**: racism and education policy in post-1945 Britain. London: Lawrence and Wishart, 1997.

HISTORICAL ASSOCIATION, The. Teaching emotive and controversial History 3-19: a report from The Historical Association on the Challenges and Opportunities for Teaching Emotive and Controversial **History 3-19**, 5th September 2007. (Disponível em <http://www.history.org.uk/resources/secondary_resource_780.html>, acesso em 2 jul. 2011)

HOBSBAWM, Eric **Nações e nacionalismo desde 1780**: programa, mito e realidade. Rio de Janeiro: Paz e Terra, 1990. (palestras proferidas em 1985, em Belfast)

JONGOS, CALANGOS E FOLIAS. Música negra, memória e poesia. Direção geral: Hebe Mattos e Martha Abreu. Niterói: JLM Produções Artísticas, 2007. 45 min. 1 DVD. (Documentário historiográfico produzido a partir do acervo UFF — Petrobrás Cultural Memória e Música Negra)

LARA, Silvia Hunold. **Palmares & Cucaú**: o aprendizado da dominação. Campinas: UNICAMP, 2008. (Tese apresentada para o concurso de Professor Titular, IFCH, Área de História do Brasil)

LAWRENCE, Doreen. The fight for justice for my son inspired change. But police racism survives. **The Guardian**, London, Tuesday 24 February 2009. (Disponível em <http://www.guardian.co.uk/commentisfree/2009/feb/24/institutional-racism-met-police>. Acesso em 2 jul. 2011)

LOPES, Nei. **Enciclopédia brasileira da diáspora africana**. São Paulo: Selo Negro, 2004.

LOPES, Nei. **Novo dicionário banto do Brasil**. Rio de Janeiro: Pallas, 2003.

LYNDON, Dan. Integrating Black British History into the national curriculum. In: **Teaching History 122**: Rethinking History, London, n. 122, p.37-43, March 2006. (Disponível em <http://www.blackhistory4schools.com/articles/>, acesso em 3 jul. 2011)

MAIO, Marcos Chor. Uma polêmica esquecida: Costa Pinto, Guerreiro Ramos e o tema das relações raciais. **Dados**, Rio de Janeiro, v. 40, n. 1, 1997. (Disponível em <http://www.scielo.br/scielo.php?script=sci_arttext&pid=S0011-52581997000100006>. Acesso em 3 jul. 2011)

MATTOS, Hebe Maria. O ensino de história e a luta contra a discriminação racial no Brasil. In: ABREU, Martha; SOIHET, Rachel (Org.). **Ensino de História**: conceitos, temáticas e metodologia. Rio de Janeiro: Casa da Palavra, 2003. (p. 127-136)

NOVAIS, Fernando A. **Portugal e Brasil na crise do antigo sistema colonial (1777-1808)**. São Paulo: Hucitec, 1979.

PANKHANIA, Josna. **Liberating the national History curriculum**. London: Falmer, 1994.

PHILLIPS, Robert. Historical significance: the forgotten "key element". In: **Teaching History 106**: Citizens and communities, London, n. 106, p.14-19, March 2002b. (Disponível para membros da Historical Association em <http://www.history.org.uk/resources/secondary_resource_869_12.html>, acesso em 3 jul. 2011)

PHILLIPS, Robert. **Reflective teaching of History 11-18**. London: Continuum, 2002a. (Continuum Studies in Reflective Practice and Theory Series)

RAMOS, André Raimundo Ferreira — 2004 — Escravidão indígena: entre o mito e novas perspectivas de debates. **Revista de Estudos e Pesquisas**, Brasília, Ministério da Justiça, Fundação Nacional do Índio, Coordenação Geral de Estudos e Pesquisas. v. I, n. 1, 2004. (Disponível em <http://www.funai.gov.br/projetos/Plano_editorial/Pdf/REP1-1/8-A%20escravid%E3o%20do%20ind%EDgena%20-%20entre%20o%20mito%20e%20novas%20perspectivas%20de%20debate%20-%20Andr%E9%20Ramos.pdf>. Acesso em 2 jul. 2011)

RODRIGUES, Jaime **O tráfico de escravos para o Brasil**. São Paulo: Ática, 2002.

ROLLOCK, Nicola. **The Stephen Lawrence enquiry 10 years on**: an analysis of the literature. A Runnymede Trust report summary. February 2009. (Disponível em <http://www.runnymedetrust.org/uploads/publications/pdfs/StephenLawrenceInquiryReport-2009.pdf>, acesso em 2 jul. 2011)

SOUZA, Marina de Mello e. **África e Brasil africano**. São Paulo: Ática, 2006.

TAYLOR, Edward; GILLBORN, David; LADSON-BILLINGS, Gloria. **Foundations of critical race theory in education**. New York: Routledge, 2009.

WALLERSTEIN, Immanuel. The construction of peoplehood: racism, nationalism and ethnicity. In: BALIBAR, E.; WALLERSTEIN, I. (Eds.). **Race, class, nation**. London: Verso, 1991.

Ensino de história e cultura africana e afro-brasileira: dilemas e desafios da recepção à Lei 10.639/03

ABREU, Martha; MATTOS, Hebe Maria. Em torno das Diretrizes curriculares nacionais para a educação das relações étnico-raciais e para o ensino de história e cultura afro-brasileira e africana: uma conversa com historiadores. **Estudos Históricos**, Rio de janeiro, v. 21, n. 41, p. 5-20, jan.-jun., 2008.

APPIAH, Kwame Anthony. Identidades africanas. In: ______. **Na casa de meu pai**: a África na filosofia da cultura. Rio de Janeiro: Contraponto, 1997. (p. 241— 251)

BITTENCOURT, Circe Maria F. **Ensino de História**: fundamentos e métodos. São Paulo: Cortez, 2004.

BRASIL. **Diretrizes curriculares nacionais para a educação das relações étnico-raciais e para o ensino de história e cultura afro-brasileira e africana**. Brasília: MEC-SECAD-SEPPIR, 2004.

BRASIL. Lei nº 10.639, de 9 de janeiro de 2003. **Diário Oficial da União**, Brasília, 10 jan. 2003. (Altera a Lei no 9.394, de 20 de dezembro de 1996, que estabelece as diretrizes e bases da educação nacional, para incluir no currículo oficial da rede de ensino a obrigatoriedade da temática "história e cultura afro-brasileira", e dá outras providências. Disponível em <http://www.senado.gov.br/legislacao/>; acesso em 17 nov. 2008)

CANDAU, Vera Maria (Coord.). **Somos tod@s iguais**? Escola, discriminação e educação em direitos humanos. Rio de Janeiro: DP&A, 2003.

CUCHE, Denys. **A noção de cultura nas Ciências Sociais**. 2. ed. Bauru: EDUSC, 2002.

DAYRELL, Juarez. A escola como espaço sócio-cultural. In: ______ (Org.). **Múltiplos olhares sobre educação e cultura**. Belo Horizonte: UFMG, 1996. (p. 136-161)

FORQUIN, Jean-Claude. **Escola e cultura**. Porto Alegre: Artes Médicas, 1993.

FREYRE, Gilberto. **Casa grande & senzala**. Brasília: Universidade de Brasília,1963.

GOMES, Nilma Lino. Educação, identidade negra e formação de professores/as: um olhar sobre o corpo negro e o cabelo crespo. **Educação e Pesquisa**, São Paulo, v. 29, n.1, jan./jun. 2003. (Disponível em <http://www.scielo.br/scielo.php?script=sci_arttext&pid=S1517-97022003000100012&lng=pt&nrm=iso&tlng=pt>)

GOODSON, Ivor. **Currículo**: teoria e história. Petrópolis: Vozes, 1995.

GUIMARÃES, Antonio Sérgio Alfredo. **Racismo e anti-racismo no Brasil**. 2. ed. São Paulo: Fundação de Apoio à Universidade de São Paulo; 34, 2005.

HALL, Stuart. Que "negro" é esse na cultura negra? In: ______. **Da diáspora**: identidades e mediações culturais. Org. Liv Sovik. Tradução de Adelaine La Guardia Resende et al. Belo Horizonte: UFMG; Brasília: UNESCO, 2003. (p. 335-349)

LAVILLE, Christian. A guerra das narrativas. **Revista Brasileira de História**, São Paulo, v. 19, n. 38, p. 125-138, 1999.

LOPES, Carlos. A pirâmide invertida - historiografia africana feita por africanos. In: PORTUGAL, Ministério da Educação, Grupo de Trabalho para as Comemorações dos Descobrimentos Portugueses. **Colóquio "Construção e Ensino da História de África"**. Lisboa: Linopazas, 1995. (p. 21-29). (Actas das sessões realizadas na Fundação Calouste Gulbenkian nos dias 7, 8 e 9 de junho de 1994)

MATTOS, Hebe Maria. O ensino de História e a luta contra a discriminação racial no Brasil. In: ABREU, Martha; SOIHET, Rachel (Orgs.). **Ensino de História**: conceitos, temáticas e metodologia. Rio de Janeiro: Casa da Palavra, 2003. (p. 127-136)

MONTEIRO, Ana Maria F. da Costa. Professores: entre saberes e práticas. **Educação & Sociedade**, Campinas, ano XXII, n. 74, p. 121-142, abr. 2001.

PARAÍSO, Marlucy Alves. Lutas entre culturas no currículo em ação da formação docente. **Educação & Realidade**, Porto Alegre, v. 21, n. 1, p.137-157, 1996.

QUEIRÓZ, Suely R. R. de. Escravidão negra em debate. In: FREITAS, Marcos C. **Historiografia brasileira em perspectiva**. São Paulo: Contexto,1998.

SACRISTAN, J. Gimeno. Escolarização e cultura: a dupla determinação. In: SILVA, Luiz Heron da; et al. (Orgs.). **Novos mapas culturais, novas perspectivas educacionais**. Porto Alegre: Sulina, 1996. (p. 34-57)

SANTOS, Lorene dos. **Saberes e práticas em Redes de Trocas**: a temática africana e afro-brasileira em questão. Belo Horizonte: Faculdade de Educação da UFMG, 2010. (Tese de Doutorado)

SCHWARCZ, Lilia Moritz. Nem preto nem branco, muito pelo contrário: cor e raça na intimidade. In: ______ (Org.). **História da vida privada no Brasil**: contrastes da intimidade contemporânea. São Paulo: Companhia das Letras, 1998.

SHULMAN, Lee S. Conocimiento y enseñanza: fundamentos de la nueva reforma. **Profesorado**, Granada, v. 9, n. 2, 2005. (Disponível em <http://www.ugr.es/~recfpro/rev92ART1.pdf>. Acesso em 4 out. 2012)

SOUZA, Rosa Fátima de. Cultura escolar e currículo: aproximações e inflexões nas pesquisas históricas sobre conhecimentos e práticas escolares. In: XAVIER, Libânia Nacif et al. (Orgs.). **Escola, culturas e saberes**. Rio de Janeiro: FGV, 2005. (p. 74-91)

TARDIF, Maurice; LESSARD, Claude. **O trabalho docente**: elementos para uma teoria da docência como profissão de interações humanas. Petrópolis: Vozes, 2005.

"Já raiou a liberdade": caminhos para o trabalho com a história do pós-abolição na educação básica

ALBUQUERQUE, Wlamyra; FRAGA Fº, Walter. **Uma história do negro no Brasil**. Salvador: Centro de Estudos Afro-Orientais; Brasília: Fundação Cultural Palmares, 2006. (Disponível em: <http://pt.scribd.com/doc/7108249/Historia-Do-Negro-No-Brasil>; acesso: 12/03/2012)

ALBUQUERQUE, Wlamyra. **O jogo da dissimulação**: abolição e cidadania negra no Brasil. São Paulo: Companhia das Letras, 2009.

AZEVEDO, Célia Marinho de. **Onda negra, medo branco**: o negro no imaginário das elites século XIX. São Paulo: Annablume, 2004. (1. ed. de 1987)

BASTIDE, Roger; FERNANDES, Florestan. **Brancos e negros em São Paulo:** ensaio sociológico sobre aspectos da formação, manifestações atuais e efeitos do preconceito de cor na sociedade paulistana. São Paulo: Global, 2008. (1. ed. de 1955)

BASTIDE, Roger. A imprensa negra do Estado de São Paulo. In: _____. **Estudos afro-brasileiros**. São Paulo: Perspectiva, 1983. (p. 129-156) [1. ed. 1951]

BRASIL. **Diretrizes curriculares nacionais, para a educação das relações étnico-raciais e para o ensino de história e cultura afro-brasileira e africana**. Brasília: MEC-SECAD-SEPPIR, 2004.

BRASIL. Lei n. 10.639, de 9 de janeiro de 2003. **Diário Oficial da União**, Brasília, 10 jan. 2003. ((Altera a Lei no 9.394, de 20 de dezembro de 1996, que estabelece as diretrizes e bases da educação nacional, para incluir no currículo oficial da rede de ensino a obrigatoriedade da temática "história e cultura afro-brasileira", e dá outras providências)

BRASIL. Lei n. 9.394 de 20 de dezembro de 1996. **Diário Oficial da União**, Brasília, 23 dez. 1996. (Estabelece as diretrizes e bases da educação nacional)

CHALHOUB, Sidney. **Trabalho, lar e botequim**: o cotidiano dos trabalhadores no Rio de Janeiro da Belle Époque. Campinas: EdUnicamp, 2001. (1. ed. de 1985)

CHALHOUB, Sidney. **Visões da liberdade**: uma história das últimas décadas da escravidão na corte. São Paulo: Companhia das Letras, 1990.

CUNHA, Olívia Maria Gomes da; GOMES, Flávio dos Santos (Orgs.). **Quase-cidadão**: histórias e antropologias da pós-abolição no Brasil. Rio de Janeiro: Fundação Getúlio Vargas, 2007.

DOMINGUES, Petrônio. **A insurgência de ébano**: a história da Frente Negra Brasileira (1931-1937). São Paulo: Universidade de São Paulo, 2005. (Tese de Doutorado em História)

DOMINGUES, Petrônio. **A nova abolição**. São Paulo: Selo Negro, 2008.

DOMINGUES, Petrônio. Negros de almas brancas: a ideologia do branqueamento no interior da comunidade negra em São Paulo, 1915-1930. **Estudos Afro-Asiáticos**, Rio de Janeiro, ano 24, n. 3, p. 563-599, 2002.

FERNANDES, Florestan. **A integração do negro na sociedade de classes**. São Paulo: Ática, 1978. (1. ed. de 1964)

FERREIRA, Manoel; DÉCIO, Mano; OLIVEIRA, Silas. Heróis da liberdade. Intérprete: Mestre Marçal. In: **Sambas-enredo de todos os tempos**. [S.l.: s.n.], 1993. LP vinil. Faixa 5. Samba-enredo do Grêmio Recreativo Escola de Samba Império Serrano, Rio de Janeiro, 1969.

FONSECA, Selva Guimarães. **Didática e prática de ensino de História**. Campinas: Papirus, 2003.

FRAGA Fº, Walter. **Encruzilhadas da liberdade**: histórias de escravos e libertos na Bahia (1870-1910). Campinas: EdUnicamp, 2006.

GOMES, Flávio dos Santos. **Histórias de quilombolas**: mocambos e comunidades de senzalas no Rio de Janeiro – século XIX. Rio de Janeiro: Arquivo Nacional, 1995.

GOMES, Flávio dos Santos. **Negros e política (1888-1937)**. Rio de Janeiro: Jorge Zahar, 2005.

KOWARICK, Lúcio. **Trabalho e vadiagem**: a origem do trabalho livre no Brasil. São Paulo: Paz e Terra, 1994.

LARA, Silvia. **Campos da violência**: escravos e senhores na Capitania do Rio de Janeiro, 1750-1808. Rio de Janeiro: Paz e Terra, 1988.

LARA, Silvia. **Novas dimensões da experiência escrava no Brasil**. Disponível em: <http://www.comciencia.br/reportagens/negros/13.shtml>. Acesso em: 19/09/2007.

MAGALHÃES, Marcelo de Souza. Apontamentos para pensar o ensino de História hoje: reformas curriculares, ensino médio e formação do professor. **Tempo**, Niterói, v. 11, n. 21, p. 49-64, jun. 2006.

NASCIMENTO, Álvaro Pereira. Qual a condição social dos negros no Brasil no fim da escravidão? O pós-abolição no ensino de História. In: SALGUEIRO, Maria Aparecida Andrade (Org.). **A República e a questão do negro no Brasil**. Rio de Janeiro: Museu da República, 2005, (p. 11-26)

PEREIRA, José Galdino. **Os negros e a construção da sua cidadania**: estudo do Colégio São Benedito e da Federação Paulista dos Homens de Cor de Campinas (1896-1914). Campinas: Universidade Estadual de Campinas, 2001. (Dissertação de Mestrado em Educação)

RAMOS, Alberto Guerreiro. O problema do negro na sociologia brasileira. **Cadernos do Nosso Tempo**, Rio de Janeiro, n. 2, p. 190-191, jan.-jun. 1954.

REIS, João José; SILVA, Eduardo. **Negociação e conflito**: a resistência escrava no Brasil. São Paulo: Companhia das Letras, 1988.

SANTOS, José Antônio dos. **Raiou a Alvorada**: intelectuais negros e imprensa Pelotas (1907-1957). Pelotas: Universitária, 2003.

SCHWARCZ, Lilia. **Retrato em branco e negro**: jornais, escravos e cidadãos em São Paulo no final do século XIX. São Paulo: Círculo do Livro, 1987.

SLENES, Robert. **Na senzala uma flor**: esperanças e recordações na formação da família escrava, Brasil, século XIX. Rio de Janeiro: Nova Fronteira, 1999.

SOUZA, Robério Santos. **Tudo pelo trabalho livre!** Trabalhadores e conflitos no pós-abolição, Bahia 1892-1909. Salvador: Edufba, 2011.

THOMPSON, Edward P. **A formação da classe operária inglesa**. Volume 1: A árvore da liberdade. Rio de Janeiro: Paz e Terra, 1987.

XAVIER, Giovana. Entre personagens, tipologias e rótulos da "diferença": a mulher escrava na ficção do Rio de Janeiro no século XIX. In: XAVIER, Giovana; FARIAS, Juliana Barreto; GOMES, Flávio (Orgs.). **História das mulheres negras**: condição feminina, escravidão e pós-abolição no Brasil, séculos XVIII ao XX. Rio de Janeiro: Selo Negro, [201-]. (no prelo)

História das populações indígenas na escola: memórias e esquecimentos

BENEVIDES, José Sá e. **História do Brasil**: lições. São Paulo: Falcone & Comp., [1901?].

BITTENCOURT, Circe Fernandes. Livros didáticos entre textos e imagens. In _____ (Org.). **O saber histórico na sala de aula**. São Paulo: Contexto, 1998. (p. 69-90)

BITTENCOURT, Circe Fernandes. Livros didáticos de História: práticas e formação docente. In: SANTOS, Lucíola et al. (Orgs.). **Convergências e tensões no campo da formação do trabalho docente**. Belo Horizonte: Autêntica, 2010. (p.544-563)

BRASIL. Lei federal nº 11.645 de 10 de março de 2008. **Diário Oficial da União**, Brasília, seção 1, p.1, 10 mar. 2008. (Altera a Lei no 9.394, de 20 de dezembro de 1996, modificada pela Lei no 10.639, de 9 de janeiro de

2003, que estabelece as diretrizes e bases da educação nacional, para incluir no currículo oficial da rede de ensino a obrigatoriedade da temática "história e cultura afro-brasileira e indígena")

CELSO, Affonso. **Porque me ufano do meu paiz**. 9. ed. Rio de Janeiro: Garnier, 1923.

CHOPPIN, Alain. L'histoire des manuels scolaires: une apporche globale. **Histoire de l' éducation**, Paris, n. 9, p.1-25, dec. 1980.

COELHO, Mauro Cesar. A história, o índio e o livro didático: apontamentos para uma reflexão sobre o saber escolar. In: ROCHA, Helenice; REZNIK, Luís; MAGALHÃES, Marcelo (Orgs.). **A História na escola**. Rio de Janeiro: FGV, 2009. (p.263-280)

Gasparello, Arlette Medeiros. **Construtores de identidades**: a pedagogia da nação nos livros didáticos da escola secundária brasileira. São Paulo: Iglu, 2004.

GASPARELLO, Arlette Medeiros. Homens de letras no magistério: Joaquim Manoel de Macedo e a construção de uma história escolar. **Revista de História**, São Paulo, n.164, p.463-486, jan.-jun. 2011.

HANSEN, Patrícia Santos. João Ribeiro e o ensino de História do Brasil. In: MATTOS, Ilmar Rohloff (Org.) **História do ensino de História no Brasil**. Rio de Janeiro: Access, 1998.

MARQUES, Adhemar; BERUTTI, Flavio; FARIA, Ricardo. **História** & companhia. Belo Horizonte: Lê, 1998.

MARQUES, Adhemar; BERUTTI, Flavio; FARIA, Ricardo. **História**. V. 2: Os caminhos do homem. Belo Horizonte: Lê, 1991.

MATTOS, Selma Rinaldi. **O Brasil em lições**: a história como disciplina escolar em Joaquim Manuel de Macedo. Rio de Janeiro: Access, 2000.

MONTEIRO, John M. **Tupis, tapuias e historiadores**: estudos de história indígena e do indigenismo. 2001. Campinas: IFCH/Unicamp, 2001. (Tese de Livre Docência)

ORIÁ, Ricardo. **O Brasil contado às crianças**: Viriato Corrêa e a literatura escolar brasileira (1934-1961). São Paulo: Annablume, 2011.

POMBO, José Rocha. **Compêndio de história da América**. Rio de Janeiro: Laemmert & C., 1900.

ESTENDE, Maria Efigênia Lage de; Moraes, Ana Maria de. **História fundamental do Brasil**: estudo dirigido e pesquisa, v. 1. Belo Horizonte: Bernardo Álvares, 1971.

RIBEIRO, João. **História do Brasil**: curso superior segundo programa do Collegio Pedro II. 13. ed. Rio de Janeiro: Francisco Alves, 1935.

RIBEIRO, João. **História do Brasil**: edição das escolas primárias. 2. ed. com estampas. Rio de Janeiro: Francisco Alves, 1900.

RODRIGUES, Isabel Cristina. A temática indígena nos livros didáticos de História do Brasil para o ensino fundamental. In: ARIAS NETO, José Miguel (Org.). **Dez anos de pesquisas em ensino de História**. Londrina: Atrito Art, 2005. (p.287-296)

ROMERO, Sylvio. **A história do Brasil ensinada pela biografia de seus heróis**. 9. ed. Rio de Janeiro: Clássica de Alves, 1890.

SCHWARSZ, Lilia Moritz. **O espetáculo das raças**: cientistas, instituições e questão racial no Brasil, 1870-1930. São Paulo: Companhia das Letras, 1993.

SERRANO, Jonathas. **História do Brasil**. Rio de Janeiro: F. Briguiet, 1931.

SILVA, Adriane Costa da. **Versões didáticas da história indígena** (1870-1950). São Paulo: Faculdade de Educação da Universidade de São Paulo, 2000. (Dissertação de Mestrado em Educação)

SILVA, Aracy Lopes da; GRUPIONI. Luiz Donizete (Orgs.) **A temática indígena na escola**: novos subsídios para professores de 1º e 2º graus. Brasília: MEC, Mari, Unesco, 1995.

SILVA, Joaquim. **História do Brasil**: para o quarto ano ginasial. 3. ed. São Paulo: Nacional, 1941.

TAUNAY, Alfredo D'Escragnolle; MORAES, Dicamôr. **História do Brasil**: para o segundo e terceiro ano do curso colegial. São Paulo: Nacional, 1958.

TELLES, Norma Abreu. **Cartografia brasílis ou esta história está mal contada**. São Paulo: Loyola, 1984.

VARNHAGEN, Francisco Adolfo de. **História geral do Brasil**: antes da sua separação e independência de Portugal. Revisão e notas de J. Capistrano de Abreu, Rodolfo Garcia. 10. ed. integral. Belo Horizonte: Itatiaia; São Paulo: Universidade de São Paulo, 1981.

VIANNA, Francisco José de Oliveira. **Evolução do povo brasileiro**. São Paulo: Monteiro Lobato & Cia, 1923.

VICENTINO, Claudio; DORIGO, Gianpaolo. **História do Brasil**. São Paulo: Scipione, 1992.

Villalta, Luiz Carlos. O cotidiano das populações coloniais nos livros didáticos. In: IOKOI, Z.; BITTENCOUT, C. (Orgs.). **Educação na America Latina**. São Paulo: EDUSP; Rio de Janeiro: Expressão e Cultura, 1996. (p. 219-236)

Ensino de história indígena no Brasil: algumas reflexões a partir de Mato Grosso do Sul

ALMEIDA, M. R. C. de. **Os índios na história do Brasil**. Rio de Janeiro: FGV, 2010.

BARRETTO Fº., H. T. Invenção ou renascimento? Gênese de uma sociedade indígena contemporânea no Nordeste. In: OLIVEIRA, J. P. de (Org.). **A viagem da volta**: etnicidade, política e reelaboração cultural no Nordeste indígena. 2. ed. Rio de Janeiro: Contra Capa; Laced, 2004. (p. 93-137)

BITTENCOURT, C. M. F. O ensino de História para populações indígenas. **Em Aberto**, Brasília, ano 14, n. 63, p. 105-116, jul.-set. 1994.

BITTENCOURT, C. M. F.; SILVA, A. C. da. Perspectivas históricas da educação indígena no Brasil. In: PRADO; M. L. C.; VIDAL, D. G. **À margem dos 500 anos**: reflexões irreverentes. São Paulo: Edusp, 2002. (p. 63-81)

FERNANDES, J. **O índio**: esse nosso desconhecido. Cuiabá: EdUFMT, 1993.

GRUPIONI, L. D. B. (Org.). **Índios no Brasil**. Brasília: MEC, 1994.

MACEDO, A. V. L. da S. "Decoreba" ou raciocínio? Uma experiência no ensino de história. In: SILVA, A. Lopes da; FERREIRA, M. K. L. (Orgs.). **Práticas pedagógicas na escola indígena**. São Paulo: Fapesp/ Global/ Mari, 2001. (p. 136-160)

MELATTI, J. C. **Índios do Brasil**. 7. ed. São Paulo: Hucitec; Brasília: EdUnB, 1993.

OLIVEIRA, J. P. de (Org.). **A viagem da volta**. Rio de Janeiro: Contracapa, 2004.

OLIVEIRA, R. Cardoso de. **A sociologia do Brasil indígena**. 2. ed. Rio de Janeiro: Tempo Brasileiro; Brasília: UnB, 1978. (Biblioteca Tempo Universitário, 31).

OLSON, D. R.; TORRANCE, N. Introdução. In: ______ (Orgs.). **Cultura escrita e oralidade**. 2. ed. Tradução de Valter Lellis Siqueira. São Paulo: Ática, 1995.

PECHINCHA, M. T. S. **Histórias de admirar**: mito, rito e história Kadiwéu. Brasília: Universidade de Brasília, 1994. (Dissertação de Mestrado em Antropologia Social - UnB)

RIBEIRO, D. **Os índios e a civilização**: a integração das populações indígenas no Brasil moderno. Rio de Janeiro: Civilização Brasileira, 1970.

RICARDO, C. A. "Os índios" e a sociodiversidade nativa contemporânea no Brasil. In: SILVA, A. Lopes da; GRUPIONI, L. D. B. (Orgs.). **A temática indígena na escola**: novos subsídios para professores de 1º e 2º graus. Brasília: MEC; São Paulo: Mari/ USP, 1995. (p. 37-44)

ROCHA, L. M. Apresentação. In: ______. BITTENCOURT, L. B. Indigenismo e participação política na América Latina. Goiânia: UFG, 2007. (p. 7-9)

SCHADEN, E. **Aculturação indígena**. São Paulo: Pioneira, 1969.

SILVA, A. Lopes da (Org.). **A questão indígena na sala de aula**: subsídios para professores de 1º e 2º graus. São Paulo: Brasiliense, 1987.

SILVA, A.; GRUPIONI, L. D. B. (Eds.). **Povos indígenas no Brasil:** 2006/ 2010. São Paulo: Instituto Socioambiental, 2011.

SILVA, A.; GRUPIONI, L. D. B. (Eds.). **Povos indígenas no Brasil**: 1991-1995. São Paulo: Instituto Socioambiental, 1996.

SILVA, A.; GRUPIONI, L. D. B.; RICARDO, F. (Eds.). **Povos indígenas no Brasil**: 2001/ 2005. São Paulo: Instituto Socioambiental, 2006.

SILVA, A.; GRUPIONI, L. D. B.. (Eds.). **Povos indígenas no Brasil**: 1996-2000. São Paulo: Instituto Socioambiental, 2000.

SILVA, C. T. da. Identificação étnica, territorialização e fronteiras: a perenidade das identidades indígenas como objeto de investigação antropológica e a ação indigenista. **Revista de Estudos e Pesquisas**, Brasília, v. 2, n. 1, p. 113-140, jul. 2005.

SILVA, G. José da. **A construção física, social e simbólica da Reserva Indígena Kadiwéu**: memória, identidade e história. Dourados: UFMS/ CPDO, 2004. (Dissertação de Mestrado em História - Universidade Federal de Mato Grosso do Sul/ Campus de Dourados)

SILVA, G. José da; LACERDA, L. T. A educação escolar indígena em perspectiva histórica: os Kadiwéu e a "pedagogia da violência" (segunda metade do século XX). In: CONGRESSO BRASILEIRO DE HISTÓRIA DA EDUCAÇÃO, 3., 2004, Curitiba. **Anais**... Curitiba: Pontifícia Universidade Católica do Paraná, 2004.

SILVA, G. José da; LACERDA, L. T.; NINCAO, O. S. Sujeitos e saberes da educação indígena. In: LACERDA, L. T.; PINTO, M. L. (Orgs.). **Educa-**

ção, diversidade e cidadania: sujeitos e saberes dos processos e das práticas pedagógicas. Dourados: UEMS, 2011. (p. 87-98)

TASSINARI, A. M. I. Escola indígena: novos horizontes teóricos, novas fronteiras de educação. In: SILVA; A. Lopes da; FERREIRA, M. K. L. (Orgs.). **Antropologia, história e educação**: a questão indígena e a escola. São Paulo: Fapesp/ Global/ Mari, 2001. (p. 44-70)

VIEGAS, S. de M. **Terra calada**: os Tupinambá na Mata Atlântica do Sul da Bahia. Rio de Janeiro: 7 Letras, 2007.

O ensino da história da África no Brasil: o início de um processo de reconciliação psicológica de uma nação?

Bibliografia

ABRAHAMS, Peter. **Mine boy**. London — UK: Dorothy Crisp, 1946.

ANDERSON, Benedict. **Comunidades imaginadas**. Tradução de Denise Bottmann. São Paulo: Companhia das Letras, 2009.

ALBERTI, Verena; PEREIRA, Amilcar Araujo (Orgs.). **Histórias do movimento negro no Brasil**: depoimentos ao CPDOC. Rio de Janeiro: Pallas; CPDOC/FGV, 2007.

ANTOINE, Yves. **Inventeurs et savants noirs**. Paris-França: L'Harmattan, 1998.

BEOZZO, José Oscar et al. **Tecendo memórias, gestando futuro**: história das irmãs negras e indígenas Missionárias de Jesus Crucificado - MJC. São Paulo: Paulinas, 2009.

BOURDIEU, Pierre. **O poder simbólico**. Lisboa — Portugal: DIFEL, 1989.

BRASIL. Lei No 10.639, de 9 de janeiro de 2003: altera a Lei no 9.394, de 20 de dezembro de 1996, que estabelece as diretrizes e bases da educação nacional, para incluir no currículo oficial da rede de ensino a obrigatoriedade da temática "História e cultura afro-brasileira", e dá outras providências. Disponível em <http://www.planalto.gov.br/ccivil_03/leis/2003/l10.639.htm>. Acesso em 25 ago. 2012.

CARDOSO, Fernando Henrique. Abertura do Seminário "Multiculturalismo e Racismo". In: SOUZA, Jessé et al. **Multiculturalismo e racismo: uma** comparação Brasil — Estados Unidos. São Paulo: Paralelo 15, 1997.

CARNEY, Judith A. **Black rice**: the African origins of rice cultivation in the Americas. Cambridge — EUA: Harvard University, 2001.

CESAIRE, Aimé. **Nègre je suis, nègre je resterai**: entretiens avec Françoise Vergès. Paris — França: Albin Michel, 2005.

CESAIRE, Aimé. **Discours sur le colonialisme**. Paris — França: Presence Africaine, 2004.

CLARK, Kenneth B. **Nous, les nègres**: James Baldwin, Malcolm X et Martin Luther King. Paris — França: La Découverte, 2007. (entretiens avec Kenneth B. Clark)

DAVIDSON, Basil. **Les africains**: introduction à l'histoire d'une culture. Traduit de anglais par Michel Janin. Paris — França: du Seuil, 1971.

DERRICOTTE, Toi. **Noire, la couleur de ma peau blanche**. Traduction de Philippe Moreau. Paris, France: Du Felin, 2000.

DIOP, Birago. Le souffle des ancêtres. In: ______. **Leurres et lueurs**. Paris, France: Présence Africaine, 1960.

DIOP, Boubacar Boris. **Murambi**: le livre des ossements. Paris, France: Stock, 2000.

DIOP, Cheikh Anta. **Civilisation ou barbarie**. Paris, France: Présence Africaine, 1981.

DIOP, Cheikh Anta. **Nations nègres et culture**. Paris, France: Présence Africaine, 1979.

DOMINGUES, Petrônio. **Movimento negro brasileiro**: alguns apontamentos históricos. Disponível em <http://www.scielo.br/pdf/tem/v12n23/v12n23a07.pdf>. Acesso em 26 ago. 2012.

DUTRAIT, Noel. Préface. In: XINGJIAN, Gao. **Le livre d'un homme seul**. Traduction de Noel Dutrait. Paris, France: l'Aube, 2000.

EADIE, Émile. **Émile Bougenot**: sucre et industrialisation à la Martinique de 1860 à nos jours. Fort-de-France — Martinica: Pierre-Jacquens Couta, 1997.

FANON, Frantz. **Pele negra, máscaras brancas**. Tradução de Renato da Silveira. Salvador: UFBa, 2008.

FILS-AIMÉ, Jean. **Vodou, je me souviens**: le combat d'une culture pour sa survie. Québec — Canadá: Dabar, 2007.

FIRMIN, Antenor. **De l'égalité des races humaines**. Paris — França: Cotillon, 1885.

GOODY, Jack. **O roubo da história**: como os europeus se apropriaram das ideias e invenções do Oriente. Tradução de Luiz Sérgio Duarte da Silva. São Paulo: Contexto, 2008.

HOCHSCHILD, Adam. **O fantasma do rei Leopoldo**: uma história de cobiça, terror e heroísmo na África Colonial. Tradução de Beth Vieira. São Paulo: Companhia das Letras, 1999.

JAHN, Janheinz. **Manuel de littérature néo-africaine**: du 16e. siècle à nos jours, de l'Afrique à l'Amérique. Traduit par Gaston Bailly. Paris — França: Resma, 1969.

JAMES, C. L. **Os jacobinos negros**: Toussaint Louverture e a revolução de São Domingos. Tradução de Afonso Teixeira Filho. São Paulo: Boitempo, 2002.

JESUS, Carolina Maria de. **Quarto de despejo**. Rio de Janeiro: Francisco Alves, 1963.

KALY, Alain Pascal. O inesquecível século XX: as lutas dos negro-africanos pela sua humanidade. In: SILVA, Josué Pereira da (Org.). **Por uma sociologia do século XX**. São Paulo: Annablume, 2007.

KALY, Alain Pascal. **Medo, vergonha, necessidade e protagonismo**: os meninos de rua em Salvador/Bahia-Brasil e em Dacar-Senegal. Rio de Janeiro: UFRRJ, CPDA, 2005. (Tese de Doutorado em Ciências Sociais)

KANE, Cheikh Hamidou. **Les gardiens du temple**. Abidjan — Costa do Marfim: Nouvelles Editions Ivoiriennes, 1997.

KI-ZERBO, Joseph. **Histoire de l'Afrique Noire**: d'hier à demain. Paris — França: Hatier, 1978.

LAMKO, Koulsy. **La phalène des collines**. Butare: Université Nationale du Rwanda, 2000. (Collection Kuljaama)

LAMKO, Koulsy. **Les racines du Yucca**. Paris — França: Philippe Rey, 2011.

MADIOU, Thomas. **Histoire d'Haiti**. V. III e IV. Port au Prince — Haiti: Henri Deschamps, 1989.

M'BOW, Amadou Mahtar. Préface. In: BOAHEN, Albert Adu (Ed.). **Histoire générale de l'Afrique**. V. 7: L'Afrique sous domination coloniale, 1880-1935. Paris — França: UNESCO, 1987.

MENZIES, Gavin. **1434**: o ano em que uma magnífica frota chinesa velejou para a Itália e deu início ao Renascimento. Tradução de Ricardo Quintana. Rio de Janeiro: Bertrand Brasil, 2010.

RAMOSE, Mogobe B. Globalização e Ubuntu. In: SANTOS, Boaventura de Sousa; MENESES, Maria Paula (Orgs.). **Epistemologias do Sul**. São Paulo: Cortez, 2010.

RIBEIRO, Fernando Rosa. Histórias conectadas: uma proposta teórica e metodológica a partir da Índia. In: MACAGNO, Lorenzo et al. **Histórias conectadas, dinâmicas pós-coloniais**. Curitiba: Fundação Araucária, 2008.

SADJI, Abdoulaye. **Nini**: la mulâtresse du Sénégal. Paris — França: Présence Africaine, 1988.

SCHWARZ, Alf. **Colonialistes, africanistes et africains**. Montréal — Canadá: Nouvelle Optique, 1979.

SERBIN, Sylvia. **Reines d'Afrique et héroines de la diaspora noire**. Paris — França: Sepia, 2004.

SOUZA, Jessé et al. **Multiculturalismo e racismo**: uma comparação Brasil — Estados Unidos. São Paulo: Paralelo 15, 1997.

SOW, Ibrahima. **La philosophie africaine**: du pourquoi au comment. Dakar — Senegal: IFAN, UCAD, 2010.

SPITZER, Leo. **Vidas de entremeio**: assimilação e marginalização na Áustria, no Brasil e na África Ocidental, 1780 — 1945. Tradução de Vera Ribeiro. Rio de Janeiro: UERJ, 2001.

STEPAN, Nancy Leys. **A hora da eugenia**: raça, gênero e nação da America Latina. Tradução de Paulo M. Garchet . Rio de Janeiro: Fiocruz, 2005.

STONE, Judith. **Retrato em preto e branco**: a história verídica de uma família dividida por questões raciais. Tradução de Dinah de Abreu Azevedo. São Paulo: Landscape, 2007.

TADJO, Veronique. **L'ombre d'Imana**: voyage jusqu'au bout du Rwanda. Paris — França: Acte du Sud, 2000.

THEODORO, Mário. **As desigualdades públicas e a desigualdade racial no Brasil 120 anos após a abolição**. Brasília: IPEA, 2008.

THURAM, Lilian. **Mes étoiles noires**: de Lucy à Barack Obama. Paris — France: Philippe Rey, 2010.

VARAUT, Jean Marc. **Le procès de Nuremberg**. Paris — França: Perrin, 2002.

WARE, Vron (Org.). **Branquidade**: identidade branca e multiculturalismo. Tradução de Vera Ribeiro. Rio de Janeiro: Garamond, 2004.

ZOUNGBO, Victorien Lavou. Et la traite créa le nègre: nombrear es crear... monstruos. In: ZOUNGBO, Victorien Lavou; VIGOYA, Mara Viveros (Orgs.). **Mots pour nègres maux de noir(e)s**: enjeux socio-symboliques de la nomination des noir(e)s en Amérique Latine. Perpignan — França: Presses Universitaires, 2005.

Filmografia

AIMÉ Cesaire, un nègre fondamental. François Fèvre, Laurent Chevallier et Laurent Hasse. França: France 5; 2F, 2007. Documentário em cores, Coleção Empreintes, 52 min. 1 DVD.

ALEIJADINHO: paixão, glória e suplício. Geraldo Santos Pereira. Brasil: Vila Rica Produções Cinematográficas, 2000. Drama em cores, 100 min. 1 DVD.

LETTRE d'amour zoulou. Ramadan Suleman e Yesin Ustaoglu. França: FMB2, JBA; África do Sul: Hollybell, Natives at Large; Alemanha: ZDF/Arte, 2006. Drama em cores, 100 min. 1 DVD.

NELSON Mandela: au nom de la liberté. Joël Calmettes. França: France Télévisions, 2009. Documentário em cores, 90 min. 1 DVD.

ZELADOR: a story of capoeira, O. Daren Bartlett. USA: Bantam Films, 2008. Documentário em cores, 84 min. 1 DVD.

A escrita escolar da história da África e dos afro-brasileiros: entre leis e resoluções

ABREU, Martha; MATTOS, Hebe; DANTAS, Carolina Viana. Em torno do passado escravista: as ações afirmativas e os historiadores. In: ROCHA, Helenice; MAGALHÃES, Marcelo; GONTIJO, Rebeca. A **escrita da história escolar**: memória e historiografia. Rio de Janeiro: FGV, 2009.

PARAÍSO, Marlucy Alves. Diferença em si no currículo. In: Reunião Anual da ANPEd, 28, Caxambu, MG, Anais... Caxambu, MG: ANPEd, 2005.

BHABHA, Homi. **O local da cultura**. Belo Horizonte: UFMG, 1998.

BRASIL. **Diretrizes curriculares nacionais, para a educação das relações étnico-raciais e para o ensino de história e cultura afro-brasileira e africana**. Brasília: MEC/SEPPIR, 2004.

BRASIL. Lei n. 9.394 de 20 de dezembro de 1996. **Diário Oficial da União**, Brasília, 23 dez. 1996. (Estabelece as diretrizes e bases da educação nacional)

BRASIL. **Parâmetros curriculares nacionais**: pluralidade cultural, orientação sexual. Brasília: MEC/Secretaria de Educação Fundamental, 1997.

BRASIL. **Parecer CNE/CP 003/2004**. Disponível em <http://www.espacoacademico.com.br/040/40pc_diretriz.htm>. Acesso em 7 out. 2012.

CHEVALLARD, Yves. **La transposición didáctica**: del saber sábio al saber enseñado. 3. ed. Buenos Aires: Aique, 2009. (primeira edição de 1991)

COSTA, Warley. **Currículo e produção da diferença**: "negro" e "não negro" na sala de aula de História. Rio de Janeiro: PPGE-UFRJ, 2012. (Tese de Doutorado).

GABRIEL, CarmenTeresa. **Um objeto de ensino chamado História**: a disciplina de História nas tramas da didatização. Rio de Janeiro: PUC—RJ, 2003. (Tese de Doutorado)

GABRIEL, CarmenTeresa. Conhecimento escolar, cultura e poder: desafios para o campo do currículo em "tempos pós". In: CANDAU, V. M.; MOREIRA, A.F. **Multiculturalismo, diferenças culturais e práticas pedagógicas**. Petrópolis: Vozes, 2008.

GABRIEL, CarmenTeresa. Curriculo e epistemologia: sobre fronteiras do conhecimento escolar. Mesa redonda realizada no IX Congresso sobre questões curriculares. **V Coloquio Luso-brasileiro**: debater o currículo e seus campos, Políticas, fundamentos e Práticas. Porto. 2010.

HALL, Stuart. Quem precisa de identidade? In: SILVA, Tomaz Tadeu (Org.). **Identidade e diferença**: a perspectiva dos estudos culturais. Petrópolis: Vozes, 2000.

LACLAU, E. **Emancipación y diferencia**. Buenos Aires: Difel, 1996.

LACLAU, E.; MOUFFE, C. **Hegemonía y estratégia socialista**: hacia una radicalización de la democracia. Buenos Aires: Fondo de Cultura Económica de Argentina, 2004.

LEITE, Miriam Soares. **Recontextualização e transposição didática**: introdução à leitura de Basil Bernstein e Yves Chevallard. Araraquara: Junqueira & Marin, 2007.

LOPES, Alice Casimiro. A recontextualização por hibridismo. In: **Políticas de integração curricular**. Rio de Janeiro: EdUERJ, 2008.

LOPES, Alice Casimiro. Cultura e diferença nas políticas de currículo: a discussão sobre a hegemonia. **Anais do XIV ENDIPE**. PUC-RS, 2008.

MACEDO, Elizabeth. Currículo e hibridismo: para politizar o currículo como cultura. **Educação em foco**, Juiz de Fora, UFJF, v. 8, n..1., mar.-ago. 2003.

MACEDO, Elizabeth; COSTA, Maria Zuleide. **Currículo e diferença no contexto global**. Porto Alegre: Anais do ENDIPE, 2008.

MENDONÇA, Daniel de. A teoria da hegemonia de Ernesto Laclau e a análise política brasileira. **Ciências Sociais Unisinos**, v. 43, n.3, p. 249-258, set.-dez. 2007.

MONTEIRO, Ana Maria. **Ensino de História**: entre saberes e práticas. Rio de Janeiro: Programa de Pós-Graduação em Educação, PUC-Rio, 2002. (Tese de doutorado).

OLIVEIRA, Luís Fernandes de. **Histórias da África e dos africanos na escola**: as perspectivas para a formação dos professores de história quando a diferença se torna obrigatoriedade curricular. Rio de Janeiro: PUC-Rio, 2010. (Tese de Doutorado. Programa de Pós Graduação Educação)

SANTOS, Lorene. **Saberes e práticas em rede de trocas**: a temática africana e afro-brasileira em questão. Belo Horizonte: UFMG, 2010. (Tese de Doutorado)

SILVA, Tomaz Tadeu. A produç ão da identidade e da diferença. In: WOODWARD, Kathryn. **Identidade e diferença**: a perspectiva dos Estudos Culturais. Petrópolis: Vozes, 2004.

WOODWARD, Kathryn. Identidade e diferença: uma introdução teórica e conceitual In: SILVA Tomaz Tadeu. **Identidade e diferença**: a perspectiva dos estudos culturais. Petrópolis: Vozes, 2004.

Educação e diversidade: uma análise da trajetória da escola industrial de Carapira, Moçambique (1964-1975)

ACHEBE, Chinua. **A educação de uma criança sob o protetorado britânico**: ensaios. Tradução de Esa Mara Lando. São Paulo: Companhia das Letras, 2012.

BOAHEN, Albert Adu. **Le rôle des mouvements d´étudiants africains dans l´évolution politique et sociale de l'Afrique de 1900 a 1975**. Paris-France: UNESCO; L'Harmattan, 1993. (Série Histoire générale de l'Afrique. Etudes et documents, 12)

LEÃO XIII, Papa. **Rerum novarum**: carta encíclica de Sua Santidade o Papa Leão XIII sobre a condição dos operários. 13. ed. São Paulo: Paulinas, 2004. (Coleção A voz do Papa, 6)

MEDEIROS, Eduardo. **Os senhores da floresta**: ritos de iniciação dos rapazes macuas e lòmuès. Porto: CEAUP; Fondazione Cassamarca, 2007.

VATICANO II. **Mensagens, discursos e documentos**. Tradução Francisco Catão. São Paulo: Paulinas, 1998.

Uma outra história possível? O saber histórico escolar na perspectiva intercultural

ABUD, Katia Maria. A História nossa de cada dia: saber escolar e saber acadêmico na sala de aula. In: MONTEIRO, Ana Maria F.C.; GASPARELLO, Arlette Medeiros; MAGALHÃES, Marcelo de Souza (Orgs.). **Ensino de História**: sujeitos, saberes e práticas. Rio de Janeiro: Mauad X; Faperj, 2007.

AZIBEIRO, Nadir Esperança; FLEURI, Reinaldo Matias. Paradigmas interculturais emergentes na educação popular. In: **II Congresso Internacional Cotidiano Diálogos sobre Diálogos**. Niterói, 2008.

BITTENCOURT, Circe Maria Fernandes. Identidade e ensino da história no Brasil. In: CARRETERO, Mário; ROSA, Alberto; GONZÁLEZ, Maria Fernanda. **Ensino da História e memória coletiva**. Porto Alegre: ArtMed, 2007.

CAIMI, Flávia Eloisa. História convencional, integrada, temática: uma opção necessária ou um falso debate? In: **História e ética**: simpósios temáticos e resumos do XXV Simpósio Nacional de História, Fortaleza, 2009.

CANDAU, Vera. (Org.). **Educação intercultural na América Latina**: entre concepções, tensões e propostas. Rio de Janeiro: 7Letras, 2009.

CANDAU, Vera Maria Ferrão. Direitos humanos e educação intercultural. In: **XIV Encontro Nacional de Didática e Prática de Ensino**. Trajetórias e processos de ensinar e aprender lugares, memórias e culturas. Porto Alegre: PUCRS, 2008.

CASTRO-GÓMEZ, Santiago. **La hybris del punto cero**: ciencia, raza e ilustración en la Nueva Granada (1750-1816). Bogotá: Pontificia Universidad Javeriana, 2005.

CERTEAU, Michel de. **A escrita da História**. Rio de Janeiro: Forense-Universitária, 1982.

CHARTIER, Roger. **A história ou a leitura do tempo**. Belo Horizonte: Autêntica, 2009.

DOSSE, François. **A história à prova do tempo**: da história em migalhas aos resgate do sentido. São Paulo: UNESP, 2001.

FONSECA, Selva. **Caminhos da História ensinada**. Campinas: Papirus, 1993.

FONSECA, Selva. **Didática e prática de ensino de História**: experiências, reflexões e aprendizados. Campinas: Papirus, 2003.

FÓRUM SOCIAL MUNDIAL. **Carta de princípios**. Disponível em: <http://www.forumsocialmundial.org.br.> Acesso em: 25 jul 2011.

PNLD 2011. **Guia de livros didáticos**: História. Brasília: Ministério da Educação, Secretaria de Educação Básica, 2010.

GUIMARÃES, Manoel Luis Salgado. Nação e civilização nos trópicos: o Instituto Histórico e Geográfico Brasileiro e o projeto de uma história nacional. **Estudos Históricos**, Rio de Janeiro, n.1, 1988.

JASMIN, Marcelo. Apresentação. In: KOSELLECK, Reinhart. **Futuro passado**: contribuições à semântica dos tempos históricos. Rio de Janeiro: Contraponto, PUC-Rio, 2006.

KOSELLECK, Reinhart. **Futuro passado**: contribuições à semântica dos tempos históricos. Rio de Janeiro: Contraponto, PUC-Rio, 2006.

MATO, Daniel. Diferenças culturais, interculturalidade e inclusão na produção de conhecimentos e práticas socioeducatuvas. In: CANDAU, Vera (Org.). **Educação intercultural na América Latina**: entre concepções, tensões e propostas. Rio de Janeiro: 7Letras, 2009.

MIGNOLO, Walter. **História locais, projetos globais**: colonialidade, saberes subalternos e pensamento liminar. Belo Horizonte: UFMG, 2003.

MIRANDA, Sônia Regina; LUCA, Tânia Regina. O livro didático de história hoje: um panorama a partir do PNLD. **Revista Brasileira de História**, São Paulo, v. 24, n. 48, 2004.

PACHÓN SOTO, Damián. Nueva perspectiva filosófica en América Latina: el grupo Modernidad/ colonialidad. In: **Peripecias** (publicação on-line), n. 63, ago. 2007. Disponível em <http://www.peripecias.com/ciudadania/351PachonModernidadColonialidadAL.html.> Acesso em 20 jun 2011.

SANTOMÉ, Jurjo Torres. As culturas negadas e silenciadas no currículo. In: SILVA, Tomaz Tadeu (Org.). **Alienígenas na sala de aula**: uma introdução aos estudos culturais em educação. Petrópolis: Vozes, 1995.

SANTOS, Boaventura de Sousa. **Fórum Social Mundial**: manual de uso. São Paulo: Cortez, 2005.

SANTOS, Boaventura de Sousa. Uma sociologia das ausências e uma sociologia das emergências. In: ______ **A gramática do tempo**: para uma nova cultura política. São Paulo: Cortez, 2006.

TUBINO, Fidel. La interculturalidad crítica como proyecto ético-político. In: **Encuentro continental de educadores agostinos**. Lima, 2005. Disponível em <http://oala.villanova.edu/congresos/educacion/lima-ponen-02.html>. Acesso em 15 mai 2011.

VEYNE, Paul. **Como se escreve a história**. Brasilia: UnB, 2008.

WALSH, Catherine. Interculturalidade crítica e pedagogia decolonial: in-surgir, re-existir, e re-vivier. In: CANDAU, Vera (Org.). **Educação intercultural na América Latina**: entre concepções, tensões e propostas. Rio de Janeiro: 7Letras, 2009.

O "outro" como elemento incontornável na produção do conhecimento histórico

AILLIEU, N. De l'histoire des chercheurs à l'histoire scolaire In: DEVELAY, M. (Org.). **Savoirs scolaires et didactiques des disciplines**: une encyclopédie pour aujourd'hui. Paris: ESF, 1995.

ARFUCH, L. Identidad, diferencia, (des)igualdad: encrucijadas de la escena global. In: **Identidade e Diferença na Era Global**, Rio de Janeiro, 21-23 mai. 2001. (Conferência)

ARFUCH, L. **O espaço biográfico**: dilemas da subjetividade contemporânea. Rio de Janeiro: UERJ, 2010.

BHABHA, H. **O local da cultura**. Belo Horizonte: UFMG, 2008.

BITTENCOURT, C. M. F. Identidade nacional e ensino de História do Brasil. In: KARNAL, Leandro (Org.). **História na sala de aula**. São Paulo: Contexto, 2003.

BITTENCOURT, C. M. F. **Pátria, civilização e trabalho**: o ensino de História nas escolas paulistas —1917-1930, São Paulo: Loyola, 1990.

BURITY, J. Discurso, política e sujeito na teoria da hegemonia de Ernesto Laclau. In: MENDONÇA, D.; RODRIGUES, L. P. **Pós estruturalismo e teoria do discurso**: em torno de Ernesto Laclau. Porto Alegre: PUCRS, 2008. (p.35-47)

BURITY, J. Teoria do discurso e educação: reconstruindo vínculo entre cultura e política. **Revista Teias**, [online], n.22, pp. 1-23, 2010.

DALONGEVILLE, A. **L'image du barbare dans l´enseignement de l'histoire**: une experience de l'alterité, Paris: l'Harmattan, 2001.

DOSSE, F. **A história à prova do tempo**: da história em migalhas ao resgate do sentido. São Paulo: UNESP, 1999.

GABRIEL, Carmen Teresa. Apprendre les passés et répondre aux demandes de notre présent: défis pour un curriculum d´Histoire. In: INRP. **Actes du coloque international de didactique de l'histoire, de la géographie et éducation à la citoyenneté, mars 2011**. Lyon: Marsennes (no prelo 2012a)

GABRIEL, C. T. Que passados e futuros circulam nas escolas de nosso presente?. In: GONÇALVES, Marcia de Almeida; MONTEIRO, Ana Maria; REZNIK, Luís; ROCHA, Helenice (Orgs.). **Qual o valor da história hoje?** Rio de Janeiro: FGV, 2011.

GABRIEL, C. T. **Currículo de história**: entre experiências temporais e espaciais. Texto apresentado no VIII Encontro Nacional Perspectivas do Ensino de História, Campinas. (no prelo, 2012b)

GABRIEL, C. T. Teoria da história, didática da história e narrativa: diálogos com Paul Ricoeur. In.: **Revista Brasileira de História**, no prelo. (Previsto para dez. 2012c)

GABRIEL, C. T.; COSTA, W. Currículo de História, política da diferença e hegemonia: diálogos possíveis. **Educação e Realidade**, Porto Alegre, v. 36, p. 127-146, 2011.

GABRIEL, C. T.; COSTA, W. Que "negro" é esse que se narra nos currículos de História? **Revista Teias**, [online], v. 11, p. 1-20, 2010.

GABRIEL, C. T.; FERREIRA, M. S. Disciplina escolar e conhecimento escolar: conceitos sob rasura no debate curricular contemporâneo. In: LIBÂNEO, J. C.; ALVES, N. (Orgs.). **Temas de Pedagogia**: diálogos entre didática e currículo. São Paulo: Cortez, 2012. (p. 227-241)

HALL, S. Quem precisa de identidade? In: SILVA, T. T. (Org.). **Identidade e diferença**: a perspectiva dos estudos culturais. Petrópolis: Vozes, 2000.

HOWARTH, David. Applying discourse theory: the method of articulation. In: HOWARTH, David; TORFING, Jacob. **Discourse theory in european politics**. New York: Palgrave Macmillan, 2005.

IRIGARAY, L. A questão do outro. **Labrys, estudos feministas**, n. 1-2, jul.-dez. 2002.

KOSELLECK, Reinhart. **Le futur passé**: contribuition à la semantique des temps historiques. Paris: École des hautes études en sciences sociales, 1990.

LACLAU Ernesto; MOUFFE Chantal. **Hegemonía y estratégia socialista**: hacia una radicalización de la democracia. Buenos Aires: Fondo de Cultura Económica de Argentina, 2004.

LACLAU, E. **Emancipação e diferença**. Rio de Janeiro: UERJ, 2011.

LACLAU, E. La raison populiste. Paris: du Seuil, 2005.

LAROSSA, J.; SKLIAR, C (Orgs.). **Habitantes de Babel**: políticas e poéticas da diferença. Belo Horizonte: Autêntica, 2001.

MACEDO, E. Currículo como espaço-tempo de fronteira cultural. **Revista Brasileira de Educação**, Rio de Janeiro, v.11, n.32, p. 285-296, maio-ago. 2006.

MARCHART, Olivier. **El pensamento político posfundacional**: la diferencia politica en Nancy, Lefort, Badiou y Laclau. Buenos Aires: Fondo de Cultura Economica, 2009.

MASSEY, Doreen, Filosofia e política da espacialidade: algumas considerações. **Revista GEOgraphia**, Niterói, ano 6, n.12, 2004.

MASSEY, Doreen. **Pelo espaço**: uma nova política da espacialidade. Rio de Janeiro: Bertrand Brasil, 2008.

Sobre os autores

Dados obtidos em 8 de outubro de 2012 nos currículos registrados na Plataforma Lattes, <http://lattes.cnpq.br/>.

Amilcar Araujo Pereira

Bacharel e Licenciado em História pela Universidade Federal do Rio de Janeiro (UFRJ), é mestre em Ciências Sociais pela Universidade do Estado do Rio de Janeiro (UERJ) e doutor em História pela Universidade Federal Fluminense (UFF), com um ano de estágio doutoral na Johns Hopkins University, nos Estados Unidos (2008). Tem experiência nas áreas de Ensino de História, história das relações raciais, história e cultura afro-brasileiras, história oral, movimentos sociais e formação de professores. Atualmente é professor da Faculdade de Educação da Universidade Federal do Rio de Janeiro (UFRJ).

Ana Maria Ferreira da Costa Monteiro

Professora associada da Universidade Federal do Rio de Janeiro, doutora em Educação e mestre em História, desde janeiro de 2008 exerce a função de Diretora da Faculdade de Educação dessa Universidade. Integrante do Programa de Pós-graduação em Educação da UFRJ, é pesquisadora do Laboratório de Estudos e Pesquisas em Ensino de História e do Núcleo de Estudos de Currículo da Faculdade de Educação, e do grupo Oficinas da História. Desenvolve pesquisas sobre currículo nas áreas de História e Educação, com foco nos seguintes temas: ensino de história, formação de professores, história do currículo e das disciplinas escolares, saberes docentes e conhecimento escolar. Integra a Coordenação geral do Curso de Especialização Saberes e Práticas na Educação Básica voltado para a formação continuada de professores. Autora da obra *Professores de história: entre saberes e práticas*, possui artigos publicados em livros e periódicos: *Educação&Sociedade, Caderno CEDES, Educação& Realidade, História&Ensino, Em Aberto* e *Praxis Educativa.*

Mônica Lima e Souza

É professora de História da África e Coordenadora do Laboratório de Estudos Africanos (LEÁFRICA) do Instituto de História da Universidade Federal do Rio de Janeiro (IH-UFRJ). Doutora em História Social pela Universidade Federal Fluminense (UFF), com tese em História da África. Graduada em História pela UFRJ, fez o Mestrado em Estudos de Africa no Colegio de Mexico, México-DF. Tem longa experiência docente, atuando desde 1992 com ensino de História da África em cursos de graduação e pós-graduação. Realizou pesquisas em arquivos e centros de documentação na África, na Europa e no Brasil. Ministrou conferências e publicou artigos, no Brasil e no exterior, sobre História da África e ensino de História da África. Foi professora de História na Educação Básica na rede pública estadual do Rio de Janeiro e no Colégio de Aplicação da UFRJ, tendo ocupado nessa instituição cargos de direção na área de formação de professores.

Verena Alberti

É licenciada e bacharel em História pela Universidade Federal Fluminense (1982), mestre em Antropologia Social pelo Programa de Pós Graduação em Antropologia Social (PPGAS) do Museu Nacional da Universidade Federal do Rio de Janeiro (1988), doutora em Teoria da Literatura pela Universitat Gesamthochschule Siegen, Alemanha (1993), e pós-doutora em Ensino de História pelo Institute of Education da University of London (2009). Trabalha no Centro de Pesquisa e Documentação de História Contemporânea do Brasil da Fundação Getulio Vargas (CPDOC-FGV), onde é coordenadora do Setor de Documentação e professora da Escola Superior de Ciências Sociais e História e do Programa de Pós-graduação em História, Política e Bens Culturais. Atua também como professora de História no Ensino Médio da Escola Alemã Corcovado, no Rio de Janeiro. Tem experiência no campo da História, com ênfase em Teoria e Filosofia da História e em História Contemporânea do Brasil, com destaque para as seguintes áreas: ensino de história, história oral, narrativa, história das relações raciais e história do pensamento sobre o riso. Publicou, entre outros, *O riso e o risível na história do pensamento* (1999, 2002), *Manual de história oral* (1990, 2004) e *Ouvir contar: textos em história oral* (2004), e organizou *Histórias do movimento negro no Brasil* (em co-autoria com Amilcar Araujo Pereira, 2007).

Lorene dos Santos

Doutora em Educação (UFMG, 2010), na Linha de Pesquisa Educação Escolar: Instituições, Sujeitos e Currículos, Área de Concentração: Ensino de História; Mestre em Educação (UFMG,

1997), Área de concentração: Ensino de História. Graduada em História (UFMG, 1987) e em Comunicação Social — Jornalismo (PUC Minas, 1984). Professora Adjunta III da Pontifícia Universidade Católica de Minas Gerais, atuando como: Professora do Programa de Pós-Graduação em Educação; Coordenadora Institucional do Programa Institucional de Bolsa de Iniciação à Docência PIBID PUC Minas/CAPES; professora dos cursos de História e Pedagogia; Coordenadora de Pesquisa do Fundo de Incentivo à Pesquisa — FIP; Outras informações: Pesquisadora associada do Laboratório de Estudos e Pesquisas em Ensino de História LABEPEH/FaE/CP-UFMG. Pesquisadora do Ensino de História e da Educação Escolar, com ênfase para os temas: saberes históricos escolares; formação e trabalho docente: saberes, identidades e memórias; cultura escolar e currículos; políticas educacionais e direito à educação; crianças, adolescentes e educação escolar; educação para a diversidade e recepção às Leis 10.639/03 e 11.645/08. Experiência em projetos diversos de formação inicial e continuada de professores e na concepção e implementação de políticas públicas em educação. Experiência em assessoria a órgãos e instituições públicos e privados e na produção de materiais didático-instrucionais.

Giovana Xavier da Conceição Côrtes

Professora substituta de Didática Especial e Prática de Ensino de História na UFRJ e autora da tese de doutorado em História Social *Brancas de almas negras? Beleza, racialização e cosmética na imprensa negra pós-emancipação (EUA, 1890-1930)*, defendida em março de 2012, na Unicamp. Em 2009, agraciada com bolsa sanduíche, participou das atividades do Department of History da New York University como *visiting scholar*. Atualmente desenvolve pesquisas nas áreas de História da América, História do Brasil e Ensino de História nos seguintes temas: raça, transacionalismo e cidadania no mundo livre, racialização, beleza e cosmética na imprensa negra dos EUA, Caribe e Brasil e ensino de história dos negros no pós-abolição. Além disso, tem ampla experiência no trabalho de formação docente, com ênfase em História da África e Cultura Afro-Brasileira.

Circe Maria Fernandes Bittencourt

Possui graduação em História pela Faculdade de Filosofia, Letras e Ciências Humanas — USP (1967), pós-graduação em Metodologia e Teoria de História pela faculdade de Filosofia, Letras e Ciências Humanas — USP (1969), mestrado em História Social pela Faculdade de Filosofia, Letras e Ciências Humanas — USP (1988) e doutorado em História Social pela Universidade de São Paulo (1993). Atualmente é professora do Programa de Pós— Graduação em Educação: História, Política, Sociedade da Faculdade de Educação da USP, e da Pontifícia Universidade Católica— SP. Tem experiência na área de história das disciplinas e currículos escolares e educação indígena. Desenvolve pesquisas atualmente sobre a história dos livros didáticos, mantendo a organização do banco de dados LIVRES referente aos livros didáticos brasileiros de 1810 a 2007, sobre ensino de História e história da educação, em especial história da educação indígena.

Giovani José da Silva

Possui graduação e mestrado em História, pela UFMS (Universidade Federal de Mato Grosso do Sul), especialização em

Antropologia pela UFMT (Universidade Federal de Mato Grosso) e doutorado em História pela UFG (Universidade Federal de Goiás). É professor adjunto 2 da UFMS, pesquisador colaborador do Ceppac (Centro de Pesquisa e Pós-Graduação sobre as Américas) e docente colaborador do Mestrado Profissional em Sustentabilidade junto a Povos e Terras Indígenas, ambos da UnB (Universidade de Brasília), onde realiza estágio pós-doutoral em Antropologia sob a supervisão do Prof. Dr. Stephen Grant Baines. Principais linhas de atuação em Pesquisa, Ensino e Extensão: História Regional, Ensino de História, História das Américas, Antropologia, História Indígena e História Oral.

Alain Pascal Kaly

Possui graduação em Ciências Sociais pela Universidade Federal da Bahia (1995), mestrado em Ciências Sociais pela Universidade Federal da Bahia (1999), e doutorado em Sociologia pela Universidade Federal Rural do Rio de Janeiro (2005). Atualmente é professor adjunto do Departamento de História no Instituto de Ciências Humanas e Sociais da Universidade Federal Rural do Rio de Janeiro (UFRRJ), e pesquisa os seguintes temas: relações raciais, colonialismo, sociedades de castas na África Ocidental, violência, direitos humanos e migrações.

Warley da Costa

Possui graduação em História pela Universidade Federal do Rio de Janeiro (1981), especialização em História do Brasil pela Universidade Fluminense (1999), Mestrado em Educação pela Universidade Federal do Estado do Rio de Janeiro (2006) e Doutorado em Educação pelo Programa de Pós-Graduação em Educação da UFRJ . É Professora Assistente de Didática Especial e Prática de Ensino de História da Faculdade de Educação da UFRJ. Desenvolve pesquisa nas seguintes áreas de interesse: ensino de História, currículo, cultura, relações étnico-raciais, imagens e livro didático.

Patricia Teixeira Santos

Possui graduação em História pela Universidade Federal do Rio de Janeiro (1994), mestrado em História pela Universidade Federal Fluminense (2000) e doutorado em História pela Universidade Federal Fluminense (2005). Durante o doutorado, foi bolsista CAPES PDEE na Università degli Studi di Padova (Itália). Pós doutorado no Centre d´Étude d´Afrique Noire, Sciences Politiques, Bordeaux (França), com bolsa da Fondation Maison Sciences de l´Homme (Paris-França). Docente e pesquisadora da Universidade Federal de São Paulo. Bolsista Produtividade em Desenvolvimento Tecnológico e Extensão Inovadora, nível 2. Professora convidada do Programa de pós-graduação interdisciplinar de Estudos Africanos, da Universidade do Porto (Portugal). Coordenadora de Extensão Universitária do Departamento de História da UNIFESP. Tem experiência na área de História, com ênfase em História, atuando principalmente nos seguintes temas: Islã e Missionarismo católico na África nos contextos coloniais e pós coloniais, história do Sudão colonial. Pesquisa e orienta trabalhos nas áreas: diversidade cultural, ensino da história da África, estudos africanos interdisciplinares e campo religioso brasileiro.

Cinthia Monteiro de Araujo

Professora do Departamente de Didática da Faculdade de Educação da UFRJ e pesquisadora do Núcleo de Estudos do Currículo (NEC) e do Laboratório de Estudos e Pesquisas em Ensino de História (LEPEH) desta mesma universidade. É doutora em Educação pela Pontifícia Universidade Católica do Rio de Janeiro, onde também adquiriu o título de mestre em Educação. Possui graduação em História pela Universidade Federal do Rio de Janeiro. Tem realizado atividades de ensino, pesquisa e extensão na área de Educação, com ênfase em Ensino de História, Educação em Direitos Humanos e Educação Intercultural.

Carmen Teresa Gabriel Anhorn

Concluiu doutorado em Educação pela Pontifícia Universidade Católica do Rio de Janeiro em 2003. Atualmente é professora titular da Faculdade de Educação da UFRJ, com dedicação exclusiva, e coordena, desde 2009, o Programa de Pós-Graduação desta instuição (PPGE). Possui publicações em periódicos, capítulos de livros e anais de eventos nas áreas do Currículo e do Ensino de História. Orientou dez dissertações de mestrado, uma tese de Doutorado e atualmente possui quatro doutorandos, quatro mestrandos e dois bolsistas IC no âmbito do Projeto em andamento, intitulado Verdade, Diferença e Hegemonia nos currículos de História: um estudo em diferentes contextos desenvolvido no NEC — Núcleo de Estudos de Currículo da UFRJ e com o qual ganhou o Edital 08/2010 da FAPERJ-Jovens Cientistas do nosso Estado. Participa também do grupo Oficinas de História, financiado pela FAPERJ, sendo membro da equipe de pesquisadores que ganhou o Edital 08/2008 FAPERJ — Apoio a

Grupos Emergentes de pesquisas do Estado do Rio de Janeiro com a Pesquisa Ensino de História e Historiografia: narrativas, saberes e práticas. É bacharel e licenciada em História pela Universidade Federal Fluminense (1980), possui pós-graduação em Estudos do Desenvolvimento pelo Institut d´Études du Developpement — IUED (1982 Genebra) e mestrado em Educação pela Pontifícia Universidade Católica do Rio de Janeiro (1999). Ministra disciplinas para os cursos de mestrado e doutorado e leciona também Didática Especial de História e Prática de Ensino de História (Estágio Supervisonado) nos cursos de Licenciatura em História da Faculdade de Educação da UFRJ. Sua experiência na área de Educação se concentra nos campos do Currículo e da Didática, com ênfase nos seguintes temas: currículo de História, currículo, cultura e diferença; saber histórico escolar, cultura escolar, transposição didática e formação de professores.

Este livro foi impresso em março de 2023, na Grafilar, em São Manuel.

O papel de miolo é o offset 75g/m² e o de capa é o cartão 250g/m².

A fonte usada no miolo é a Utopia.